汽车电工从入门到精通系列

汽车电路与电子技术基础

主　编　麻友良　游彩霞

机械工业出版社

本书介绍了汽车电路与磁路、传感器基础知识、计算机基础知识以及单片机的构成与工作原理，还介绍了汽车电路的构成要素、汽车电路图的类型与识图要点，最后介绍了典型车系汽车电路图的特点分析。

本书可使读者了解汽车电工应掌握的基础知识，为以后汽车电路分析与故障诊断技能的提高打下坚实的基础。本书适用于汽车维修电工新手，也可作为大专院校、职业技术学校学生学习汽车电器与电子控制技术等专业课程的参考用书。

图书在版编目（CIP）数据

汽车电路与电子技术基础/麻友良，游彩霞主编. —北京：机械工业出版社，2022.8（2024.4 重印）

汽车电工从入门到精通系列

ISBN 978-7-111-71324-1

Ⅰ.①汽… Ⅱ.①麻…②游… Ⅲ.①汽车 – 电路分析②汽车 – 电子技术 Ⅳ.①U463.6

中国版本图书馆 CIP 数据核字（2022）第 136240 号

机械工业出版社（北京市百万庄大街 22 号　邮政编码 100037）

策划编辑：谢　元　　　　　责任编辑：谢　元

责任校对：张　征　刘雅娜　封面设计：马精明

责任印制：郜　敏

北京富资园科技发展有限公司印刷

2024 年 4 月第 1 版第 2 次印刷

184mm×260mm·16.75 印张·413 千字

标准书号：ISBN 978-7-111-71324-1

定价：69.90 元

电话服务　　　　　　　　　　网络服务

客服电话：010-88361066　　机 工 官 网：www.cmpbook.com

　　　　　010-88379833　　机 工 官 博：weibo.com/cmp1952

　　　　　010-68326294　　金 书 网：www.golden-book.com

封底无防伪标均为盗版　　机工教育服务网：www.cmpedu.com

机械工业出版社汽车维修领域
专家咨询委员会

前 言

现代汽车是机械、电器与电子控制装置高度一体化的交通运输设备。在汽车上，电器和电子控制装置占有很大的比例。因而汽车电器与电子控制系统的故障检修就成为了现代汽车维修工作的重点之一，汽车电工也成为了汽车使用与维修工作中最为重要的技术工种。

本书介绍了汽车电工所必需的基础知识，包括电路、磁路、电子元器件、计算机、单片机及汽车电路识图等内容。编写本书的基本指导思想是追求理论知识的针对性和实用性。想要达到的目的是让没有电工与电子技术基础或相关知识较为薄弱的读者通过本书的学习，为后续汽车电工相关内容的学习打下坚实的基础。对于有较好的电工与电子技术基础的大中专学生，阅读本书则是有针对性的复习，可为深入学习与理解后续的电工与电子技术相关内容提供有效的帮助。

本书用第三章和第四章两章的篇幅介绍计算机基础知识和单片机的构成与工作原理，这无论是从篇幅、内容的广度和深度来说，都不会使读者立即成为熟悉计算机，能进行计算机调试、单片机维修、计算机编程等方面工作的专业人士。但本书设置这两章的目的是使读者通过这两章的学习，了解计算机是由哪些部件组成，又是怎么工作的，并了解计算机软件是什么，它在计算机中的作用与地位等这样一些基本知识，而这些知识对读者后面学习与深入理解电子控制技术是必不可少的。

本书力求简洁明了、通俗易懂、图文并茂，便于读者阅读和理解。

本书由武汉科技大学麻友良、游彩霞任主编，参加编写的有孟芳、张威、吴满、邵冬明、麻丽、袁青、杨帆。本书在编写过程中参考借鉴了大量相关的文献资料，在此向这些文献资料的作者表示感谢。

由于编者水平所限，书中难免有不妥之处，恳请广大读者批评指正。

编 者

目 录

第一章
汽车电路与磁路

第一节 电 路

一、电路的构成要素与基本物理量

电路即电流的通路，要真正理解电路的作用，就需要了解电路的构成要素和电路的基本物理量。

1. 电路的构成要素

电路要形成电流的通路，以实现某种特定的功能，就离不开电源、负载和导线这三个基本要素，如图1-1所示。

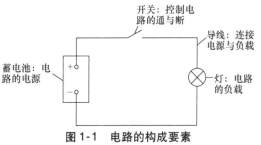

图1-1 电路的构成要素

（1）电源 电源在电路中提供电能，电源有直流和交流两种类型。汽车电路使用的是直流电源，汽车直流电源是由蓄电池和硅整流发电机组成的双电源。

（2）负载 负载在电路中消耗电能，负载将电能转变成光、声、热、机械等能量，以完成电路的特定功能。负载有电阻性、电容性和电感性三种类型，实际使用中的负载则可能是以电阻、电容、电感中的某种特性为主，兼有其他一种或两种负载特性。

汽车上所有的用电设备都是汽车电路的负载。

（3）导线 导线在电路中连接电源和负载，起传输和分配电能的作用。导线通常由铜、铝、银等金属导体制成，并用绝缘材料包装。

汽车电路的导线就是将汽车电源与汽车上的用电设备连接起来的配线。

 阅读提示

汽车电路除了电源、负载和导线外，还配以相应的控制开关和熔断器等安全保障设备，以实现汽车电路的控制与保护。

搭铁：汽车电路通过发动机的机体、车身及车架等金属部分作为电流的回路，人们称这种设计为搭铁。

2. 电路的基本物理量

（1）电动势 电动势是针对电源的物理量，表示电源供电能力大小，其单位是伏特（V），简称伏。电动势的物理定义是**电源内部的非电场力把单位正电荷从电源的负极移到正极所做的功**，电源内部的非电场力可由热能、机械能、化学能等其他能量支持。在电源的内部，电源的正极和负极之间存在着电场，要使电源对外有持续的供电能力，就必须用电源内部的非电场力 F_W 来克服电源内部的电场力 F_N，将正电荷从电源的负极移动到电源的正极（见图1-2）。

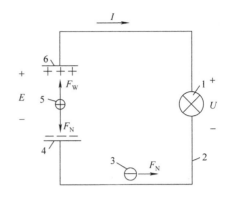

图1-2 电动势与电压

1—负载 2—电路 3—电路中的负电荷（电子）
4—电源负极（带负电荷） 5—电场中的正电荷
6—电源正极（带正电荷） F_W—电源内部的非电场力
F_N—电场力

 **阅读提示**

在车载电源中，蓄电池的电动势是由其内部储存的化学能通过电化学反应建立起来的；交流发电机的电动势则是由发动机的机械运动建立而来的。

（2）电压 **电压就是静电场或电路中两点之间的电位差**，它反映电场力对电荷做功的能力，数值上等于电场力把单位正电荷从电源的正极经外电路移到负极所做的功。电压的单位也是伏特（V），但请注意区别电压与电动势的不同物理含义。

（3）电流 **电荷的定向运动称为电流**，导体中电流的实质是导体内的自由电子在电场力作用下做定向运动。电流的大小以单位时间里导体横截面通过的电荷量来度量，人们以正电荷定向运动的方向为电流的方向（见图1-2）。电流的单位是安培（A）。

（4）电阻与欧姆定律 电路中阻碍电流通过的作用称为电阻，电阻的单位为欧姆（Ω），简称欧。电路中流过电阻 R 的电流 I 与电阻两端的电压 U 成正比，这就是欧姆定律，其表达式为

$$R = \frac{U}{I}$$

二、电路的工作状态与负载的串联和并联

1. 电路的工作状态

相对于电源来说，电路的工作状态可分有载、开路和短路三种状态。

（1）有载 以图1-3所示的电路为例，说明有载状态下电路中电压与电流之间的关系。将电源开关 S 接通，电路中就有电流，即电路处于有载状态。在有载状态下，电路的电压、电流之间的关系为

$$I = \frac{E}{R_0 + R}$$

$$U = IR$$

$$U = E - IR_0$$

由此可总结如下三点：

1）电源输出电流 I 的大小与电源电动势 E 的大小、负载 R 及电源内阻 R_0 的大小均有关，电动势大，负载和电源内阻小，电源输出的电流就大。

2）加在负载上的电压，其数值上就是电流和负载电阻的乘积。

3）由于电源有内阻，内阻的电压使电源的输出端电压低于电动势。内阻越大，相同电流下电源的端电压就会越低；输出电流越大，电源电动势与输出电压的差值也会越大。

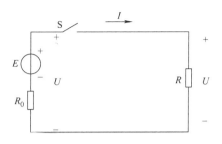

图1-3 最简单的电路

R—负载电阻　R_0—电源内阻

I—电源输出电流（负载电流）　E—电动势

U—电源端电压（负载电压降）　S—电源开关

阅读提示

汽车蓄电池的电动势为12V，在起动发动机时，由于起动机的工作电流很大（达100A），因而蓄电池内阻上的电压（IR_0）较高，为 2～4V。因此，起动时蓄电池输出的端电压就会降至 8～10V。

（2）开路　将电源开关S断开，电路就处于开路状态。此时，电源输出电流 $I = 0A$，因而电源的端电压等于电源电动势，即

$$U = E$$

在汽车所有的用电设备均不通电（相当于电源开关断开）时，蓄电池对外不输出电流，这时测得的蓄电池正负极接线柱之间的电压也就是蓄电池的静止电动势。

名词解释

蓄电池的静止电动势是指蓄电池在不充电也不放电时，其正负极之间所具有的电位差（电动势）。

（3）短路　所谓短路是指负载电阻为零的极端情况，负载短路时，电源的端电压 $U = 0V$，就会形成短路电流，短路电流的大小为

$$I = \frac{E}{R_0}$$

由于电源的内阻 R_0 一般都很小，因而电源输出的短路电流很大，可将电源和电路烧毁。

2. 负载的串联和并联

实际电路中的负载可能有两个或两个以上，以串联或并联的方式连接，但都可以简化为如图1-3所示的电路。下面以电阻性负载为例，介绍电路中负载的串联和并联。

（1）电阻的串联　当电路中有多个电阻时，使电阻中通过同一电流的连接方式称之为电阻的串联（见图1-4）。

其等效电阻是各个串联电阻值之和，即

$$R = R_1 + R_2$$

电路中串联电阻上的电压与其电阻值成
正比，图 1-3a 所示的两个串联电阻上的电
压为

$$U_1 = \frac{R_1}{R_1 + R_2} U$$

$$U_2 = \frac{R_2}{R_1 + R_2} U$$

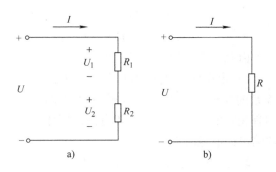

图 1-4　电阻的串联

a）典型电路　b）等效电阻

显然，如果 $R_1 \ll R_2$，则 $U_1 \ll U_2$，即
当彼此串联的两个电阻其阻值大小相差太大
时，小电阻的电压可以忽略不计，电压几乎都加在了大电阻上。

（2）电阻的并联　电路中有两个或两个以上的电阻施加同一个电压的连接方式称为电
阻的并联（见图 1-5）。

两个电阻并联的等效电阻为

$$\frac{1}{R} = \frac{1}{R_1} + \frac{1}{R_2}$$

即

$$R = \frac{R_1 R_2}{R_1 + R_2}$$

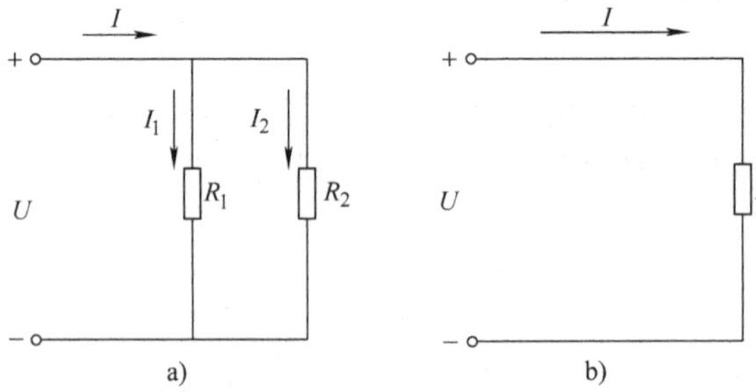

图 1-5　电阻的并联

a）典型电路　b）等效电阻

可见，多个并联电阻的等效电阻比各个并联电阻中电阻值最小的电阻还要小。各并联
电阻通过的电流为

$$I_1 = \frac{U}{R_1} = \frac{IR}{R_1} = \frac{R_2}{R_1 + R_2} I$$

$$I_2 = \frac{U}{R_2} = \frac{IR}{R_2} = \frac{R_1}{R_1 + R_2} I$$

并联电阻上的电流分配与电阻值成反比，如果 $R_1 \ll R_2$，则 $I_1 \gg I_2$，即在电阻差值很
大时，电阻大的支路上的电流可以忽略不计。

串联与并联的解读：电路中流过同一个电流的负载是串联的，电阻大的消耗的电能也多；施加同一个电压的负载是并联的，如果某负载支路中有开关、熔断器等控制和保护设备，负载之间仍然是并联的。

三、电路中的电位

电路中各点电位的高与低是针对某一个参考点而言的。电路中各点的电位实际上就是其相对于参考点的电压。如果选择不同的参考点，电路中各点的电位就会不同。下面以图1-6所示的电路为例，说明电路中电位的概念。

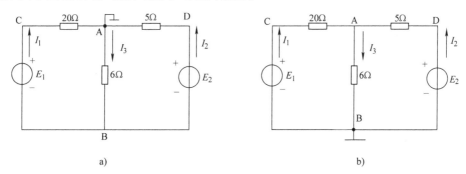

a)   b)

图1-6　电路中的电位

a）以A点为参考点　　b）以B点为参考点

$E_1 = 140V$　$E_2 = 90V$　$I_1 = 4A$　$I_2 = 6A$　$I_3 = 10A$

根据欧姆定律和电路分析可知，各段电路的电压为

$$U_{AB} = 10 \times 6V = 60V$$

$$U_{CA} = 4 \times 20V = 80V$$

$$U_{DA} = 6 \times 5V = 30V$$

$$U_{CB} = 140V$$

$$U_{DB} = 90V$$

若以A点为参考点，电路中其他各点的电位为

$$V_B = -60V \quad V_C = 80V \quad V_D = 30V$$

若以B点为参考点，电路中其他各点的电位为

$$V_A = 60V \quad V_C = 140V \quad V_D = 90V$$

显然，参考点不同，C、D两点的电位也不同。

　**要点提示**

在某一有载状态下，电路中两点之间的电压是绝对的，而电路中各点的电位是相对的，参考点不同，电路中各点的电位也不同。

四、汽车电路示例

汽车电路简图如图 1-7 所示。

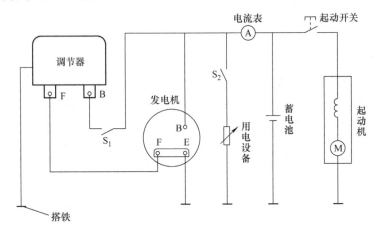

图 1-7　汽车电路简图

1. 汽车电路的电源

汽车电路的电源包括发电机和蓄电池，二者并联向汽车电路提供电能。有的汽车电路在发电机和蓄电池之间还串联了电流表，用以指示蓄电池是处于充电状态还是放电状态。

（1）蓄电池的作用　蓄电池可将其内部的化学能转变电能，在汽车电路中主要用作起动电源，当发动机不工作、负载过大、发电机输出电压很低时，也需要蓄电池供电。

（2）发电机的作用　发电机由发动机驱动，将发动机的机械能转变为电能，是汽车电路的主要电源。当发动机工作时，发电机输出电压要高于蓄电池电压，此时由发电机发出的电能向用电设备供电，并可向蓄电池充电，以使蓄电池及时地恢复在起动发动机时所消耗的化学能。

（3）电流表的作用　当蓄电池向用电设备供电时，电流表指向放电侧，指示蓄电池放电电流的大小；当发电机向蓄电池充电时，电流表指向充电侧，指示充电电流的大小。

当发动机起动后，电流表指示充电电流很小或指示放电，则说明发电机或调节器有故障。

当发动机不工作且用电设备处于关闭状态时，电流表指示放电，则说明用电设备的导线或开关有漏电现象。

（4）调节器的作用　调节器串联在发电机的励磁绕组电路中（接在 F 与 B 之间），其作用是根据发电机的端电压来调节发电机励磁绕组的励磁电流，以使发电机输出电压在发动机转速变化时仍然保持稳定。

2. 汽车电路的负载

起动机是汽车电路的负载。起动时，接通起动开关，起动机就通电工作，带动发动机转动进而使发动机起动。

其他用电设备包括点火系统、照明系统、信号系统、仪表系统、各种辅助电器、各种电子控制系统等，均为汽车电路的负载，各负载均并联。

3. 汽车电路的导线

汽车电路各负载与电源正极之间的电路中通常串联熔断器和开关（或继电器），用于各电路负载工作的手动或自动控制。负载与电源负极之间通过搭铁形成回路。一些安装在不导电物体上的负载则需要通过导线连接电源负极。在汽车电子控制系统中，通常也有专门的搭铁线，用以连接电源负极。

电流表通常在一些载货汽车上装用，在乘用车和其他类型汽车上少有安装电流表，乘用车和其他类型汽车的充电电路是否正常依靠仪表板上的充电指示灯来指示。

第二节 磁 路

一、磁路的形成

1. 电场与磁场

（1）电场 电荷会产生一种肉眼不可见的物质——电场，也就是说，带电粒子（电荷）周围存在电场，**电场对电荷有电场力的作用**。

（2）磁场 运动的电荷会产生磁场，也就是说，运动的电荷周围不仅有电场，还有另一种肉眼不可见的物质存在，这种由运动的电荷产生的物质叫磁场，**磁场只对运动的电荷有力的作用**。

2. 电流的磁效应

电流是由电荷的定向运动形成的，因此，电流的周围也有磁场。

（1）通电导体的磁场 如果把磁场想象成若干条沿磁场方向的磁力线，通电导体周围的磁场就是围绕导体的同心圆（见图1-8）。磁场方向可用右手螺旋定则判定：拇指指向电流方向，弯曲的四指就是磁场的方向。

（2）线圈的磁场 线圈的磁场是通电导体弯曲成螺旋状时形成的磁场，当电流沿螺旋状导体流动时，形成的磁场的分布形式和方向如图1-9所示。磁场方向的判定方法是：右手四指弯曲指向电流的方向，拇指的指向就是磁场的方向。

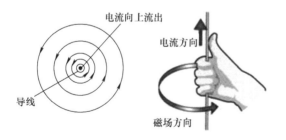
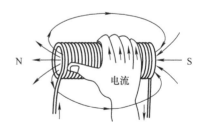

图1-8 通电导体的磁场　　　　　图1-9 线圈产生的磁场分布形式和方向

3. 永久磁铁的磁场

永久磁铁即永久性磁铁，是一种能保持稳定磁性的材料。永久磁铁有天然磁铁和人工磁铁两种。人工磁铁可根据需要制成各种形状（见图1-10），图1-11所示为永久磁铁产生的磁场。

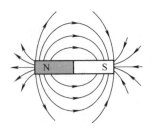 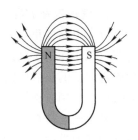

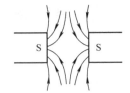 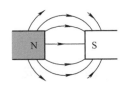

图 1-10　不同形状的人工磁铁　　　　图 1-11　永久磁铁产生的磁场

4. 磁路

磁路即磁场的通路，磁路是从磁铁的 N 极出发，回到磁铁的 S 极的一个闭合回路。因此，形成一个磁路应有产生磁场的磁动势和导磁媒介。图 1-12 所示磁路的磁动势来源分别是通电线圈和永久磁铁，导磁媒介是铁心和气隙。

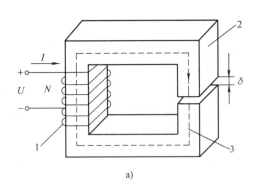 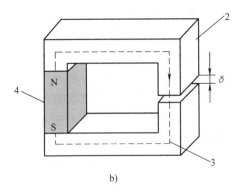

a)　　　　　　　　　　　　　　　　　　b)

图 1-12　磁路

a）通电线圈的磁路　b）永久磁铁的磁路

1—线圈　2—铁心　3—磁路　4—永久磁铁　δ—气隙　N—线圈匝数

二、磁场的基本物理量与电磁感应

1. 磁场的基本物理量

（1）磁感应强度　磁感应强度 B 是表示磁场内某点的磁场强弱和方向的物理量，其物理定义是在单位速度下，单位电荷所受到的磁场力，可表示为

$$B = \frac{F_\mathrm{m}}{qv}$$

式中 q——电荷量；

      v——电荷的运动速度；

    F_m——电荷受到的力，即洛仑兹力。

B 的单位是特斯拉（T），在数值上等于垂直于磁场方向长 1m，电流为 1A 的直导线所受磁场力的大小，因此，B 还可写成

$$B = \frac{F}{IL}$$

式中 I——导体通过的电流；

    L——导体的长度；

    F——导体受到的力，即安培力。

磁感应强度也被称为磁通量密度或磁通密度。

> 🔥 **请注意：** 无论有无运动的电荷或是否放置了通电的导体，磁场中某点的磁感应强度 B 都是客观存在的。

（2）磁通量   磁通量 Φ 是表示通过某一面积 S 上的磁力线总数。磁感应强度 B 可以理解为单位面积上的磁力线总数，对于与一个平面垂直的均匀磁场（见图 1-13）来说，其通过面积 S 的磁通量 Φ 为

$$\Phi = BS$$

2. 磁场的力效应

（1）磁场对运动电荷的作用   磁场对运动的电荷有力的作用。这一磁场力被称为洛仑兹力，其大小为

$$F_m = qvB$$

电荷受力的方向可用左手定则判定：张开左手，左手掌心对着磁场的方向，左手四指指向电荷运动的方向，伸直的拇指所指示的方向即电荷受力的方向。也可用右手按图 1-14 所示的方法来判断电荷受力的方向。右手四指从 v（电荷运动方向）弯向 B（磁场方向），伸直的拇指所指的方向就是电荷受力的方向。

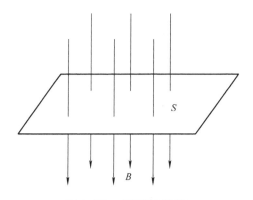

图 1-13   磁通量示意图

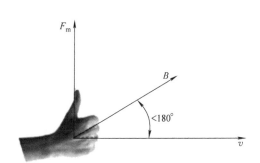

图 1-14   判断洛仑兹力的方向

> 💡**请注意**：洛仑兹力总是与电荷的运动方向垂直，故只改变电荷的运动方向，不改变电荷的运动速度。

（2）磁场对载流导体的作用　磁场对载流导体的作用力被称为安培力。导体通电后，导体内部的自由电子就会做定向运动，在磁场中，这些运动的电子受洛仑兹力的作用而向某一侧向漂移，与导体晶格的正离子碰撞，进而把力传给了导体。也就是说，载流导体在磁场中受到的磁场力（安培力），实际上就是洛仑兹力对载流导体中运动电子施力的宏观体现。

安培力的方向可由左手定则判定（见图1-15），安培力的大小则为

$$F = BLI$$

式中　F——载流导体受到的安培力；

　　　B——磁感应强度；

　　　L——载流导体的长度；

　　　I——载流导体中的电流。

3. 电磁感应

当磁场发生变化时，置于磁场中的导体会产生一个电动势，力图阻碍磁场的变化，这种现象称为电磁感应。人们通常把电磁感应产生的电动势称为感应电动势，由感应电动势所引起的电流称为感应电流。

感应电动势产生的方式有如下3种：

（1）导体在磁场中运动　即导体在磁场中沿某一方向运动而产生电动势，直流发电机发电就是用此种形式。感应电动势的方向可用右手定则来判断（见图1-16）。

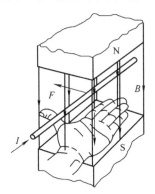
图1-15　载流导体受磁场力方向

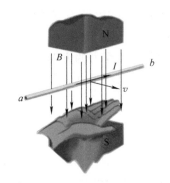
图1-16　判断感应电动势的方向

 专业小知识

　　汽车上最早使用的是直流发电机，发电机的定子是磁极，励磁绕组通电后产生磁场，转子（电枢）在磁场中旋转时，其电枢绕组在磁场中运动（切割磁力线）而产生感应电动势。

（2）磁场在导体中运动　即导体不动而磁场运动，进而产生电动势，这种感应电动势产生方式的例子是交流发电机。现代汽车上广泛采用交流发电机，发电机的转子是一个磁极，当转子通过电刷和集电环引入电流后，便会产生一个旋转的磁场，使定子（电枢）绕组切割磁力线而产生感应电动势。

（3）穿过线圈的磁通量变化　此种方式下磁场和导体都没有运动，而是使穿过线圈的磁通量变化，从而使线圈产生感应电动势。对于线圈（闭合回路），电磁感应定律的表达式为

$$e = -N\frac{\mathrm{d}\Phi}{\mathrm{d}t}$$

式中　e——感应电动势；

　　　N——线圈的匝数；

　　$\mathrm{d}\Phi/\mathrm{d}t$——磁通的变化速率。

表达式中的负号表示感应电动势的方向与原磁场变化方向相反。

专业小知识

在汽车电路中，点火线圈二次绕组产生的互感电动势、电磁感应式曲轴位置传感器产生的脉冲电压等均是在穿过线圈的磁通量发生变化时产生感应电动势的。

三、磁路的基本定律

1. 磁场强度 H 与磁导率 μ

磁场强度 H 是反应磁场实际存在的物理量，而磁感应强度 B 则是磁场表现出来的量值大小和方向。它们之间的关系为

$$B = \mu H$$

μ 为磁导率，是用来表示磁场中媒介磁性的物理量，它反映物质导磁的能力，物质的磁导率高，磁场通过该物质时的能量损失就小。在实际应用中，各种物质的导磁性能大小通常是以与真空的导磁性能相比较的结果来表示的，即用相对磁导率 μ_r 来表示物质的导磁性能，有

$$\mu_r = \frac{\mu}{\mu_0}$$

式中　μ_0——真空的磁导率。

铁磁材料具有高导磁性（$\mu_r \gg 1$），磁场通过铁磁材料的能量损失很小，因此，可以忽略铁磁材料对磁路的阻碍。

阅读提示

磁路中的磁阻类似于电路中的电阻，磁阻会导致磁通量的损失。磁路中铁磁材料的磁阻可以忽略不计，就好比电路中导线的电阻可以忽略不计。

2. 磁动势

磁动势产生磁通，通电线圈产生的磁动势可表示为

$$F = NI$$

式中　F——磁动势；

　　　　N——线圈匝数；

　　　　I——线圈通过的电流。

3. 磁路欧姆定律

磁路欧姆定律可表示为

$$\Phi = \frac{F}{R_m}$$

R_m 为磁阻，是表示物质对磁通具有的阻碍作用的物理量。磁阻的大小可表示为

$$R_m = \frac{l}{\mu S}$$

式中　l——磁路的平均长度；

　　　　S——磁路的截面积。

在图 1-12 所示的磁路中，铁磁材料的磁阻很小，可以忽略不计，而空气的磁阻则较大。

为更好地理解磁路及其基本物理量，这里把磁路和电路的有关物理量一一对应地列于表 1-1 中。

表 1-1　磁路和电路的有关物理量对照表

磁路	电路	磁路	电路
磁动势 F	电动势 E	磁阻 $R_m = \dfrac{l}{\mu S}$	电阻 $R = \dfrac{l}{rS}$
磁通 Φ	电流 I	磁导率 μ	电导率 γ
磁感应强度 B	电流密度 J	磁路欧姆定律 $\Phi = \dfrac{F}{R_m}$	电路欧姆定律 $I = \dfrac{E}{R}$

第三节　汽车电路中常见电子元件的特性

电路负载有电阻类、电容类和电感类三种。但在实际的电路中，纯电阻、纯电容或纯电感性的负载很少。电路中的负载可能是以电阻、电容、电感中的某种特性为主，兼有其他一两种负载特性。本节介绍电阻类、电容类、电感类元件的基本特性。

 阅读提示

> 　　灯泡的灯丝、电阻器等这些电子元件主要表现为电阻性，其电容性和电感性可以忽略，因而可以把它们看作纯电阻元件；电容器呈电容性，是电容元件，它的电阻性可以忽略不计；匝数较少的电感线圈则可以看作纯电感元件，其电阻与电容性都可以忽略。但有些负载的其他特性不能忽略。例如点火线圈在电流变化中主要表现为电感性，同时其电阻性不可忽略，因而在分析电路时，其电感和电阻参数都应考虑。

一、电阻类元件的基本特性

电阻对电路中的电流具有阻碍作用，是耗能元件。

1. 电阻的降压作用

无论是交流电还是直流电，流经电阻时均具有电压降。对于一个定值的线性电阻来说，电阻 R 上的电压降 U 与流过电阻的电流 I 成正比关系，即

$$U = RI$$

2. 电阻消耗电能

通电后的电阻会将电能转化为热量，产生的热量 Q 不仅与电阻值有关，还与通电电流 I 的二次方和通电时间 t 成正比关系，即

$$Q = I^2 Rt$$

3. 汽车电路中电阻特性示例

（1）点火线圈升温　点火线圈具有一定的电阻，因此在工作时，电流流过点火线圈会产生热量而使其温度上升。如果因电源电压过高就会因点火线圈一次绕组流过的电流过大，产生的热量过多而来不及散去，使点火线圈的温度过高，易被烧坏。

（2）接触不良造成电压降　点火开关、接线端子、蓄电池接线柱与线夹等如果接触不良，就会具有一定的接触电阻。接触电阻产生的电压降会使用电设备的电压降低、电流减小，造成用电设备工作不正常或不能工作。

（3）接触不良造成升温　电流经过接触电阻所产生的热量，会使接触不良处温度升高。因此，对于起动电路、充电电路这样一些通过电流比较大的电路的连接处，可以通过测量连接处温度是否异常来判断该处是否存在接触不良的情况。

> **电阻特性小结**：电阻是耗能元件，对电流有阻碍作用，电流通过电阻两端会有电压降，并会产生热量。

二、电容类元件的基本特性

电容器由中间隔有介质的两个电极组成，可以储存电场能量，本身并不消耗能量。

1. 电容储存电场能量

当电流对电容充电时，在电容的两个电极上就集聚起电荷，使电极之间形成一个电场。对电容的充电过程就是电容将电源的电能转变成其内部电场能量的过程，其电场能量 W_C 大小与电容量 C 和电容两端的电压 U 的关系为

$$W_C = \frac{1}{2} C U^2$$

2. 电容对直流电开路

在直流电路中（见图 1-17），直流电源对电容的充电使其两端的电压 U_C 升高，当 U_C 升高至与电源端电压 U 相等时，充电电流 I_C 降至零。此后，只要电容不放电或本身不漏电，连接电容的电路就不可能有电流通过了。因此，电容对直流电可

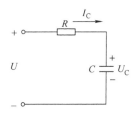

图 1-17　直流电路中的电容

以看成是开路的。

3. 电容对交流电具有容抗作用

电容对交流电具有阻碍作用（称其为容抗），其容抗 X_C 的大小与交流电的频率 f 之间有

$$X_C = \frac{1}{2\pi f C}$$

电容量越大，对交流电的阻碍作用（容抗）就越小。电容的容抗与交流电的频率 f 也成反比，对于高频交流电，电容的容抗很小，可以忽略。也就是说，电容对于高频交流电来说是通路的。

4. 电容两端的电压不能突变

当连接电容的电路中有瞬变电压产生时，瞬变电压对电容形成充电电流，使电容两端的电压上升有一个过程。电压上升的速率与电容量的大小及所形成的充电电流大小（取决于充电回路的电阻）有关，电容量越大，电压上升就越慢，上升后的电压也越低。

5. 汽车电路中的电容特性示例

（1）电容吸收触点火花　在触点式电喇叭中的触点之间并联一个电容，利用电容电压不能突变的特性，可吸收了喇叭线圈的自感电动势，减小了喇叭触点断开时的触点火花。

（2）电容吸收高频波　一些汽车的电子点火系统的点火线圈处会接一个电容，用以吸收点火时产生的高频振荡波，以减小对无线电设备的干扰。

（3）蓄电池的电压安全保护作用　蓄电池在一些方面可认为相当于一个大容量的电容，用它可以吸收汽车电路中产生的瞬变高电压脉冲，使电压稳定，对电子元器件起到了保护作用。

> **电容特性小结**：电容是储能元件，可储存电场能量，本身不消耗能量，电容两端的电压不能突变。电容对交流电产生容抗，对高频交流电通路，对直流电开路。

三、电感类元件的基本特性

变压器绕组、电机绕组、点火线圈绕组及继电器线圈等都具有电感特性，可储存磁场能量，电感元件本身也不消耗能量。

1. 电感储存磁场能量

当电感通电后，就会在其周围形成一个磁场，也就是说，电感把电源的电能转变成了磁场能量。其磁场能量 W_L 的大小与电感量 L 和通电电流 I 的关系为

$$W_L = \frac{1}{2}LI^2$$

2. 电感对直流电通路或呈电阻性

对于匝数较少的线圈，其电阻可忽略不计，而其电感对直流不起作用，因此，电感对直流电来说就相当于一根导线。汽车电器中的点火线圈、继电器线圈等由多匝线圈组成，其电阻不可忽略。因此，这些匝数较多的线圈对直流电而言就相当于一个电阻。

3. 电感对交流电具有感抗作用

电感对交流电也具有阻碍作用（称其为感抗），其感抗 X_L 与交流电的频率 f 之间有

$$X_L = 2\pi f L$$

感抗 X_L 与交流电的频率成正比，对于高频交流电，X_L 很大，可以把电感看成是开路的。

4. 电感两端的电流不能突变

当电路中有电流突变时（如开关的开闭、电路突然断开等），电感线圈会产生一个自感电动势 E_L 去阻碍电流的变化（见图1-18），使得流过电感线圈的电流 I 的变化有一个过程。电感的自感电动势 E_L 与电感量 L 和通过电感的电流的变化速率 dI/dt 有

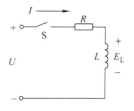

图1-18　有电流突变
电路中的电感

$$E_L = L\frac{dI}{dt}$$

电感量越大，产生的自感电动势也越大，电流的变化也就越慢。

5. 汽车电路中电感特性示例

（1）点火线圈储存点火能量　点火线圈一次绕组通电时，将电源的电能变为磁场能量，并在一次绕组断电时，通过点火线圈一、二次绕组的能量转换，最终转换为火花塞电极处的点火能量。

（2）电感的自感电动势造成过电压　点火线圈、继电器线圈、发电机和电动机的绕组等在电路开关开闭或是电路突然断开时，由于电流的突然变化而产生自感电动势，这些瞬间的电压有的还很高，会对汽车上的电子元器件造成损害。因此，现代汽车电气设备出于对汽车电路中电子元器件的保护考虑，特别强调蓄电池的连接要可靠。因为蓄电池相当于一个容量很大的电容器，可吸收这些瞬间过电压，起稳定电压的作用，使电路中的电子元器件免受瞬间过电压的损害。

> **电感特性小结**：电感是储能元件，可储存磁场能量，本身不消耗能量，通过电感的电流不能突变。电感对交流电产生感抗，对高频交流电阻抗很大，对直流电通路。

第四节　汽车电路中电子器件的基本原理

汽车电路中所用到的二极管、晶体管、晶闸管等电子器件均由半导体材料制成。

一、半导体的导电特性

物体按其导电性分，有能导电的导体、不能导电的绝缘体和以某种特殊方式导电的半导体三种。物体之所以有不同的导电特性，是因为它们的分子结构不同。

1. 物体的导电性

（1）导体　金属均可导电，是因为金属的原子之间的结合是金属键，使金属内部有受原子核束缚力较小的自由电子，这些自由电子在外加电场的作用下就会做定向运动，形成电流。也就是说，在金属的两端施加电压就会有电流。例如金、银、铜、铁、铝等金属都是导体。

（2）绝缘体　绝缘体不能导电，这是因为这些物质的原子之间的结合是比较稳固的共价键，外加电场很难使其价电子脱离原子核的束缚，因此，在绝缘体两端施加电压后不会

形成电流。例如普通的橡胶、陶瓷、塑料等都是绝缘体。

（3）半导体 半导体原子与原子之间的结合也是共价键，如图1-19所示的单质硅。但是其个别价电子受原子核的束缚力较小，能够脱离共价键，成为一个自由电子。自由电子带负电，脱离了一个电子的共价键留下一个空穴，它是带正电的（见图1-20）。由于自由电子和空穴是成对出现的，因此整个半导体对外呈电中性。

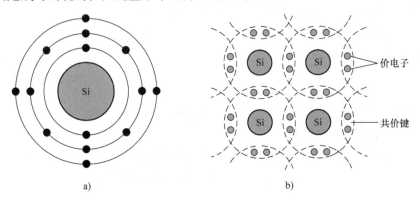

图1-19　半导体结构模型（以单质硅为例）

a）硅的原子结构　b）单质硅的共价键结构

当电压施加于半导体时，在外加电场的作用下，脱离了共价键的自由电子被前面临近的空穴所吸引，而填入空穴，而后面的自由电子又填充刚留下的空穴（见图1-21）。自由电子在电场力的作用下不断地向前移动，形成自由电子的定向运动，称之为电子电流，而空穴的位置发生了与自由电子运动方向相反的变化，可以把它看成是空穴的移动，并称之为空穴电流。

导体与半导体导电方式对比：金属之所以导电，是因为自由电子在电场力作用下做定向运动所致；半导体是因为其价电子从共价键脱离后，沿电场力方向移动，并填充入前面的价电子脱离后留下的空穴，形成电子电流和空穴电流所致。

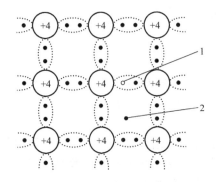

图1-20　半导体的导电原理

1—空穴　2—自由电子

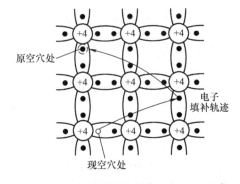

图1-21　半导体在外加电场作用下形成
电子电流和空穴电流

2. 本征半导体

半导体材料有硅、锗、硒以及一些硫化物和金属氧化物等。纯半导体（不掺入其他材料）称为本征半导体，其自由电子和空穴数量不多，因而其导电能力很有限，但具有如下特点：

1）导电性随温度而变。半导体温度升高后，半导体共价键上的一些价电子获得热能而脱出，使自由电子和空穴的数量增加，在外加电场的作用下形成的电子电流和空穴电流就会增大，即其导电能力提高了。**根据半导体的这一特性，可以将半导体制成热敏元件。**

2）导电性随光照强度而变。半导体受光照射后，半导体共价键上的一些价电子获得光能而脱出共价键，也会使自由电子和空穴的数量增加，使半导体的导电能力提高。**根据半导体这一特性，可以将半导体制成光敏元件。**

3. N 型半导体

硅、锗等半导体材料中掺入磷（P）等五价元素，并使二者的原子组成共价键后就多出了一个电子（见图 1-22），这样就使自由电子的数目大增，导电能力得以提高。此类半导体称之为 N 型半导体。

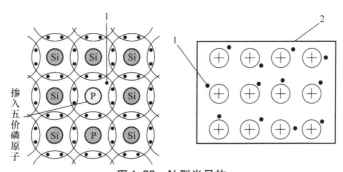

图 1-22　N 型半导体

1—自由电子　2—N 型半导体模型

4. P 型半导体

硅、锗等半导体材料中掺入硼（B）等三价元素，并使二者的原子组成共价键后就少了一个电子（见图 1-23），这样就使空穴的数目大增，导电能力也得以提高。此类半导体称之为 P 型半导体。

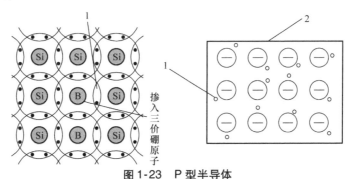

图 1-23　P 型半导体

1—空穴　2—P 型半导体模型

5. PN 结的形成与单向导电性

（1）PN 结的形成　将 P 型半导体和 N 型半导体结合在一起后，在其交界之处，由于 N 型半导体中的自由电子浓度大，其自由电子就会向 P 区运动，并与 P 型半导体的空穴复合

（见图1-24a）。这种电子自发的运动称为扩散运动。

在N区缺失了自由电子而多出了空穴，因此形成了带正电的离子；在P区得到了自由电子，因此形成了带负电的离子。N型半导体和P型半导体的交界处的正负离子形成了一个空间电荷区（见图1-24b），空间电荷区随N区自由电子扩散运动的进行而扩大。

空间电荷区会形成一个内电场，内电场对自由电子的扩散运动起阻碍作用，并会使P区少量的自由电子越过空间电荷区，进入N区。这种内电场作用于P区内原有的少数自由电子，使其穿过空间电荷区的运动称之为漂移运动，漂移运动使空间电荷区减小。

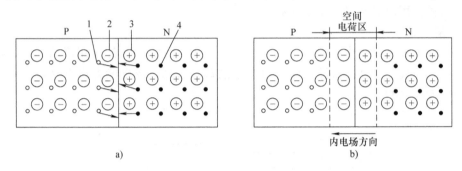

图1-24　PN结的形成

a）PN结的形成过程　b）稳定状态时的PN结

1—空穴　2—负离子　3—正离子　4—电子

随着空间电荷区的扩大，其内电场增大，使扩散运动减弱、漂移运动加强，当扩散运动和漂移运动的速率达到动态平衡时，空间电荷区的宽度就稳定下来。这个空间电荷区就称为PN结，也被称为阻挡层。

（2）PN结的单向导电性　对PN结加正向电压，即PN结的P端接电源正极，N端接电源负极（见图1-25a）。这时，外加电场的方向与PN结内电场方向相反，削弱了内电场，空间电荷区变窄，使得自由电子的扩散运动占主导。由于扩散运动是N区数量多的自由电子向P区运动，所形成的电流也就大，因此PN结呈现电阻很小。

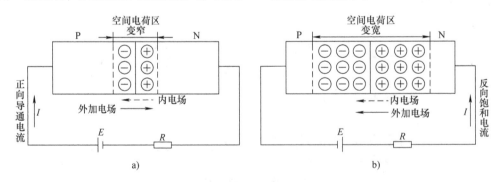

图1-25　PN结的单向导电性

a）加正向电压导通　b）加反向电压不导通

对PN结加反向电压，即PN结的P端接电源负极，N端接电源正极（见图1-25b）。这时，外加电场与PN结内电场方向相同，使内电场得以加强，空间电荷区变宽，这时自由电子的漂移运动占主导。由于漂移运动是 P 区数量很少的自由电子向 N 区运动，形成很小的反向饱和电流，PN 结呈现很大的电阻。利用 PN 结的单向导电性，可制成二极管、晶体管、晶闸管等电子器件。

> **PN 结特性小结**：加正向电压时，外加电场使空间电荷区变窄，内部是 N 区数量很多的自由电子扩散运动，形成很大的电流，即 PN 结呈现很小的电阻；加反向电压时，外加电场使空间电荷区变宽，内部是 P 区数量很少的自由电子漂移运动，形成很小的电流，呈现很大的电阻。

二、二极管的形成与特性

1. 二极管的形成

二极管实际上就是用一个 PN 结加引线和管壳而形成的，PN 结有点接触型和面接触型等不同的结构形式，二极管的结构与图形符号如图 1-26 所示。

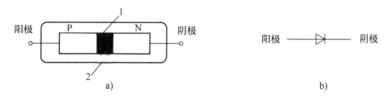

图 1-26　二极管的结构与图形符号

a）二极管的结构　b）二极管的图形符号

1—PN 结　2—外壳

2. 二极管的特性

二极管就是一个 PN 结，因而具有单向导电性。二极管的伏安特性如图 1-27 所示。

从二极管的伏安特性曲线可知，二极管加正向电压较低时，在不同电压下的电阻值是不同的。这说明二极管的正向电阻呈现非线性，特别是在电压小于 U_r 时，正向电流几乎为零。这是因为所加的正向电压还不足以克服二极管 PN 结的内电场，内电场仍阻挡着电子的扩散运动，因此呈现很大的电阻。当正向电压超过 U_r 后，内电场被削弱，数量很大的自由电子扩散运动得以进行，电流的增长就很快了。这时，二极管正向电阻很小，可以把它看成是金属一样的导体。

U_r 称为二极管正向导通的死区电压，或叫作门限电压。硅二极管的死区电压一般为 0.5V，锗二极管一般为 0.2V。

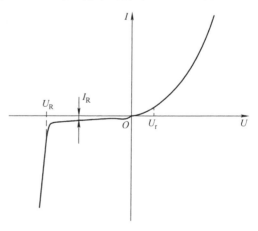

图 1-27　二极管的伏安特性

U_r—二极管死区电压　I_R—二极管反向饱和电流

U_R—二极管反向击穿电压

> **⊙ 请注意**：二极管正向导通的死区电压 U_r 并不是一个固定值，当温度变化时，U_r 也会变化。

二极管加反向电压时，由少数自由电子的漂移运动形成电流 I_R（称之为反向饱和电流），二极管的反向饱和电流很小，因而可以近似看成二极管反向断路。

当二极管的反向电压超过反向击穿电压 U_R 时，反向电流会突然增大，此时二极管失去了单向导电的特性。这种现象称为二极管反向击穿。二极管被反向击穿后，PN 结被破坏且不可恢复。

> **二极管特性小结**：二极管所加正向电压高于死区电压（硅二极管一般为 0.5V，锗二极管一般为 0.2V）时，二极管导通；所加反向电压小于反向击穿电压时，二极管截止。

3. 稳压二极管的形成

稳压二极管也由一个 PN 结组成，它是一种特殊的面接触型二极管。稳压二极管是利用二极管反向击穿时，电流变化很大而电压变化很小的特点，用来稳定电路中的电压。稳压二极管与普通二极管不同的是，普通二极管反向击穿后就失去了作用，而稳压二极管的反向击穿是可逆的，即去掉电压后，稳压二极管又可恢复正常。

4. 稳压二极管的伏安特性、图形符号与稳压电路

稳压二极管的伏安特性、图形符号与稳压电路如图 1-28 所示。

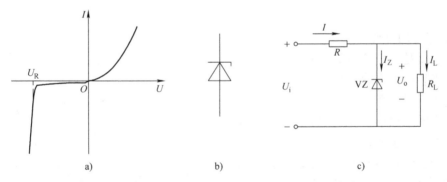

图 1-28　稳压二极管的伏安特性、图形符号与稳压电路

a）伏安特性　b）稳压二极管图形符号　c）稳压电路

R—限流电阻　R_L—负载电阻

当电源电压 U_i 上升或负载电阻 R_L 增大而使 U_o 有上升趋势时，通过稳压二极管的电流会有较大的增加，使限流电阻 R 上的电压降随之增大，从而使负载两端的电压 U_o 基本保持不变。当电源电压 U_i 下降或负载电阻 R_L 减小而使 U_o 有降低趋势时，通过稳压二极管的电流会有较大的减小，限流电阻 R 上的电压降随之减小，从而使负载两端的电压 U_o 基本保持不变。

阅读提示

　　稳压二极管是特殊的面接触型二极管，反向击穿后仍保持其使用特性。稳压二极管实际上就是利用二极管反向击穿时电压稳定的特点，用于稳定电路的电压。

三、晶体管的形成与特性

1. 晶体管的形成

晶体管是由两个 PN 结形成的，其结构与图形符号如图 1-29 所示。

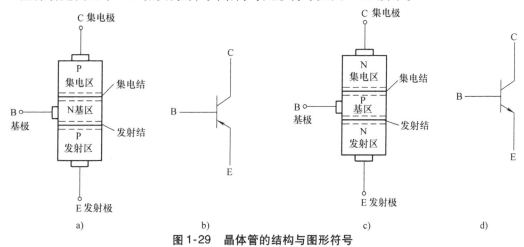

a)　　　　　　b)　　　　　　c)　　　　　　d)

图 1-29　晶体管的结构与图形符号

a）PNP 型晶体管　b）PNP 型晶体管图形符号　c）NPN 型晶体管　d）NPN 型晶体管图形符号

　　构成晶体管的这两个 PN 结分别被称之为发射结和集电结，有 PNP 型和 NPN 型两种。晶体管为保证其电流放大作用，采取了如下结构措施：

　　1）基区很薄，掺杂的浓度低，使其自由电子（N 型）或空穴（P 型）的数量少。

　　2）发射区掺杂的浓度高，一般高于集电区，比基区则高许多倍。比如，NPN 型晶体管发射区的自由电子浓度比基区的空穴浓度高 100 倍以上。

2. 晶体管的电流放大原理

下面以 NPN 型晶体管为例（见图 1-30），说明晶体管的电流放大原理。

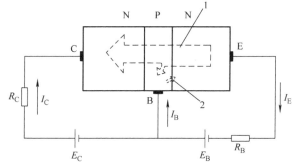

图 1-30　晶体管电流放大原理

1—发射区向集电区扩散的自由电子　2—基区向发射区扩散的空穴

I_C—集电极电流　I_B—基极电流　I_E—发射极电流

对于 NPN 型晶体管，发射结加正向电压，而集电结加反向电压。发射结的正向电压削弱了发射结的内电场，使其空间电荷区变窄。于是，发射区浓度很高的自由电子就越过发射结向基区扩散，进入基区的自由电子少量的与基区为数不多的空穴复合，其余的继续向自由电子浓度低的集电结处扩散。

由于集电结加反向电压，其内电场加强，空间电荷区变宽，扩散到集电结附近的自由电子在集电结内电场力的作用下，越过集电结，进入集电区。

进入集电区的自由电子被电源 E_C 拉走，形成集电极电流 I_C，电源 E_B 不断地向发射区注入自由电子，形成发射极电流 I_E，同时电源 E_B 又从基区拉走自由电子，形成了基极电流 I_B。

由于基区的空穴数量很少，从发射区进入基区的自由电子与基的空穴复合的很少，而大量的自由电子是被集电结内电场拉到了集电区，因此，$I_B \ll I_C$。I_C 与 I_B 的比值就是晶体管的电流放大倍数 β，即

$$\beta = \frac{I_C}{I_B}$$

3. 晶体管的特性

（1）晶体管的放大特性　当加在基极与发射极之间的电压 U_{BE} 达到了晶体管的导通电压 U_r（发射结死区电压）后的一定电压范围内，晶体管将处于放大状态（见图1-31），这时，U_{BE} 的小变化就会引起集电极电流大的改变，而基极电流的变化则很小（$\Delta I_C = \beta \Delta I_B$）。正是有了这一特性，晶体管被广泛应用于电压放大、电流放大和功率放大电路中。

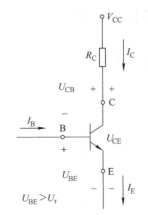

图1-31　晶体管的放大状态

V_{CC}—电源电压

U_{CB}—加在集电结上的电压

U_{BE}—加在发射结上的电压

U_{CE}—晶体管集电极与发射极之间的电压

R_C—集电极负载电阻

 阅读提示

晶体管利用其集电极电流是基极电流 β 倍的特性，可在电子电路中用作电流放大、电压放大和功率放大。

（2）晶体管的开关特性　晶体管除了放大工作状态外，还有截止状态和饱和导通状态，即晶体管还具有开关特性。

1）晶体管的截止状态。当加在基极与发射极之间的电压 U_{BE} 小于发射结的导通电压时，发射区大量的自由电子不能扩散到基区，就无法形成集电极电流，此时的晶体管工作状态称之为截止状态（见图1-32）。

在晶体管处于截止状态时，晶体管内部只有少数截流子的漂移运动，因而集电极与发射极之间形成很小的穿透电流，通常情况下可以把它忽略，因而晶体管的集电极和发射极之间看成是断开的，即

$$I_B = 0$$

$$I_C \approx 0$$

$$U_{CE} \approx V_{CC}$$

2）晶体管的饱和导通状态。当基极与发射极之间的电压足够大，I_B 的增加使 I_C 增大到了极限时，再增大 I_B，I_C 也不再增大，此时，晶体管处于饱和导通状态（见图 1-33）。在晶体管处于饱和导通状态时，可以把晶体管的集电极和发射极之间看成是通路，即

$$U_{CE} \approx 0$$

此时 I_C 达到极限值 I_{CM}（$I_{CM} = V_{CC}/R_C$）。

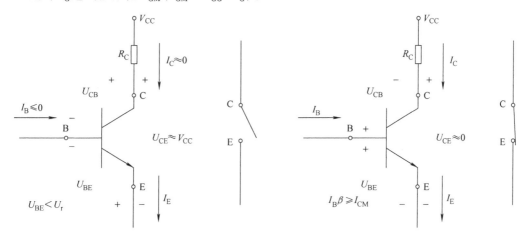

图 1-32　晶体管的截止状态　　　　图 1-33　晶体管的饱和导通状态

在晶体管处于饱和导通状态时，电源的电压都加在集电极负载电阻 R_C 上，晶体管的集电极与发射极之间的电压降可以忽略。

> **晶体管的开关特性**：基极与发射极之间电压低于发射结导通电压时，晶体管的集电极与和发射极之间断路（开关断）；基极与发射极之间电压足够高时，集电极与发射极之间导通（开关合）。

导通管的开关特性使其被用作由电信号控制的无触点开关，这在汽车电气系统中的应用是很多的，如无触点电子点火系统的电子点火器、电子式电压调节器、无触点电喇叭等。

四、晶闸管的形成与特性

1. 晶闸管的形成

晶闸管是由三个 PN 结形成的，如图 1-34 所示。

2. 晶闸管的导通原理

可以把晶闸管看成是由 PNP 型和 NPN 型两个晶体管连接而成的（见

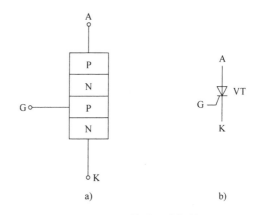

图 1-34　晶闸管的形成与符号

a）晶闸管的形成　b）晶闸管的符号

A—阳极　G—门极　K—阴极

图 1-35），每一个晶体管的基极与另一个晶体管的集电极相连，晶闸管的阳极 A 相当于 PNP 型晶体管的发射极，阴极 K 相当于 NPN 型晶体管的发射极。

当阳极 A 和阴极 K 之间加正向电压，门极 G 也加一正向电压（U_G 高于 VT_2 导通的死区电压）后，VT_2 就开始导通。VT_2 导通后，其集电极电流 I_{C2} 给 VT_1 提供了基极电流，使 VT_1 导通，于是 VT_2 和 VT_1 之间就形成了正反馈，即

$$I_G \rightarrow I_{C2}(\beta_2 I_G) \rightarrow I_{CO}(=I_{C2}) \rightarrow I_{C1}(\beta_1 I_{CO})$$

这一正反馈过程使 VT_1 和 VT_2 很快达到饱和导通。晶闸管导通后，其压降很小，可近似看成开关接通，电源电压几乎全部加在负载上。

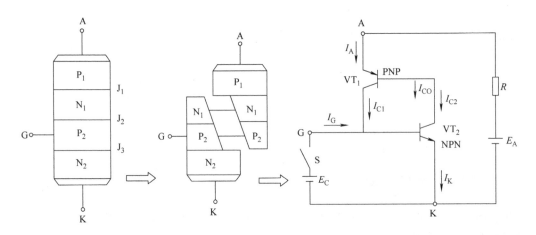

图 1-35　晶闸管的导通原理

I_A—阳极电流　I_K—阴极电流　I_G—门极电流　VT_1—等效 PNP 型晶体管　VT_2—等效 NPN 型晶体管

晶闸管导通后，由自身的正反馈作用维持其导通状态，因此，门极 G 就失去了控制作用。要想关断晶闸管的导通，可用如下方法实现：

1）减小正向电压，使之不能维持正反馈过程。

2）在阳极和阴极之间加反向电压。

3）切断阳极电流。

从晶闸管的导通过程可知其导通条件是：

1）必须施加正向电压，即晶闸管的阳极接电源的正极，阴极接电源的负极。

2）门极必须施加一个正向电压。一旦晶闸管导通，则门极电压不起作用。

3. 晶闸管的特点

晶闸管的特点如下：

1）晶闸管具有单向导电性，并受控于门极。由于门极使晶闸管导通后就失去了控制作用，故在实际应用中，门极控制信号往往是一个尖脉冲电压的形式。

2）晶闸管与二极管的异同点是都具有单向导电性，但晶闸管的导通还受门极控制。

3）晶闸管与晶体管的异同点是都有三个电极，但晶闸管的门极电流无放大作用。

晶闸管有类似于晶体管的开关特性，但不同的是晶体管必须在基极持续的导通电压下才能保持导通，晶闸管的门极触发脉冲触发晶闸管导通后，触发脉冲即使消失，晶闸管仍然保持导通。

> **晶闸管的特性**：晶闸管的单向导电性受控于门极的触发脉冲，门极只用于触发晶闸管阳极与阴极之间的通断，不具有放大作用。

第二章
传感器基础知识

第一节　传感器概述

在汽车仪表和电子控制系统中，传感器用于将被测的物理量或化学量转换为电量。传感器是汽车仪表与电子控制系统中的一个重要组成部分。

一、传感器的作用与基本组成

1. 传感器的作用

> **传感器的定义**：传感器是一个将被测的某种物理量或化学量转换为电量的器件或装置，转换的目的是使被测物理量变得容易识别、处理、存储和显示。

传感器对被测量的转换过程是工程测量和自动控制的首要环节，测试系统和自动控制系统需要通过传感器来"感知"被测或被控对象的状态。

（1）在测试系统中的作用　在测试系统（仪器与仪表）中，传感器的作用如图2-1所示。传感器将被测量转换为电量，再经测量电路进行信号处理后，由显示器显示或输入计算机存储。

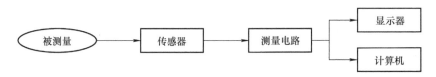

图2-1　传感器在测试系统中的作用

（2）在自动控制系统中的作用　在自动控制系统中，传感器的作用如图2-2所示。传感器将被控对象的状态转换为电量，并输送给控制器，控制器根据传感器输送的电量对被控对象的状态进行分析判断，并输出控制信号，使执行器工作，从而实现自动控制。

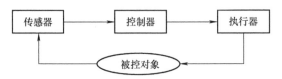

图2-2　传感器在自动控制系统中的作用

> **传感器的比喻**：如果将测试系统或自动控制系统比喻为一个具有行为思维能力的人，传感器的作用就相当于人的感觉器官。人要通过眼睛（视觉）、耳朵（听觉）、鼻子（嗅觉）、皮肤（触觉）去感知周围的环境和事物，测试系统或自动控制系统则是通过传感器"感知"被测或被控对象的状态。

2. 传感器的基本组成

不同用途、不同类型的传感器，其结构形式和具体的组成部件会有较大的差别，但从总体上讲，传感器主要由感受元件、传感元件、转换与传输电路和电源组成，如图2-3所示。

1）感受元件直接感受被测量，并将被测量按某种确定的对应关系传递给传感元件。一些传感器的感受元件与传感元件合二为一。

2）传感元件也称之为敏感元件，是传感器的核心，它用于将被测物理量转换为相应的电量（电压、电流、脉冲频率等）或电路参量（电阻、电容、电感等）的变化。

图2-3　传感器的基本组成

3）转换与传输电路可将敏感元件对应于被测量而变化的电阻、电容、电感等转换为相应的电量输出。一些传感器（磁电式、压电式传感器）直接由敏感元件产生电信号，可以不用转换与传输电路。

4）电源用于向传感器中的传感元件和信号转换与传输电路提供电能。一些传感器的敏感元件（如压电晶体、电感线圈等）自身可产生电信号，这些传感器不需要电源。

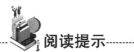阅读提示

> 传感（敏感）元件是所有传感器必须具有的核心部件，而传感器电源、转换与传输电路及感受元件则是根据传感器结构类型的不同，有的有，有的无。

二、对传感器的要求

1. 传感器的基本要求

传感器产生的信号能否真实地反映被测对象的相关信息，直接影响测试系统（汽车仪表）和自动控制系统的准确性和可靠性。因此，各种传感器都必须满足如下基本要求：

1）传感器输出信号与被测量之间必须有确定的函数关系，最好是成比例的线性关系，这样才能根据传感器的输出来判断被测量的量值，传感器的信号才具有实际意义。

2）传感器产生的电信号应有较高的稳定性，即便在有干扰信号的情况下仍然能够稳定输出，此外传感器还应有较高的精密度（重复性好）。

3）传感器还必须有足够的精度（准确性），输出信号的灵敏度也应满足测量的最低要求。

4）动态特性好。即传感器在检测动态参量时，输出的滞后性小，产生的动态误差小。

5）传感器的输出信号受环境条件变化的影响要小，且在增加、减小负载及安装时，对方向性要求不高。

6）传感器对机械、热、电等过载的抗受能力要强。

7）结构、加工工艺简单，成本低，互换性好。

8）使用维修方便，易于校准。

上述要求是传感器产生的信号能及时准确地反映被测量所必需的，只有达到这些要求的传感器才具有实用意义。

2. 传感器的性能指标

传感器在测试系统和自动控制系统中是一个相对独立的装置，在设计、制造及选用传感器时，都会涉及传感器的性能指标。

传感器的性能指标分为静态特性和动态特性两种状态。

阅读提示

传感器的静态特性是指被测量或被控对象的某种被测物理量恒定不变或非常缓慢变化的情况下，传感器的输出量（电信号）与输入量（被测量）之间的关系。

（1）传感器的静态特性　在被测量或被控对象的某种被测物理量恒定不变或非常缓慢变化的情况下，理想的传感器静态特性其输入(x)与输出(y)之间应该呈线性关系，即

$$y = Sx \qquad\qquad (2-1)$$

式中　S——常数，表示传感器的灵敏度。

实际的传感器静态特性并非单纯的线性关系。传感器的实际静态特性通常用非线性、迟滞性、灵敏度和负载作用等来表征。

1）非线性。传感器实际的输出量与输入量之间呈非线性关系，如图 2-4 所示。非线性是对静态测量偏离线性的度量，表示为

$$非线性 = \frac{B}{A} \times 100\% \qquad (2-2)$$

式中　A——测试系统的量程；

　　　B——测量范围内最大的非线性偏差。

传感器的非线性大，则传感器信号的误差也大。

2）迟滞性。测试系统在同样的测试条件下，被测量从小到大改变时的传感器输出与被测量从大到小改变时的不一样，这种现象称之为迟滞性，如图 2-5 所示。迟滞性是造成传感器在静态测量时误差的原因之一。迟滞性用测试系统量程范围内最大回程误差值 H 与量程 A 的比值来度量，即

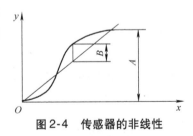

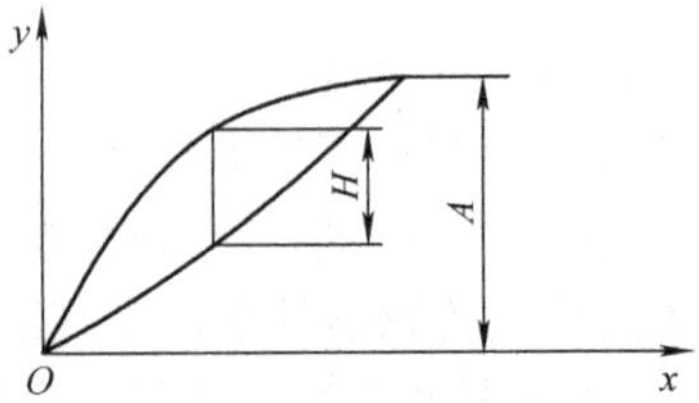

图 2-4　传感器的非线性

图 2-5　传感器的迟滞性

$$迟滞性 = \frac{H}{A} \times 100\% \tag{2-3}$$

传感器本身存在迟滞性的原因是传感器的材料和结构有滞后现象或有不工作区，例如，磁性材料的磁化、一般材料的受力变形、转换元件的摩擦力及间隙等均是产生迟滞性的可能因素。不工作区也称死区，即对传感器输出无影响的被测量变化范围。

3）灵敏度。传感器的灵敏度 S 反映被测量的变化引起传感器输出信号变化的大小程度，灵敏度的定义为

$$S = \frac{\mathrm{d}y}{\mathrm{d}x} \tag{2-4}$$

式中　$\mathrm{d}x$——输入量（被测量）的微小变化；

　　　$\mathrm{d}y$——输出量（传感器输出信号）的微小变化。

理想的传感器，其灵敏度为一个常数（直线的斜率）；对非线性度很小的传感器来说，在量程范围内其灵敏度也近似于常数，而对线性度很差的传感器，其灵敏度会随被测量的变化而有较大的改变。

4）负载作用。传感器可能会从被测对象中吸取一部分能量，从而改变被测量原本的真实数值，这种现象称之为负载作用。例如，热电式传感器从被测对象中吸取了热量、转矩传感器的扭杆吸取了被测对象的机械能。如果传感器从被测对象中吸取的能量占被测对象的总能量的比例较大，就会影响传感器的测量精度。

为确保传感器的测量精度，设计或选用传感器时，必须充分考虑其是否会吸取被测对象的能量，如果会吸取被测对象的能量，其吸取的能量与被测对象的总能量相比，应该很微小，这样测量值受传感器的负载作用的影响才可以忽略不计。

 阅读提示

> 传感器的动态特性是指在被测量瞬间变化或连续不断变化的情况下，传感器的输出量（电信号）与输入量（被测量）之间的关系。

（2）传感器的动态特性　在被测量瞬间变化或连续不断变化时，反映传感器的动态特性的性能参数有响应时间（时间常数）、固有频率、阻尼系数等。

1）响应时间。一些传感器用于动态测量时具有滞后性，其滞后性通常用时间常数 τ 来表示。τ 反映了传感器信号滞后于被测量变化的时间。这一类传感器由于其输出信号跟不上被测量的变化，因而会产生动态测量误差（衰减失真）。因此，用于动态测量的传感器，要求其动态特性要好。对于整个测试系统来说，其响应时间通常用 3τ 或 4τ 来表示。

2）固有频率和阻尼系数。有些传感器在动态测量时会产生放大失真，即传感器的输出信号表示的量值大于实际的被测量。这类传感器在进行动态测量时也会产生动态误差，表示传感器的这种动态误差的参数是固有频率 ωn（反映传感器在动态信号激励下的自振频率）和阻尼系数 ζ（反映传感器对动态信号响应的阻尼特性）。

（3）传感器的特性标定　传感器的标定是指通过试验的方法确定传感器特性的过程，确定传感器静态特性指标的过程称之为传感器的静态标定，而确定传感器动态特性参数 τ、

ωn 和 ζ 的过程则称之为动态标定。

> **说明：** 在传感器的研制、产品性能评价过程中通常需要对传感器进行特性标定，当传感器与测量电路及显示装置组成测试系统时，则需要对整个测试系统进行静态、动态特性的标定。

三、传感器的类型

传感器的种类有许多种，下面通过不同的分类方法对各种各样的传感器进行归类，以便对各种传感器的类型和作用有大致的了解。

1. 按传感（敏感）元件的不同分类

按照传感器敏感元件所属的不同类型进行分类，传感器有压电式、磁电式、光电式、热电式、电阻应变式、电位计式等多种类型。

1）压电式传感器。其敏感元件受力时会发生压电效应，产生与被测量相对应的电信号。压电式传感器通常用于测力、压力、振动等物理量。

2）磁电式传感器。依据电磁感应原理制成的磁电式传感器，通常用于测位移、速度或加速度等，也可用于测力、振动等物理量。

3）光电式传感器。依据光电效应原理制成的光电式传感器在汽车上主要用于测转速、位置等物理参量。

4）热电式传感器。依据热电效应原理制成的热电式传感器，主要用于测量温度，在汽车上很少使用。

5）电阻应变式传感器。依据金属丝和半导体的电阻应变效应制成的电阻应变式传感器，用于测力、压力、转矩等，也可用于测量位移、加速度、振动等物理量。

6）电位计式传感器。这类传感器主要用于测量位移，在汽车上应用较多。

阅读提示

> 不同于上述敏感元件的传感器还有热敏电阻式、光敏电阻式、磁敏电阻式、电容式、电感式等多种。因此，按此种分类方法传感器的种类还有很多。

2. 按传感器的信号变换特征分类

按照传感器敏感元件的信号转换特征分类，传感器可分为结构型和物性型两大类。

1）结构型传感器。结构型传感器是通过其敏感元件的结构产生变化或部分变化后引起场（力场、电场、磁场）的变化，将被测物理量转换为电信号。例如，电位计式传感器、电感式传感器、电容式传感器等均属于结构型传感器。

2）物性型传感器。物性型传感器通过敏感元件自身物性的改变，直接或间接地产生能反映被测量的电信号。热敏电阻式传感器、光电式传感器、压电式传感器等均属物性型传感器。

3. 按信号转换的原理分类

按照传感器信号转换的原理分类，可将传感器分为参量式和发电式两大类。

1) 参量式传感器。参量式传感器的敏感元件随被测量的变化而产生相应的电路参数（电阻、电容、电感等）变化，再通过转换与传输电路转换为相对应的电信号。电阻式传感器、电感式传感器及电容式传感器等均属于参量式传感器。

2) 发电式传感器。发电式传感器的敏感元件随被测量的变化直接产生相对应的电信号。光电式传感器、磁电式传感器、压电式传感器、热电式传感器、霍尔式传感器等均属于发电式传感器。

4. 按传感器的能量关系分类

按照敏感元件与被测对象之间的能量关系分类，传感器可分为能量转换型和能量控制型两种类型。

1) 能量转换型传感器。这类传感器敏感元件通过吸收被测对象部分能量产生相应的电信号，工作中有能量的传递，易造成误差。例如，热电偶温度传感器、弹性压力计式压力传感器等均属能量转换型传感器。

2) 能量控制型传感器。这类传感器由外部供给能量，敏感元件将被测量转变为外部能量变化的控制量，进而使传感器产生相应的电信号。例如，参量式传感器要由传感器电源提供电能才能产生电信号，这类传感器均属能量控制型传感器。

5. 按输出电信号的形式分类

按照传感器输出电信号的形式分类，可分为模拟式传感器、数字式传感器和开关式传感器等不同的形式。

1) 模拟式传感器。传感器随被测量的变化输出连续变化的电信号，由电信号的幅值（大小）反映被测量。

2) 数字式传感器。传感器输出脉冲式电信号，由电信号的高低电平或脉冲信号的频率反映被测量。

3) 开关式传感器。传感器输出一个设定的低电平或高电平信号，以反映被测量达到某个特定的阈值。

6. 按传感器所用材料的类别及物理性质分类

按照传感器所用材料的不同分类，有金属传感器、聚合物传感器、陶瓷传感器、混合物传感器等。

按传感器敏感元件材料的物理性质分类，又有导体式传感器、绝缘体式传感器、半导体式传感器和磁性材料式传感器等。

7. 按传感器的制造工艺分类

按照传感器的制造工艺不同分类，则又可将传感器分为集成传感器、薄膜传感器、厚膜传感器等不同的类型。

1) 集成传感器。它用标准的生产硅基半导体集成电路的工艺技术制造，通常还将传感器敏感元件产生的信号处理电路也集成在同一块芯片上。

2) 薄膜传感器。它通过沉积在介质衬底（基片）上的相应敏感材料的薄膜形成，使用混合工艺时，同样可将信号处理电路与敏感元件制造在同一基板上。

3) 厚膜传感器。它由相应材料的浆料涂覆在陶瓷基片上制成，基片通常进行热处理，以使厚膜成形。

8. 按传感器所测量的参量分类

按照传感器所检测的物理参量分类，则有力和压力传感器、位置传感器、液面传感器、速度传感器、温度传感器、加速度传感器、光照度传感器、振动传感器、湿度传感器、化学成分传感器、磁场强度传感器、气体传感器等许多种。

四、传感器在汽车上的应用

各类传感器在汽车上有着广泛的应用，对于仪表和汽车电子控制系统来说，传感器是至关重要的部件。

1. 传感器在汽车仪表中的应用情况

现代汽车上使用的仪表大体上可分为电磁式、电热式、电子式等几种类型。

（1）电磁式指示表　电磁式汽车仪表的电磁式指示表部分结构如图2-6所示。电磁式指示表是通过左右两个线圈通电后产生的合成磁场使衔铁转动，带动指针摆动来指示相应的值。指示表的两个线圈与传感器分别串联和并联，当传感器的输出随被测量的变化而变时，就会使指示表内两个线圈的电流发生相应的变化，进而使两线圈合成磁场的方向发生变化，吸引衔铁带动指针摆动，指示相应的值。

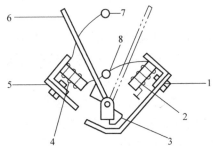

图2-6　电磁式指示表结构

1—右线圈导磁片　2—右（并联）线圈
3—衔铁　4—左（串联）线圈
5—左线圈导磁片　6—指针
7—接线柱（接点火开关）　8—接线柱（接传感器）

阅读提示

电磁式指示表匹配不同的传感器，就可构成电磁式发动机温度表、电磁式机油压力表、电磁式燃油表等不同的汽车仪表。

1）电磁式发动机温度表。电磁式指示表匹配一个将发动机冷却液的温度变化转换为相应电阻变化的热敏电阻式温度传感器，使指示表左右两线圈的电流随发动机温度的变化而改变，就构成了一个电磁式发动机温度表。

2）电磁式机油压力表。电磁式发动机机油压力表则是由电磁式指示表与一个将机油压力变化转换为相应电阻变化的电位计式机油压力传感器组合而成。

3）电磁式燃油表。电磁式指示表配用一个将燃油箱油面的高低变化转换为相应电阻变化的电位计式液面高度传感器，就可用成为电磁式燃油表。

（2）电热式指示表　电热式汽车仪表的电热式指示表部分的结构如图2-7所示。电

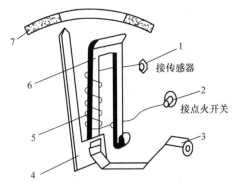

接传感器

接点火开关

图2-7　电热式指示表结构

1、2—接线柱　3—支架　4—指针
5—加热线圈　6—双金属片　7—刻度盘

热式指示表内的双金属片由两片热胀系数不一样的金属片叠成，受热后双金属片就会弯曲。这类仪表通过双金属片的受热弯曲来带动指针偏摆，指示相应示值，因而也称其为双金属片式仪表。指示表内双金属片上绕有加热线圈，与传感器串联。当所匹配的传感器将被测量转换为加热线圈中流过的相应的电流，双金属片就会产生相应的弯曲，带动指针指向相应的示值。

 **阅读提示**

电热式指示表匹配不同的传感器，也可构成电热式机油压力表、电热式发动机温度表、电热式燃油表等不同的汽车仪表。

1）电热式机油压力表。电热式指示表如果匹配将机油压力变化转换为相应的加热线圈电流变化的机油压力传感器，就成了机油压力表。机油压力传感器有电热式、压敏电阻式和电位计式等不同的类型，汽车仪表常用的是电热式压力传感器，电位计式压力传感器也有应用。

2）电热式发动机温度表。电热式指示表如果匹配将温度变化转换为加热线圈电流大小变化的温度传感器，就是电热式发动机温度表。电热式发动机温度表所用的传感器有热敏电阻式和电热式两种。

3）电热式燃油表。电热式指示表如果连接将燃油箱油面的高低变化转换为电阻大小变化的液面高度传感器，就是一个燃油表。液面高度传感器有电位计式、电容式和电热式等，汽车仪表通常用电位计式液面高度传感器。

（3）电子式汽车仪表 在现代汽车上用得较多的电子式汽车仪表其基本组成是传感器、测量电路和指示表（见图2-8）。传感器将被测量转变为相应的电压脉冲，再经测量电路的信号处理后，驱动指示表指针摆向相应的示值（指针式指示表）或使显示器显示相应的示值（数字式指示表）。

图2-8 电子式汽车仪表的基本组成

1）电子式车速里程表。用一个将变速器输出轴或主减速器输入轴转速转换为相应电压脉冲的车速传感器，再匹配相应的测量电路和指示表，就可构成电子式车速里程表。

2）电子式发动机转速表。将发动机的转速转换为相应电压脉冲的发动机转速传感器与相应的测量电路和指示表匹配，就可构成发动机转速表。

（4）汽车电子仪表系统 汽车电子仪表系统的基本组成如图2-9所示。

汽车电子仪表系统由传感器（开关）、控制器（接口电路、微处理器及显示驱动电路）、显示器及警告装置等组成。电子仪表系统除了能显示发动机温度、发动机转速、机油压力、车速与里程、燃油存量等参数及一些极限状态的警告外，还可显示瞬时油耗、平均油耗、续驶里程等需要通过计算得到的间接参数。

电子仪表系统所用到的传感器主要有：发动机温度传感器、发动机转速传感器、机油

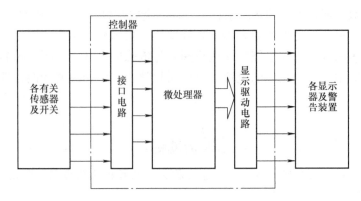

图2-9　汽车电子仪表系统的基本组成

压力传感器、车速传感器、燃油液面传感器等。工作时，传感器将被测量转换为电信号，并输送给控制器，控制器对这些传感器信号进行分析、计算和存储，并输出相应的驱动信号，使显示器显示相关的量，或使某个指示灯亮起而发出警告。

2. 传感器在发动机电子控制系统中的应用情况

发动机电子控制系统通常包含燃油喷射控制、点火控制、发动机怠速控制、活性炭罐通气量控制等控制功能，有的电控发动机还有其他的控制功能，例如排气再循环控制功能、配气相位可变控制功能、进气谐波增压控制功能等。

（1）燃油喷射控制　燃油喷射电子控制系统用于实现发动机各种工况、状态下的最佳空燃比控制，以提高发动机的动力性和经济性，降低排气污染。燃油喷射控制系统各项控制功能所用的传感器主要有：

1）基本喷油量控制。发动机在正常工作温度和转速范围内，发动机电子控制器通过基本喷油量的控制，使发动机在各种工况下都有最佳的空燃比。基本喷油量控制需要发动机转速传感器和进气流量传感器或进气压力传感器提供反映发动机转速和进气流量或进气压力的电信号。

阅读提示

> 进气流量传感器和进气压力传感器分别将进气管内的气体流量和气体压力转换为电信号，用于间接地反映发动机的负荷。由于这两个传感器的作用相同，因而在发动机电子控制系统中，这两个传感器只选其中之一。

2）喷油量的修正控制。发动机电子控制器通过各种喷油量的修正控制，使发动机在各种状态下均有一个最适当的空燃比。发动机电子控制器实施喷油量修正控制的内容较多，见表2-1。

表2-1　发动机电子控制器喷油量修正控制的内容及所用传感器/设备

控制的内容	控制功能	所用传感器/设备
进气温度变化喷油量修正控制	进气温度变化时仍然保持最佳的空燃比	发动机温度传感器

（续）

控制的内容	控制功能	所用传感器/设备
起动时喷油量修正控制	确保起动工况空燃比，使起动容易	发动机温度传感器、点火开关
起动后喷油量修正控制	确保起动后空燃比，使发动机运转平稳	点火开关、发动机转速传感器
怠速暖机过程喷油量修正控制	使冷机状态下的发动机有适宜的空燃比，缩短发动机的暖机时间	发动机温度传感器、发动机转速传感器
发动机加/减速时喷油量修正控制	加速时减小空燃比，以提高加速性能；减速时增大空燃比或停止喷油，以降低油耗和排气污染	节气门位置传感器、进气流量/进气压力传感器、发动机转速传感器
汽油高温喷油量修正控制	在发动机热机起动时适当地增加喷油量，以使发动机起动容易	节气门位置传感器、进气流量/进气压力传感器、发动机转速传感器、发动机温度传感器
空燃比反馈喷油量修正控制	将空燃比控制在理论空燃比附近，以使三元催化转换器排气净化的效果最佳	氧传感器

汽车专业名词解释：空燃比即空气和燃油的比例，是反映混合气浓度的参数；理论空燃比就是混合气完全燃烧时的空气与燃油的比例。

（2）点火控制　点火控制系统的主要作用是实现发动机在各种工况和状态下的最佳点火时间控制，以提高发动机的动力性和经济性，并使发动机容易起动。

1）基本点火提前角控制。发动机电子控制器实现基本点火提前角控制所需的传感器是发动机转速传感器和进气流量传感器/进气压力传感器。

2）修正点火提前角控制。发动机在低温、怠速、混合气过浓或过稀、爆燃等状态下，发动机电子控制器根据相关传感器的电信号进行点火提前角修正控制。修正点火提前角控制所用到的传感器有发动机温度传感器、节气门位置传感器、氧传感器、爆燃传感器等。

（3）发动机怠速控制　发动机怠速控制系统在发动机处于怠速工况时起作用，以确保发动机在各种状态下均有最适宜的转速。

1）发动机怠速稳定控制。使发动机始终在最适当的转速下稳定运行，所用的传感器有节气门位置传感器、发动机转速传感器和发动机温度传感器。

2）发动机高怠速控制。其目的是使发动机在怠速工况下能带动一定的负载，或避免在发动机怠速工况下，因突然有负荷而转速不稳定或熄灭。该项控制功能所用到的传感器和开关有节气门位置传感器、空调冷气开关、转向盘传感器、变速器档位传感器（开关）等。

（4）活性炭罐通气量控制　活性炭罐的作用是吸附汽油箱的汽油蒸气，并用通气的方式将活性炭吸附的汽油蒸气吹入进气管，再进入燃烧室烧掉，以避免汽油蒸气排入大气而造成空气污染；活性炭罐通气量控制的作用是控制活性炭罐适时、适量地通气，既确保发动机工作不受影响，又能及时驱走活性炭罐的汽油蒸气，使其能持续起吸附燃油箱汽油蒸气的作用。

活性炭罐通气量控制系统所用到的传感器主要有：发动机转速传感器、进气流量（或进气压力）传感器、节气门位置传感器、发动机温度传感器及氧传感器等，发动机电子控制器根据这些传感器信号判断发动机的工况和状态，实现活性炭罐最佳通气量控制。

（5）发动机排气再循环控制　发动机排气再循环是利用排气中的 CO_2 能吸收热量的特点，将其引入燃烧室吸收热量，以降低燃烧温度，抑制 NO_x 的排放量。排气再循环控制系统的作用则是对排气的循环流量进行适时、适量地控制，以便在确保发动机正常工作的前提下，达到最佳的 NO_x 排放控制效果。

排气再循环电子控制系统中所用到的传感器主要有：发动机转速传感器、进气流量（或进气压力）传感器、节气门位置传感器、发动机温度传感器及排气再循环阀开度传感器等。

3. 底盘电子控制系统中传感器的应用情况

底盘电子控制系统包括防抱死制动系统（ABS）、防滑转电子控制系统（ASR）、悬架电子控制系统、自动变速器电子控制系统、动力转向电子控制系统、巡航电子控制系统等。

（1）防抱死制动系统　ABS 的作用是在汽车紧急制动时，自动控制车轮制动器的制动压力，使车轮不被抱死，处于边滚边滑的状态，以确保车轮与地面之间的附着力，提高制动安全。

ABS 所用到的传感器主要有：车轮转速传感器、减速度传感器及车速传感器等。ABS 电子控制器主要是根据车轮转速传感器的信号来判断制动器制动压力大小，根据减速度传感器的信号判断路面附着力情况，根据车速传感器信号计算车轮相对滑移率，并根据计算与判断结果输出控制信号，对制动器制动压力实施减压、增压或保压控制，使车轮滑移率在理想的范围之内。

（2）防滑转电子控制系统　ASR 在汽车驱动轮滑转时起作用，通过控制发动机的输出功率和对滑转车轮施加制动力，以避免驱动轮滑转过快而使车胎与地面之间的附着力下降，达到提高汽车的牵引力和驾驶操纵稳定性之目的。

ASR 所用到的传感器主要有：车轮转速传感器、节气门位置传感器及发动机转速传感器（一些汽车的 ASR 从发动机电子控制器通信中获得发动机转速信号）等。ASR 电子控制器根据驱动轮和非驱动轮的转速传感器信号计算驱动车轮滑转率，并根据发动机转速和节气门开度确定控制方式，输出相应的控制信号控制执行机构工作，将驱动轮的滑转率控制在设定的范围之内。

（3）悬架电子控制系统　一些汽车使用了空气或油气式主动悬架，其电子控制系统的作用是根据汽车行驶工况、载重量及路面情况，对悬架的刚度、阻尼和车身高度进行调节，以确保车辆的操纵稳定性和乘坐的舒适性。

悬架电子控制系统所用到的传感器主要有：车速传感器、车身高度传感器、车身振动传感器、转向盘转角传感器、制动灯开关、模式选择开关等。悬架电子控制器根据这些传感器信号判断汽车的行驶工况、车速及路面情况，对悬架弹簧刚度、减振器阻尼及车身的高度进行自动控制。

（4）自动变速器电子控制系统　目前汽车上使用最多的自动变速器还是液力传动电控自动变速器，其电子控制系统的作用是根据车速、节气门开度等实现自动换档控制、主油路压力控制和变矩器锁止控制。

自动变速器电子控制系统所用到的传感器和开关主要有：车速传感器、节气门位置传感器、发动机转速传感器、发动机温度传感器、变速器油温度传感器、档位开关、模式选择开关等。

（5）动力转向电子控制系统　动力转向的作用是给转向机构施以动力，可使驾驶人转向轻便。动力转向电子控制系统的作用是根据车速的高低自动控制转向助力的大小，以确保汽车低速时转向轻便，而在高速时又有良好的路感。

液力式动力转向电子控制系统主要根据车速传感器的信号进行转向助力大小的控制，而电动式动力转向电子控制系统所用的传感器除了车速传感器外，还有转向盘转矩传感器和发动机转速传感器等。

（6）巡航电子控制系统　汽车巡航电子控制系统的作用是实现汽车行驶速度的稳定控制，故也称其为定速控制系统，其电子控制系统可将汽车的行驶速度自动稳定在设定值。

巡航电子控制系统所用的传感器主要是车速传感器，另外还用到了制动灯开关、空档起动开关（自动变速器）、离合器开关（手动变速器）、驻车制动器开关等。巡航电子控制器根据车速传感器的信号判断当前的车速是否高于或低于设定的车速，并输出相应的控制信号，将车速迅速调整到设定的车速。

4. 车身电子控制系统中传感器的应用情况

车身电子控制系统包括安全气囊系统、自动空调系统及汽车防盗系统等。

（1）安全气囊系统　安全气囊系统的作用是在汽车发生严重碰撞时，在人体和硬物之间形成一个气袋，以减轻车内乘员受伤程度。安全气囊与安全带配合使用，在汽车发生严重碰撞时，可使人头部受伤概率减少30%～50%，面部受伤概率减少70%。

安全气囊电子控制器主要根据碰撞传感器的信号对汽车碰撞强度作出判断，以确定安全气囊是否需要膨开。如果是严重碰撞，安全气囊控制器便输出相应的控制信号，控制点火器点火，在安全带收紧器收紧安全带的同时，使气囊膨开；如果判断为碰撞较严重，但其强度无需气囊膨开，则只有安全带收紧器工作，将安全带收紧。

（2）自动空调系统　自动空调系统可根据车内外的温度和驾驶人的相关设置，自动控制压缩机、各个风门的驱动器及鼓风机等工作，将车内温度、湿度及空气的清新程度调整到最适宜的状态。

自动空调系统所用的传感器主要有车内温度传感器、车外温度传感器、蒸发器温度传感器、阳光传感器、压力开关及各风门位置传感器等，空调电子控制器根据这些传感器信号判断车内外及蒸发器处的温度、风门的位置、制冷系统压力有无异常等，并输出相应的控制信号，通过执行器进行相关的控制。

（3）汽车防盗系统　汽车防盗系统通常具有服务功能（遥控开关门锁、遥控发动机起动、寻车等）、报警功能（灯光闪烁、电喇叭或蜂鸣器鸣响、发出遇盗电磁波等）和防行走功能（不能起动、不能换行车档、不能转动转向盘等）。

普通的汽车防盗系统主要根据振动传感器的信号判断车辆是否遇盗，当判断为遇盗时，立即输出报警控制信号，通过驱动电路使报警装置工作。一些汽车电子防盗系统为更好地防盗，还设置了其他传感器，例如微波多普勒传感器（探测是否有人或物体进入防盗系统的预警范围）、倾角传感器（监测车体倾角是否达到设定的阈值，用于判断汽车是否被非法搬动）、热释电红外传感器（监测是否有人非法进入车内）及霍尔式开关（监测车门、发动机舱盖及行李舱盖是否被非法开启）等。

第二节　电阻式传感器的结构类型与工作原理

一、电阻式传感器的测量电路

阅读提示

> 　　电阻式传感器是一种参量式传感器，它是将被测量转换为电阻的变化，电阻式传感器需要通过匹配的转换与传输电路才能输出电信号。

　　电阻式传感器通过测量电路实现信号转换与传输的作用，主要有电位计信号转换方式、分压器信号转换方式和直流电桥信号转换方式。

　　1. 电位计信号转换方式

　　该方式使用的电位计式测量电路如图 2-10 所示。采用这种测量电路的传感器本身的电阻不变，通过传感器的滑片随被测对象移动，使其输出一个与被测参量相对应的电压信号。传感器输出电压 U_o 与被测对象位移量 x 之间的关系为

$$U_o = \frac{U_i}{L}x \tag{2-5}$$

　　由于传感器电阻的长度 L 保持不变，在传感器电源电压 U_i 稳定的情况下，电位计式测量电路使传感器的输出电压与被测量之间呈线性关系，其中，U_i/L 就是传感器的灵敏度。

　　2. 分压器信号转换方式

　　该方式使用的分压式测量电路如图 2-11 所示。采用分压式测量电路的传感器本身的电阻随被测量的变化而改变，通过分压电路使输出电压 U_o 与传感器电阻 R_C 的变化成比例，使得传感器的输出电压与被测量一一对应，即

$$U_o = \frac{R_C}{R + R_C}U_i \tag{2-6}$$

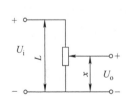

图 2-10　电位计式测量电路
U_i—电源电压　U_o—传感器输出电压
L—传感器电阻长度　x—被测量位移

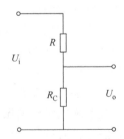

图 2-11　分压式测量电路
R—常值电阻　R_C—传感器电阻

3. 直流电桥信号转换方式

采用直流电源的电桥称为直流电桥，该方式使用的直流电桥式测量电路如图2-12所示。传感器连接在电桥的桥臂上，平时电桥处于平衡状态，即电桥的输出电压 U_o 为0。当传感器的电阻随被测量改变时，就会使电桥失去平衡而有电压输出。对于平衡状态下各桥臂电阻相同的等臂电桥，各桥臂电阻的改变对电桥的输出电压 U_o 的影响为

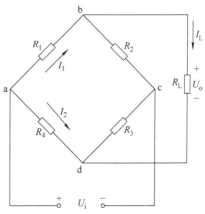

$$U_o = \frac{1}{4}\left(\frac{\Delta R_1}{R_1} - \frac{\Delta R_2}{R_2} + \frac{\Delta R_3}{R_3} - \frac{\Delta R_4}{R_4}\right)U_i \quad (2\text{-}7)$$

从式（2-7）可知，电桥各桥臂电阻的变化对电桥的输出电压影响是不一样的，桥臂电阻 R_1、R_3 的阻值增大会使 U_o 增加，桥臂电阻 R_2、R_4 的阻值增大则会使 U_o 减小。

图2-12 直流电桥式测量电路

 阅读提示

电桥有单臂、半桥和全桥等不同的工作方式，在不同的工作方式下，电桥输出电压的灵敏度也会不同。采用半桥或全桥的目的有两个，一是提高信号的灵敏度，二是对传感器进行温度补偿。

（1）单臂电桥 单臂电桥是指电桥只有一个桥臂是传感器，其他三个桥臂为常值电阻（见图2-13）。

假设 R_1 为传感器电阻，其余的为常值电阻，则有

$$\Delta R_1 = \Delta R, \Delta R_2 = \Delta R_3 = \Delta R_4 = 0$$

代入式（2-7）就有

$$U_o = \frac{\Delta R}{4R}U_i$$

（2）半桥电桥 半桥电桥的两个桥臂是传感器，其他两个桥臂为常值电阻。半桥电桥有相邻臂和相对臂两种接桥方式（见图2-14）。

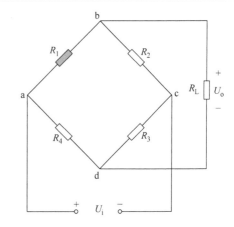

图2-13 直流单臂电桥

1）相邻臂电桥。相邻臂电桥有两种情况，一种是用于温度补偿，另一种是增加传感器的灵敏度。

对于温度补偿：设 R_1 为传感器电阻，其电阻值随被测量改变，但温度变化时其电阻值也会变，从而导致测量误差。于是，采用温度特性与 R_1 一样的 R_2，温度变化时，R_2 的电阻值变化对 U_o 的影响与 R_1 的相反，抵消了 R_1 因温度变化对输出 U_o 的影响。

对于提高灵敏度：R_1 和 R_2 均为传感器电阻，且被测量变化时，R_1 和 R_2 的电阻值变化相反，即 $\Delta R_1 = \Delta R$，$\Delta R_2 = -\Delta R$，于是就有

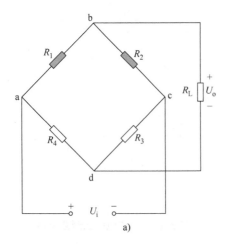
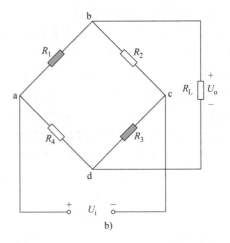

图2-14 直流半桥电桥

a）相邻臂 b）相对臂

$$U_o = \frac{1}{4}\left(\frac{\Delta R_1}{R_1} - \frac{\Delta R_2}{R_2}\right)U_i = \frac{\Delta R}{2R}U_i$$

也就是说，将两个电阻值随被测量变化相反（差动工作方式）的电阻式传感器连接在测量电桥的相邻臂，可使灵敏度提高一倍。

2）相对臂半桥。即 R_1、R_3 为传感器，且随被测量的变化，两个传感器的电阻值变化一致，R_2、R_4 为常值电阻，于是就有 $\Delta R_1 = \Delta R$，$\Delta R_3 = \Delta R$，$\Delta R_2 = \Delta R_4 = 0$，代入式(2-7)得

$$U_o = \frac{1}{4}\left(\frac{\Delta R_1}{R_1} + \frac{\Delta R_3}{R_3}\right)U_i = \frac{\Delta R}{2R}U_i$$

可见，采用相对臂半桥工作方式也可提高传感器的灵敏度，但构成半桥的电阻式传感器的电阻随被测量的变化必须是相同的。

（3）全桥电桥 全桥电桥的四个桥臂均为传感器。可以看成两个半桥叠加，其灵敏度可在半桥的基础上增加一倍。汽车传感器为提高其灵敏度，通常采用全桥电桥式测量电路。

阅读提示

　　每个桥臂的电阻变化对电桥输出电压的影响都是与相对桥臂相同，而与相邻桥臂相反。电阻式传感器连接成半桥或全桥电桥的接桥方式应该是：变化趋势相同的两个电阻式传感器应连接成相对桥臂；变化趋势相异（差动）的两个电阻式传感器应连接成相邻桥臂；用作温度补偿的电阻必须连接于相邻的桥臂。

二、电阻式传感器的类型

　　根据结构与工作原理的不同分类，电阻式传感器有电位计式、电阻应变式、热敏电阻式等多种形式。不同形式的电阻式传感器采用的测量电路、可测的物理量等见表2-2。

表 2-2　电阻式传感器的类型

传感器类型	测量电路	可测的物理量
电位计式	电位计式测量电路	位移、力、压力、转矩、流量、加速度
电阻应变式	直流电桥式测量电路	力、压力、转矩
热敏电阻式	分压式测量电路、直流电桥式测量电路	温度、临界温度
光敏电阻式	分压式测量电路、直流电桥式测量电路	光照强度
磁敏电阻式	分压式测量电路、直流电桥式测量电路	磁场强度、转速、位移、角度、电量
湿敏电阻式	分压式测量电路、直流电桥式测量电路	湿度、临界湿度

1. 电位计式传感器

电位计式传感器属于结构型传感器，其本身的电阻值固定不变，通过电位计滑片在电阻上的位置改变输出相应的电压信号。电位计式传感器信号的测量电路就是电位计本身。

电位计式传感器可将被测对象的位移量转换为相应的电信号。实际上，力、压力、转矩、流量等通过相应的传感元件也可转换为相应的位移，因而电位计式传感器还被用来测量力、压力、转矩、流量等。

2. 电阻应变式传感器

电阻应变式传感器受力变形时，其自身的电阻会发生变化，是介于结构型传感器和物性型传感器之间的一种传感器。电阻应变式传感器的测量电路通常采用直流电桥式测量电路。

电阻应变式传感器电阻的变化与其受力后的变形量相对应，通常采用弹性体将力、压力、转矩等转换为相应的变形，使电阻应变式传感器有相应的电阻变化，再通过直流电桥转换为相应的电压信号。因此，电阻应变式传感器通常用于测量力、压力和转矩等。

3. 热敏电阻式传感器

热敏电阻式传感器属于物性型传感器，其自身的电阻值会随温度的变化而变化。热敏电阻式传感器的测量电路通常采用分压式测量电路，也可采用直流电桥式测量电路。

热敏电阻式传感器主要用于测量温度，也可用作温度开关。

4. 其他电阻式传感器

与热敏电阻式传感器相类似的电阻式传感器还有光敏电阻式传感器、磁敏电阻式传感器、湿敏电阻式传感器等，这些传感器均属于物性型传感器。

光敏电阻式传感器将光照强度转换为电阻的变化，测量电路多采用分压式测量电路光敏电阻式传感器用于测量光照强度，也可用作光电开关。

磁敏电阻式传感器将磁场强度转换为电阻的变化，测量电路有分压式测量电路、直流电桥式测量电路等。磁敏电阻式传感器可测量磁场强度，而通过扭杆作为传感元件，还可用于测量转矩等。

湿敏电阻式传感器将湿度转换为电阻的变化，测量电路多采用分压式测量电路。湿敏电阻式传感器主要用于测量湿度，也可用作湿敏开关。

三、电位计式传感器的组成与工作原理

阅读提示

　　电位计式传感器的敏感元件是电阻和随被测量移动的滑片，通过滑片随被测对象移动获得与被测参量相对应的电信号。电位计式传感器即可直接测量平移、转动等位移量，而通过弹性体的转换，还可间接测量力、转矩等。

　　电位计式传感器有多种类型，按其中电阻的构成可分为线绕式和非线绕式两类；按测量物理量的形式分，则有线位移式、角位移式和非线性式。

1. 线绕式电位计

　　（1）线绕式电位计的形式　线绕式电位计的电阻由电阻丝绕制在固定形状的骨架上形成，有线位移、角位移和非线性等不同的形式，如图 2-15 所示。

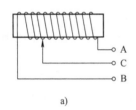
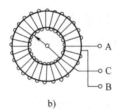
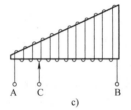

a)　　　　　　　　　　b)　　　　　　　　　　c)

图 2-15　线绕式电位计的形式

a）线位移　b）角位移　c）非线性（变骨架）

　　线位移电位计的电阻沿长度方向电阻均匀分布，用于测量平移；角位移电位计的电阻由电阻丝均匀地绕制在圆环或扇形骨架上形成，用于测量角位移；非线性电位计的输出量与位移呈非线性关系，有变骨架式、变节距式、分路电阻式、电位给定式等不同的形式。

　　（2）线绕式电位计的特点　线绕式电位计的优点是结构简单、使用方便、稳定性和直线性好，适用于较大位移的测量；其缺点是分辨率受线径和螺距的影响（一般大于 $20\mu m$）、能耗较高、R_x 呈阶梯变化、耐磨性差、寿命较短等。

2. 非线绕式电位计

　　由于线绕式电位计存在较多的缺点，性能优良的非线绕式电位计的应用日渐增多，非线绕式电位计常用的有薄膜式和导电塑料式两种类型。

　　（1）薄膜式电位计　薄膜式电位计也有两种结构形式，一种是炭膜电位计，另一种为金属膜电位计。

　　炭膜电位计：这种电位计是在绝缘骨架表面上喷涂一层均匀的电阻液，经烘干聚合后形成电阻膜，进而制成的。电阻液由石墨、炭墨、树脂材料配制而成。这种电位计的优点是分辨率高、工艺简单、成本较低、耐磨性和线性度较好，其缺点是接触电阻大，噪声也比较大。

　　金属膜电位计：这种电位计是在玻璃或胶木基体上，用高温蒸镀或电镀的方法，涂覆一层金属膜，进而制成的。相比于线绕式电位计，金属膜电位计无阶梯误差，此外，还具

有耐高温、寿命长、精度高等特点。但金属薄膜式电位计的电阻值不大，因而其应用范围受到一定的限制。

（2）导电塑料式电位计　导电塑料式电位计的电阻由塑料粉及导电材料的粉末（合金、石墨、炭黑等）压制而成，其特点是线性好、灵敏度高、使用寿命长，但导电塑料式电位计的精度不高，导电塑料的耐温和耐湿性差，接触电阻也相对较大。

3. 电位计传感器产生测量误差的因素

式（2-5）的测量条件是传感器之后连接的测量电路输入电阻为无穷大（电位计的输出端为开路），且电源电压为恒定。实际的测量条件则有所不同，这会使传感器产生相应的测量误差。

（1）负载电流造成的误差　当电位计接入测量电路后（见图2-16），其负载电阻 $R_L \neq \infty$，因此，$I_L \neq 0$。

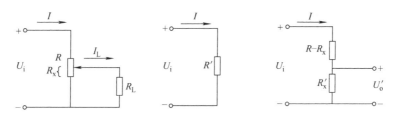

图2-16　有负载电流时的电位计等效电路

R' — 带负载的电位计等效电阻　R'_x — R_x 的等效带负载电阻

当电位计接入负载后，其输出电压 U'_o 为

$$U'_o = \frac{X}{1 + Xm(1 - X)}U_i \tag{2-8}$$

其中有

$$X = \frac{R_x}{R_L}\left(\frac{R_x}{R_L} = \frac{x}{L},\text{即相对位移}\right)$$

$$m = \frac{R}{R_L}(\text{传感器电阻与负载电阻之比})$$

从式（2-8）可知，只有当 $R_L \to \infty$ 时，才有 $m \to 0$，$U'_o \to U_i X = U_o$。负载电流产生的相对误差为

$$\rho_x = \frac{U'_o - U_o}{U_o} \times 100\% = \left[1 - \frac{1}{1 + mX(1 - X)}\right] \times 100\% \tag{2-9}$$

从式（2-9）可知，负载电阻 R_L 大，负载电流所引起的误差就小，要保证在整个行程范围内的负载误差仅有 $1\% \sim 2\%$，需要传感器的负载电阻 R_L 为 $(10 \sim 20)R$。

（2）绕线螺距造成的误差　对于线绕式电位计来说，电阻丝有螺距，电位计滑片在螺距的范围内移动或转动时，其输出电压没有变化。因此，线绕式电位计的 R_x 和 U_o 呈阶梯变化，如图2-17所示。

线绕式电位计的分辨率 e_y 为

$$e_y = \frac{\frac{U_{om}}{W}}{U_{om}} \times 100\% = \frac{1}{W} \times 100\% \tag{2-10}$$

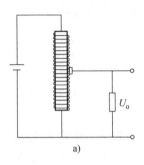　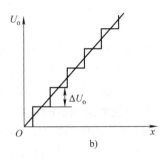

图 2-17　线绕式电位计的阶梯误差

a）线绕式电位计的螺距　b）线绕式电位计的输出特性

式中　U_{om}——电位计最高输出电压；

　　　W——电阻丝匝数。

线绕式电位计的阶梯误差为

$$\rho_j = \frac{\pm\dfrac{1}{2}\dfrac{U_{om}}{W}}{U_{om}} \times 100\% \ = \pm\frac{1}{2W} \times 100\% \tag{2-11}$$

从式（2-10）、式（2-11）可知，电位计电阻在相同长度下，匝数多且螺距小者，其分辨率高，阶梯误差也小。

（3）电源电压波动造成的误差　测量过程中，电源电压 U_i 的波动将直接导致电位计输出电压 U_o 的变化，造成测量误差。为减小电源电压波动造成的测量误差，通常采用如下措施：

1）稳定电源电压。采用稳压电路，使 U_i 保持稳定，以减小电源电压波动引起的测量误差。

2）采用相对电压法。如图 2-18 所示，当电源电压 U_i 变化时，电压 U_s 随之变化，但 U_b 也变，从而在电源电压 U_i 波动时，代表被测量的 U_s/U_b 基本不变。

（4）温度变化造成的误差　当环境温度变化时，电位计电阻值会随之变化，从而造成测量误差。减小温度对传感器测量误差的措施如下：

1）加温度传感器。增设一个温度传感器，用以监测温度的变化，并通过控制器进行温度修正。

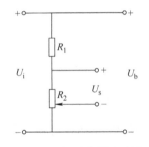

图 2-18　相对电压法消除

电压波动误差

R_1—串联电阻　R_2—电位计电阻

2）加温度补偿电阻。在测量电路中加温度补偿电阻，以抵消温度变化时电位计电阻的变化量。比如，采用直流电桥的测量电路，在电位计的相邻臂上连接一个温度系数相同的电阻，用以补偿电位计在温度变化时其电阻的变化。

4. 电位计式传感器的特点

（1）电位计式传感器的优点

1）结构简单、体积小、质量小、价格低廉。

2）信号输出较为稳定、对环境条件要求不高。

3）输出信号较强，一般不需放大。

4）输出信号与被测量之间有良好的线性关系。

（2）电位计式传感器的缺点

1）故障率较高。滑片与传感器电阻之间存在摩擦，容易导致接触不良而使传感器失效。

2）测量精度较低。由于滑片与电阻之间的接触电阻和较低的分辨率，使得其精度不高，不适于精密测量。

3）动态响应较差。电位计式传感器不适用于被测量瞬间变化或连续变化的动态测量，主要用于测量稳定或变化较缓慢的被测量。

4）需要消耗电能。电位计工作时消耗的电能较多。

5. 电位计式传感器在汽车上的应用

在汽车上，电位计式传感器的应用实例有：节气门位置传感器、量板式空气流量传感器、电位计式转向盘转矩传感器、电位计式液面传感器、排气再循环阀开度传感器、空调风门位置传感器、加速踏板位置传感器等。

四、电阻应变式传感器的结构类型与工作原理

电阻应变式传感器利用了敏感元件的电阻应变效应，可将被测量转换为相应的电阻变化。

> **电阻应变效应**：导体或半导体材料在受到外力（拉力或压力）的作用时会产生机械形变，导致其电阻值改变，这种因自身的形变而使其阻值发生改变的现象称为电阻应变效应。

电阻应变式传感器按其敏感元件的材料不同分类，主要分为金属应变片式和半导体应变片式两种类型。

1. 金属应变片

（1）金属丝应变原理　金属丝的电阻为

$$R = \frac{\rho l}{A} \tag{2-12}$$

式中　l——金属丝的长度；

　　　A——金属丝的截面积；

　　　ρ——金属丝的电阻率。

式（2-12）说明金属丝的电阻与其电阻率和几何尺寸有关，当金属丝受外力作用时，这三者都会发生变化，因而会引起电阻的变化。对式（2-12）求全微分，有

$$dR = \frac{\partial R}{\partial l}dl + \frac{\partial R}{\partial A}dA + \frac{\partial R}{\partial \rho}d\rho$$

将 $A = \pi r^2$ 代入，求解全微分得

$$dR = \frac{\rho}{\pi r^2}dl - 2\frac{\rho l}{\pi r^3}dr + \frac{l}{\pi r^2}d\rho = \frac{\rho l}{\pi r^2}\left(\frac{dl}{l} - \frac{2dr}{r} + \frac{d\rho}{\rho}\right) = R\left(\frac{dl}{l} - \frac{2dr}{r} + \frac{d\rho}{\rho}\right)$$

于是有

$$\frac{dR}{R} = \frac{dl}{l} - \frac{2dr}{r} + \frac{d\rho}{\rho} \tag{2-13}$$

式（2-13）中，$\mathrm{d}l/l = \varepsilon$ 为金属丝的纵向相对变形，称之为纵向应变；$\mathrm{d}r/r$ 为金属丝的横向相对变形，称之为横向应变，横向应变与纵向应变的关系为

$$\frac{\mathrm{d}\gamma}{\gamma} = -\nu\frac{\mathrm{d}l}{l} \tag{2-14}$$

式中　ν——泊松系数（泊松比），负号表示纵向应变与横向应变的变化相反。

$\dfrac{\mathrm{d}\rho}{\rho}$ 为金属丝电阻率相对变化，它与金属丝轴向正应力 σ 有关（压阻效应），有

$$\frac{\mathrm{d}\rho}{\rho} = \lambda\sigma = \lambda E\varepsilon \tag{2-15}$$

式中　λ——压阻系数，与材料有关；

　　E——弹性模量，$E = \sigma/\varepsilon$。

将式（2-14）、式（2-15）代入式（2-13），就有

$$\frac{\mathrm{d}R}{R} = \frac{\mathrm{d}l}{l} - \frac{2\nu\mathrm{d}l}{l} + \lambda E\varepsilon = (1 + 2\nu + \lambda E)\varepsilon \tag{2-16}$$

设

$$S = 1 + 2\nu + \lambda E$$

S 为电阻应变片的灵敏度。对于金属丝，主要是金属丝的形变起作用，压阻效应（$\lambda E\varepsilon$）可以忽略。于是有

$$S \approx 1 + 2\nu \tag{2-17}$$

$$\frac{\mathrm{d}R}{R} = S\varepsilon \tag{2-18}$$

在一定的变形范围内，金属丝的灵敏度为一个常数（$S = C$），因此，应变片的应变与电阻的相对变化呈线性关系。

（2）金属应变片的结构　金属电阻应变片主要有丝式应变片和箔式应变片两种结构形式，构成应变片的金属丝和金属箔可以根据需要制成各种形状。

1）金属丝式应变片。将电阻率较高的金属丝绕成栅状，并粘贴在基片上。上面覆盖一层薄膜作为覆盖层，使它们变成一个整体，如图2-19所示。

2）金属箔式应变片。金属箔式应变片是利用光刻、蚀刻等工艺制成一种很薄的金属箔栅，其

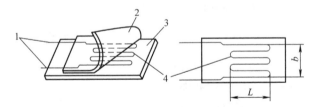

图2-19　金属丝式应变片结构
1—引出线　2—覆盖层　3—基片　4—金属丝（敏感栅）

结构如图2-20所示。金属箔式应变片的优点是表面积与截面积之比大，散热条件好，允许通过的电流较大，可制成各种形状，便于大批量生产。因此，金属箔式应变片有逐渐取代金属丝式应变片的趋势。

（3）金属应变片的特性

1）灵敏度。金属丝做成应变片后，由于基片传递变形有失真，所以其灵敏度要小于原为线材时的灵敏度。

2）横向效应。应变片敏感栅圆弧部分对测量纵向应变有横向尺寸变化，这会产生相反

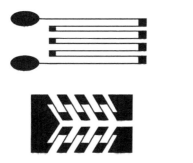

图2-20 金属箔式应变片结构

的电阻变化，从而使应变片的灵敏度下降。

3）线性度。理论上应变与电阻相对变化呈线性关系的，但实际上二者存在非线性。为满足测量精度要求，金属应变片的非线性应为0.05% ~0.1%，个别场合还要更小。

4）迟滞性。金属应变片的迟滞性包括机械滞后和热滞后，机械滞后是指应变片在加/卸载时应变ε与电阻的相对变化曲线不重合；热滞后是指应变片在中、高温时，由于温度变化而使示值有滞后。

5）零漂和蠕变。零漂是指应变片在不承受负载、温度恒定不变的情况下，其电阻值随时间的推移而发生变化；蠕变则是指应变片在温度恒定不变，长时间加一恒定负载（保持某一应变）的情况下，其指示值随时间的推移而发生变化。零漂和蠕变都是衡量应变片相对于时间的稳定性，它们主要是对长时间测量带来一定的误差。

6）应变极限。当应变片所能测量的最大应变值即应变极限超出其应变极限时，测量值将严重失真而失去意义。

2. 半导体应变片

（1）半导体应变片的工作原理　半导体应变片的工作原理是半导体压阻效应。

> **半导体压阻效应**：半导体材料在某一轴向受外力作用时，其电阻率发生变化的现象称之为压阻效应。

半导体压阻效应的实质是：单晶半导体材料在外力作用下，其原子点阵排列规律会发生改变，从而使载流子迁移及载流子浓度发生变化，导致其电阻率变化。

半导体应变片的电阻应变效应同样符合式（2-16），但半导体应变片的形变效应（$1+2v$）很小，而压阻效应（λE）明显，因此，半导体应变片的形变效应可忽略不计，其灵敏度$S \approx \lambda E$。也就是说，半导体应变片主要是压阻效应的作用在导致其电阻发生变化。

（2）半导体应变片的结构　半导体应变片主要由敏感元件（半导体敏感栅）、基片、连接片、引线等组成，如图2-21所示。半导体应变片用锗或硅等半导体材料作为敏感栅，通常采用单片结构。

（3）半导体应变片的特点

1）灵敏度高。半导体应变片的最大优点是灵敏度

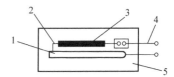

图2-21 半导体应变片的结构
1—连接片　2—内引线　3—半导体敏感栅
4—外引线　5—基片

高，高于金属应变片 50 ~ 70 倍。这是半导体应变片使用较广的主要原因。

2）机械滞后、横向效应小。由于半导体应变片主要是压阻效应起作用，形变对电阻的改变可忽略不计，因而基片等变形因素对其电阻的影响不大，因而其机械滞后小、横向效应不明显。

3）体积小。半导体应变片的结构尺寸较小，使其布置方便灵活，这也是它应用广泛的原因之一。

4）温度稳定性差。因为半导体应变片主要是压阻效应起作用，故温度对其电阻的影响就比较大。减小温度影响的措施有加温度补偿应变片、通过电桥实现温度补偿等，以消除或减小温度变化所带来的误差；半导体应变片本身也可采用特定的材料和结构，用以减小或消除温度变化所带来的误差。

5）非线性较大。压阻效应的非线性较大，易造成测量误差。因此，在测量电路设计和测量装置调校时都应考虑半导体应变片的这一特点。

要点提示

金属应变片和半导体应变片都具有电阻应变效应，但金属应变片主要是形变起作用，压阻效应对电阻的改变可忽略不计；半导体应变片则主要是压阻效应起作用，形变对电阻的改变可忽略不计。

3. 电阻应变式传感器的特点

相比于其他电阻式传感器，电阻应变式传感器的特点如下：

1）结构简单、尺寸小、重量轻、使用方便、性能稳定可靠、价格便宜，工艺较成熟。

2）分辨率和灵敏度高，尤其是半导体应变片，其灵敏度可达几十毫伏/伏；精度较高（普通的可达满量程的 1% ~ 3%，高精度的可达满量程的 0.1% ~ 0.01%）。

3）对复杂环境的适应性强，易于实施对环境干扰的隔离或补偿，从而可以在高/低温、高压、高速、强磁场、核辐射等特殊环境中使用，频率响应好。

4）测量范围广，且使用寿命长。

电阻应变式传感器的这些特点使其在工程测量中和自动控制装置中有着广泛的应用。

4. 电阻应变式传感器的应用

（1）监测构件的受力情况　将电阻应变片直接粘贴在被测构件上，通过应变片引线连接测量电路或监测设备，用以监测构件的受力情况。

（2）制成各类传感器　将电阻应变片贴于各种结构形式的弹性元件上，可制成各类传感器，能用于测量力、压力、位移、加速度、转矩等。典型的电阻应变式传感器结构原理如图 2-22 所示。

（3）电阻应变式传感器在汽车上的应用　电阻应变式传感器在汽车上应用的典型实例有压敏电阻式进气压力传感器、压敏电阻式大气压力传感器、压敏电阻式汽车碰撞传感器等。

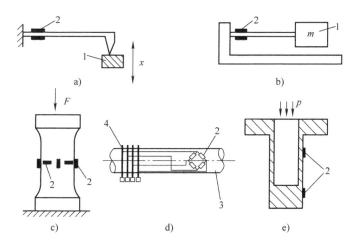

图 2-22 典型的电阻应变式传感器结构原理
a) 位移传感器 b) 加速度传感器 c) 力传感器 d) 转矩传感器 e) 筒式压力传感器
1—质量块 2—应变片 3—回转轴 4—集电环

五、热敏电阻式传感器的结构类型与工作原理

阅读提示

> 热敏电阻式传感器的敏感元件的电阻随温度而变化，可用于直接测量温度，或间接测量与温度有某种关系的其他物理量。

按热敏元件的材料不同分，热敏电阻式传感器主要有金属热敏电阻（热电阻）和半导体热敏电阻两种类型。

1. 金属热敏电阻式传感器

（1）金属热敏电阻式传感器的原理 金属热敏电阻是由金属丝（镍、铜、铂、银等）绕制在绝缘绕线架上，再罩上适当的外壳组成，因此也称其为线绕式热敏电阻。线绕式热敏电阻利用了金属丝的电阻随温度变化而改变的特性，在一定的温度变化范围内，线绕式热敏电阻的温度特性可近似地表示为

$$R_t = R_0(1 + \alpha T) \tag{2-19}$$

式中 T——测量温度；

α——金属丝的温度系数；

R_0——金属丝在 0℃ 时的电阻值；

R_t——金属丝在各种温度下的电阻值。

各种金属丝的温度系数见表 2-3。

表 2-3 各种金属丝的温度系数

材料	铜	银	铂	镍
温度系数 α	0.0043	0.0041	0.0039	0.0068

（2）金属热敏电阻式传感器的特性　金属热敏电阻在温度升高时，金属晶格中无序运动的自由电子运动能量增加，使其做定向运动（形成电流）所需的电场强度增大，即所需的电压增加。也就是说，温度上升时金属的导电能力下降（电阻率上升）了，因此，金属热敏电阻具有正温度系数的特性。

金属热敏电阻式传感器的精度在 ±1% 以内，响应较慢，其电阻值较小。

2. 半导体热敏电阻式传感器

（1）半导体热敏电阻式传感器的原理　半导体热敏电阻在温度变化时，其半导体晶体中的自由电子与空穴（载流子）数量发生变化，使其导电能力（电阻率）改变，即半导体热敏电阻具有其电阻 R 随温度而变的特点。通过不同的掺杂和烧结工艺，可使半导体热敏电阻得到不同的温度特性，如图 2-23 所示。

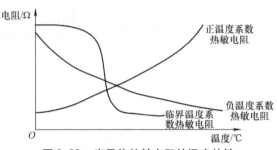

图 2-23　半导体热敏电阻的温度特性

正温度系数热敏电阻的电阻值随温度上升而增大，可用作正温度系数温度传感器；负温度系数热敏电阻的电阻值随温度上升而减小，可用作负温度系数温度传感器；临界温度系数热敏电阻的电阻值在某一临界温度下会产生跃变，这种半导体敏感元件可用作热敏开关。

（2）半导体热敏电阻式传感器的特点　相比于金属热敏电阻，半导体热敏电阻具有灵敏度高、响应特性好、电阻值和温度测量范围大等优点，因此使用领域较为广泛。

3. 热敏电阻式传感器的特点

相比于热电偶温度传感器，热敏电阻式传感器结构简单，灵敏度较高，动态响应特性较好，但热敏电阻式传感器的线性度较差，不能测量较高的温度。

4. 热敏电阻式传感器在汽车上的应用

热敏电阻式传感器在汽车上有着广泛的应用，例如，发动机温度传感器、排气温度传感器、变速器油温度传感器、蒸发器温度传感器、车内温度传感器、车外温度传感器、燃油箱温度传感器等。

六、其他电阻式传感器简介

除了电位计式传感器、电阻应变式传感器和热敏电阻式传感器外，电阻式传感器还有磁敏电阻式、湿敏电阻式和光敏电阻式等多种形式。

1. 磁敏电阻式传感器

磁敏电阻式传感器利用了敏感元件在磁场力的作用下其电阻会发生变化的特性，用于测量位移、角度、转速、电量和磁场强度等。磁敏电阻有半导体和铁磁材料两种。

（1）半导体磁敏电阻　半导体磁敏电阻的电阻变化原理是：磁敏电阻在磁场中受洛伦兹力的作用，使一些载流子发生偏转而呈现出电阻的变化，电阻变化的大小与磁场的强度、方向有关。

（2）铁磁材料磁敏电阻　铁磁材料在磁场中被磁化后，其导电能力随磁化强度、方向而变，当磁化方向平行于电流的流向时，电阻值最大；垂直于电流流向时，电阻值最小。

磁敏电阻式传感器在汽车上的典型应用是磁敏电阻式车速传感器。

2. 湿敏电阻式传感器

湿敏电阻式传感器的敏感元件具有电阻随湿度的变化而变化的特性，可用于空气湿度的测量与监控。

湿敏电阻式传感器的湿敏电阻利用了敏感材料吸收空气中的水分而导致本身电阻值发生变化的特性，常用的湿敏电阻有氯化锂湿敏电阻、半导体陶瓷湿敏电阻、高分子膜湿敏电阻等。

湿敏电阻式传感器在汽车上的应用实例是智能式电动刮水器中用到的雨量传感器。

3. 光敏电阻式传感器

光敏电阻式传感器的敏感元件的电阻会随光照度的变化而变化，利用这一特性，可将其用于测量光照度、转速等相关的物理量。

光敏电阻式传感器的敏感元件有光敏电阻、光电二极管和光电晶体管等不同的形式。

光敏电阻式传感器在汽车上的应用实例有前照灯控制电路中用到的光照度传感器，自动空调中用到的阳光传感器等。

第三节　电容式传感器的结构类型与工作原理

电容式传感器利用其敏感元件的电容量随被测量变化特性，将被测量转换为相应的电容量，并通过测量电路转换为相应的电信号。电容式传感器也是参量型传感器，有变极板间距式、变极板面积式和变极板间介电常数式等结构形式。

一、电容式传感器的测量电路

阅读提示

电容式传感器也是一种参量型传感器，它将被测量的变化转换为电容量的变化，再通过测量电路才能输出电信号。

电容式传感器测量电路的作用是将电容式传感器的电容量变化转换为相应的电信号，测量电路主要有交流电桥测量电路、振荡器测量电路及调制与解调器测量电路等三种。

1. 交流电桥测量电路

电容电桥测量电路如图 2-24 所示。

图 2-24 中，C_1、C_2 是双电容差动形式的电容式传感器中的两个电容，R_1、R_4 是电容 C_1、C_2 的损耗电阻。

当 C_1、C_2 随被测量有一增一减的变化时，从交流电桥的输出端就会有相应的电压信号输出。电压

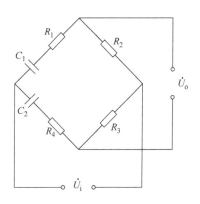

图 2-24　电容电桥测量电路

信号的幅值大小可反映被测量。

名词解释

交流电桥：交流电桥是指电流采用交流电的电桥。对于电容式传感器，必须采用交流电桥，用以将传感器的电容量转换为相应的电信号。

双电容差动形式：为了提高电容式传感器的灵敏度，通常采用双电容差动形式，即随被测量的变化，其中一个电容值增加，另一个则减小，并将两电容连接为交流电桥的相邻臂，这样可使传感器的灵敏度提高一倍。

2. 振荡器测量电路

电容式传感器采用的振荡器测量电路的组成如图 2-25 所示。

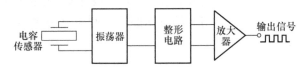

图 2-25　振荡器测量电路的组成

将电容式传感器接入振荡器中，当传感器的电容量随被测物理量改变时，振荡器的振荡频率会随之改变，振荡器输出的电压脉冲再经整形电路整形、放大电路放大后，输出一个频率与被测物理量相对应的脉冲信号。

阅读提示

振荡器输出的是电压或电流脉冲，有多种电路结构形式，输出的脉冲信号波形有正弦波、矩形波等。电容式传感器测量电路中的振荡器的振荡频率与所连接电容式传感器的电容量有关，当传感器的电容量随被测量变化时，振荡器输出信号脉冲的频率会随之变化。

3. 调制与解调测量电路

电容式传感器采用调制与解调测量电路的组成如图 2-26 所示。

电容式传感器接入信号调制电路，当其电容量随被测量改变时，经信号调制电路调制、交流放大电路放大后，再经检波电路检波、滤波电路滤波后，输出与被测量相对应的电压信号 U_o。

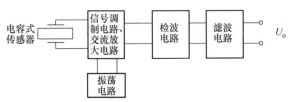

图 2-26　调制与解调测量电路的组成

　　调制与解调：微弱的缓变信号如果直接放大，会面临放大器的零点漂移和级间耦合等问题，通常需要采用调制与解调将微弱的缓变信号放大。调制电路由振荡电路和乘法电路组成，调制的作用是将微弱的缓变信号变为交流信号，以便于交流放大；解调的作用是将已放大的交流信号变回到原来的缓变信号。调制与解调的工作过程是：传感器输出的微弱的缓变信号经调制电路调制，转变为交流信号，再经放大器放大后，送入检波电路检波，然后再通过滤波器滤波，变回原来的缓变信号。

二、电容式传感器的基本原理与类型

1. 电容式传感器的基本原理

　　电容式传感器的核心元件是电容的两个平行极板，如图 2-27 所示。设极板之间的电场 E 是均匀的，并忽略极板边缘效应，则电容量 C 有

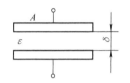

$$C = \frac{\varepsilon A}{\delta} \qquad (2\text{-}20)$$

图 2-27　电容的两个平行极板

式中　ε——极板间介质的介电常数（F/m）；

　　　A——极板面积（m^2）；

　　　δ——极板间距（m）。

　　极板间介质的介电常数为 $\varepsilon = \varepsilon_r \varepsilon_0$，其中 ε_0 为真空的介电常数（$\varepsilon_0 = 8.854 \times 10^{-12} F/m$），$\varepsilon_r$ 为相对于真空的介电常数，空气的介电常数与真空的介电常数很相近，因此，其相对介电常数 $\varepsilon_r \approx 1$。

　　由式（2-20）可知，极板间距 δ、极板面积 A 和极板间介电常数 ε 改变时，均会使电容量变化，因此，电容式传感器有变极板间距 δ、变极板面积 A、变极板间介电常数 ε 三种工作方式，即 ε、A、δ 变→C 变→测量电路输出电信号。

2. 电容式传感器的类型

　　电容式传感器根据其工作方式不同分，有变极板间距、变极板面积和变极板间介电常数三种类型。

　　（1）变极板间距电容式传感器　此种电容式传感器其极板的间距 δ 随被测量改变，使其电容量 C 随之改变，通过测量电路输出与被测物理量相对应的电信号。

　　（2）变极板面积电容式传感器　此种电容式传感器随被测量的变化，极板的面积 A 会发生变化，使电容量 C 随之改变，再通过测量电路输出相应的电信号。

　　（3）变极板间介电常数电容式传感器　此种电容式传感器在被测量变化时，其极板间介电常数 ε 也会随之而变，从而使电容量 C 随之改变，再通过测量电路输出相应的电信号。

三、变极板间距电容式传感器的组成与工作原理

1. 变极板间距电容式传感器的组成

　　变极板间距电容式传感器通常是由一固定极板和一活动极板构成（见图 2-28），活动极板可随被测对象相对于固定极板垂直方向移动，因此，构成电容极板的面积固定不变，极板之间的介质为空气。

2. 变极板间距电容式传感器的工作原理

当活动极板随被测物理量移动时，活动极板的移动使极板之间的 δ 改变，使传感器的电容值随之改变。

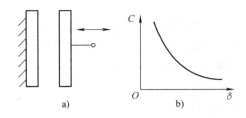

从式（2-20）可知，C 与 δ 成反比，因此，传感器电容值与位移量之间为非线性关系。

图 2-28　变极板间距电容式传感器
a）传感器的组成　b）传感器的特性

若式（2-20）中 δ 是变量，则对式（2-20）进行微分有

$$dC = -\frac{\varepsilon A}{\delta^2}d\delta$$

变换得变极板间距电容式传感器的灵敏度 S 为

$$S = \frac{dC}{d\delta} = -\frac{\varepsilon A}{\delta^2}$$

显然，变极板间距电容式传感器的灵敏度 S 是变化的，且与 δ 的二次方成反比。因此，变极板间距电容式传感器必须在很小的极板间距变化范围内工作。为提高变极板间距电容式传感器的灵敏度，通常采用双电容差动结构形式。

3. 双电容差动结构的电容式传感器

变极板间距电容式传感器的差动结构形式如图 2-29 所示。

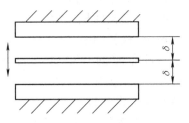

活动极板与两侧固定极板构成两个电容器，当活动极板随被测量移动时，两个电容器的电容量一增一减，通过测量电路（见图 2-24）使电信号叠加，灵敏度可提高 1 倍，即

图 2-29　变极板间距电容式
传感器的差动结构形式

$$S = \frac{dC}{d\delta} = -2\frac{\varepsilon A}{\delta^2}$$

变极板间距电容式传感器常用于测量位移，也可用于测量能转换为位移量的其他物理量，例如力、压力、振动等物理量通过弹性体可转换为相应的变形量，变极板间距电容式传感器测得其变形量，也就测得了力、压力、振动等物理量。

四、变极板面积电容式传感器的组成与工作原理

1. 变极板面积电容式传感器的组成

变极板面积电容式传感器的敏感元件也是构成电容的极板，但两极板之间的间距和介质保持不变，通过让极板面积随被测量改变来引起传感器电容量的相应改变。根据传感器结构与测量对象的不同，变极板面积电容式传感器分角位移型、线位移型和筒型等不同的形式，如图 2-30 所示。

2. 变极板面积电容式传感器的工作原理

从式（2-20）可知，变极板面积电容式传感器的电容量与极板面积成正比。若极板面积 A 是变量，对式（2-20）微分得

$$dC = \frac{\varepsilon}{\delta}dA$$

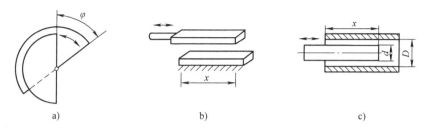

图 2-30　变极板面积电容式传感器

a）角位移型　b）线位移型　c）筒型

显然，变极板面积电容式传感器其极板面积的改变量 dA 与传感器电容量的改变量 dC 呈线性关系。根据传感器结构与测量对象的不同，可分为：

（1）角位移型变极板面积电容式传感器　角位移型变极板面积电容式传感器如图 2-30a 所示，其电容器极板面积 A 为

$$A = \frac{\theta r^2}{2}$$

式中　θ——极板重合部分的角度；

　　　r——极板的有效半径。

于是有

$$C = \frac{\varepsilon r^2}{2\delta}\theta$$

$$dC = \frac{\varepsilon r^2}{2\delta}d\theta$$

$$S = \frac{dC}{d\theta} = \frac{\varepsilon r^2}{2\delta}$$

由于角位移型变极板面积电容式传感器的 δ、ε 和 r 均为常数，故其电容量与角位移量呈线性关系，其灵敏度为常数。

（2）线位移型变极板面积电容式传感器　线位移型变极板面积电容式传感器如图 2-30b 所示，其电容器极板面积 A 为

$$A = bx$$

式中　b——极板的宽度；

　　　x——极板的重合长度。

于是有

$$C = \frac{\varepsilon b}{\delta}x$$

$$dC = \frac{\varepsilon b}{\delta}dx$$

$$S = \frac{dC}{dx} = \frac{\varepsilon b}{\delta}$$

线位移型变极板面积电容式传感器的电容量与线位移量呈线性关系，其灵敏度也为常数。

（3）筒型变极板面积电容式传感器 筒型变极板面积电容式传感器如图 2-30c 所示，其电容器极板面积 A 为

$$A = \frac{2\pi x}{\ln \frac{D}{d}}$$

式中 D——圆筒的孔径；

d——圆柱的外径；

x——极板的重合长度。

于是有

$$C = \frac{2\varepsilon\pi}{\ln \frac{D}{d}} x$$

$$\mathrm{d}C = \frac{2\varepsilon\pi}{\ln \frac{D}{d}} \mathrm{d}x$$

$$S = \frac{\mathrm{d}C}{\mathrm{d}x} = \frac{2\varepsilon\pi}{\ln \frac{D}{d}}$$

筒型变极板面积电容式传感器也可用于测量线位移，其电容量与线位移量也呈线性关系。测量线位移时，其灵敏度也为常数。

变极板面积电容式传感器可用于直线位移、角位移的测量，由于力、压力及振动等其他物理量也可通过感受元件转换为位移量，因而变极板面积电容式传感器也可用于这些物理量的测量。上述三种变极板面积电容式传感器的优点是线性好，缺点是灵敏度相对较低，适应于较大位移量的测量。

五、变极板间介电常数电容式传感器的组成与工作原理

1. 变极板间介电常数电容式传感器的组成

此种电容式传感器的极板面积及两极板的间距均保持不变，由极板之间介质的介电常数随被测量改变而引起电容量改变，以此来反映被测量。变极板间介电常数电容式传感器主要有平板型和筒型两种形式。

2. 变极板间介电常数电容式传感器的工作原理

（1）平板型变极板间介电常数电容式传感器 平板型变极板间介电常数电容式传感器如图 2-31 所示。将被测对象放置在两极板之间，作为电容器的介质，电容 C 有

$$C = \frac{\varepsilon_0 A}{(a - d) + \frac{d}{\varepsilon_\mathrm{r}}}$$

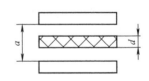

图 2-31 平板型变极板间介电常数电容式传感器

式中 A——极板的面积（m^2）；

a——极板的间距（m）；

d——被测对象的厚度（m）。

被测对象（介质）的相对介电常数 ε_r 与其材质、温度、湿度等有关。如果介质的厚度一定，传感器电容量就只与介质的 ε_r 有关，因而通过传感器电容量 C 随 ε_r 而变的特性，可测量被测对象的材质、温度和湿度等物理量。

变极板间介电常数电容式传感器的灵敏度为

$$S = \frac{\mathrm{d}C}{\mathrm{d}\varepsilon_r} = \frac{\varepsilon_0 A}{\left[(a-d)\varepsilon_r + \dfrac{d}{\varepsilon_r}\right]^2}$$

如果被测对象的相对介电常数 ε_r 是确定的，则这种形式的电容式传感器可用于厚度测量。

（2）筒型变极板间介电常数电容式传感器

用于测量液面高度的筒型变极板间介电常数电容式传感器如图 2-32 所示，其极板由两个同心圆筒构成。空气介质部分的电容量 C_1 和液体介质部分的电容量 C_2 分别为

$$C_1 = \frac{2\pi\varepsilon_0(h-x)}{\ln\dfrac{R_1}{R_2}}$$

$$C_2 = \frac{2\pi\varepsilon x}{\ln\dfrac{R_1}{R_2}}$$

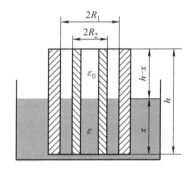

图 2-32　筒型变极板间介电常数电容式传感器

R_1—内筒外圆半径　R_2—外筒内圆半径

传感器的电容量 C 为

$$C = C_1 + C_2 = \frac{2\pi\varepsilon_0(h-x)}{\ln\dfrac{R_1}{R_2}} + \frac{2\pi\varepsilon x}{\ln\dfrac{R_1}{R_2}} = \frac{2\pi\varepsilon_0 h}{\ln\dfrac{R_1}{R_2}} + \frac{2\pi(\varepsilon-\varepsilon_0)x}{\ln\dfrac{R_1}{R_2}}$$

微分得

$$\mathrm{d}C = \frac{2\pi(\varepsilon-\varepsilon_0)}{\ln\dfrac{R_1}{R_2}}\mathrm{d}x$$

传感器的灵敏度为

$$S = \frac{\mathrm{d}C}{\mathrm{d}x} = \frac{2\pi(\varepsilon-\varepsilon_0)}{\ln\dfrac{R_1}{R_2}}$$

传感器电容量 C 与液面高度 x 呈线性关系，其灵敏度 S 为常数。

六、电容式传感器的特点与应用

1. 电容式传感器的特点

与电阻式、电感式等参量式传感器相比，电容式传感器的主要优点如下：

1）输入能量较小，而灵敏度相对较高。

2）电参量相对变化大，$\Delta C/C \geqslant 100\%$（金属应变片的 $\Delta R/R < 1\%$，半导体应变片 $\Delta R/R \leqslant 20\%$），因此，传感器的信噪比大，稳定性好。

3）动态特性好，能量损耗较小。

4）结构简单，电容式传感器主要结构就是两块金属极板和绝缘介质，其环境的适应性好，在振动、辐射环境中仍能可靠工作。

电容式传感器的主要缺点如下：

1）非线性较大，除了变极板间距电容式传感器被测位移量与传感器电容变化量存在非线性外，传感器电容量与测量电路之间电压信号转换也存在较大的非线性。

2）由于传感器本身的电容量较小，电缆的分布电容对传感器的影响很大，这使得其应用受到了较大的限制。

名词解释

分布电容由两个存在电压差而又相互绝缘的导体所构成。所以在任何电路中，任何两个存在电压差，且彼此绝缘的导体之间都会形成分布电容。

2. 电容式传感器的应用

（1）电容式传感器可测的物理量　总结电容式传感器可测的物理量有：变极板间距和变极板面积电容式传感器可直接测量位移、速度、加速度、振动与频率等物理量，通过弹性体进行力与位移的转换，也可测量力、压力、转矩等物理量；变极板间介电常数电容式传感器可测量材料的材质、硬度、湿度、厚度及液面的高度等物理量。

（2）电容式传感器在汽车上的应用　电容式传感器在汽车上的应用典型实例是电容式进气压力传感器；一些汽车的燃油箱中也采用了电容式液面高度传感器。

第四节　电感式传感器的结构类型与工作原理

一、电感式传感器的测量电路

阅读提示

电感式传感器也是一种参量式传感器，它是将被测量的变化转换为电感量的变化，再通过测量电路才能输出电信号。

最典型的电感式传感器的测量电路就是交流电桥，如图 2-33 所示。

R_2、R_3 是常值电阻，R_1、R_4 是电感式传感器电感线圈的损耗电阻；电感线圈 L_1、L_2 采用差动工作方式（接成相邻臂）的目的是提高传感器的灵敏度。

当 L_1、L_2 随被测量有一增一减的变化时，L_1、L_2 对输出电压的影响叠加，交流电桥输出相应的电压信号。信号电压的变化反映被测量的变化。

二、电感式传感器的工作方式与结构类型

1. 电感式传感器的工作方式

电感式传感器主要有接触式和非接触式两种工作方式，如图 2-34 所示。

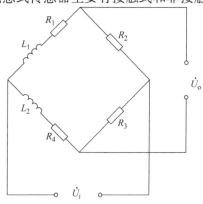

图 2-33　电感交流电桥

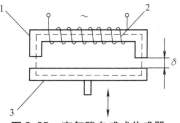

图 2-34　电感式传感器工作方式
a）接触式　b）非接触式
1—被测对象　2—电感式传感器

接触式工作方式：电感式传感器与被测对象通过接触的方式传感被测量。

非接触式工作方式：电感式传感器与被测对象不接触，通过电磁感应的方式传感被测量。

2. 电感式传感器的结构类型

电感式传感器按其结构与工作方式不同，可分为自感式、互感式和电涡流式三种。

自感式传感器：被测量变化→传感器自感 L 变化→测量电路输出相应的电信号。

互感式传感器：被测物理量变化→传感器互感 M 变化→测量电路输出相应的电信号。

电涡流式传感器：线圈通入交流电→被测对象产生电涡流→电感线圈电感变化→测量电路输出相应的电信号。

三、自感式传感器的组成与工作原理

自感式传感器有变气隙式和变截面积式两种类型。

1. 变气隙自感式传感器

变气隙自感式传感器如图 2-35 所示。

根据电感的定义，线圈的电感量 L 与线圈匝数 N、磁通量 Φ 和线圈电流有

$$L = \frac{N\Phi}{I}$$

根据磁路的欧姆定律，磁通量与磁动势 NI 和磁路磁阻 R_{m} 的关系为

$$\Phi = \frac{NI}{R_{\mathrm{m}}}$$

图 2-35　变气隙自感式传感器
1—铁心　2—线圈　3—衔铁

于是有

$$L = \frac{N^2}{R_{\mathrm{m}}} \tag{2-21}$$

不考虑漏磁损失，磁路的磁阻包括铁心的磁阻 R_{l1}、衔铁的磁阻 R_{l2} 和气隙的磁阻 R_{δ}，即

$$R_{\mathrm{m}} = R_{l1} + R_{l2} + R_{\delta}$$

其中

$$R_{l1} = \frac{l_1}{\mu A_1}; \ R_{l2} = \frac{l_2}{\mu A_2}; R_0 = \frac{2\delta}{\mu_0 A_0}$$

式中 l_1——铁心磁路的长度（m）；

$\quad\ l_2$——衔铁磁路的长度（m）；

A_1、A_2——铁心与衔铁磁路截面积（m^2）；

$\quad\ \mu$——铁心与衔铁磁导率（H/m）；

$\quad\ \delta$——气隙长度（m）；

$\quad A_0$——气隙磁路截面积（m^2）；

$\quad\ \mu_0$——真空磁导率（H/m）。

与空气中的磁阻相比，铁心和衔铁的磁阻可忽略不计，于是就有

$$R_{\mathrm{m}} \approx \frac{2\delta}{\mu_0 A_0} \tag{2-22}$$

将式（2-22）代入式（2-21）得

$$L = \frac{N^2 \mu_0 A_0}{2\delta} \tag{2-23}$$

从式（2-23）可知，这种变气隙自感式传感器的电感量 L 与气隙 δ 成反比，呈非线性变化（见图 2-36）。

对式（2-23）求微分有

$$\mathrm{d}L = -\frac{N^2 \mu_0 A_0}{2\delta^2}\mathrm{d}\delta$$

变换后得 dL 与 dδ 的比值 S 为

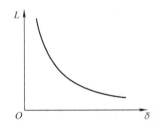

图 2-36　变气隙自感式传感器特性曲线

$$S = \frac{\mathrm{d}L}{\mathrm{d}\delta} = -\frac{N^2 \mu_0 A_0}{2\delta^2}$$

与变极板间距电容式传感器一样，变气隙自感式传感器的灵敏度 S 也是变化的，且与气隙 δ 的二次方成反比。变气隙自感式传感器减小非线性和提高灵敏度的措施是：

1）传感器在很小的气隙变化范围内工作。通常规定 δ 在 0.001 ~ 1mm 的范围之内。

2）采用差动结构。差动自感式传感器的结构原理与特性如图 2-37 所示。当传感器的衔铁随被测量移动时，两线圈磁路的气隙一增一减，线圈电感则一减一增，通过测量电路，使传感器的灵敏度提高 1 倍，非线性减小。

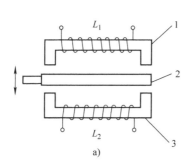
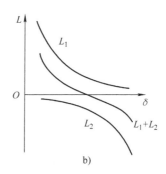

图 2-37　差动自感式传感器

a）结构原理　b）特性

1—上铁心　2—衔铁　3—下铁心

2. 变截面积式自感式传感器

变截面积自感式传感器如图 2-38 所示。

变截面积自感式传感器磁路的气隙 δ 不变，通过改变磁路截面积 A 使线圈的电感量变化。其关系式为

$$L = \frac{N^2 \mu_0 A}{2\delta} \qquad (2\text{-}24)$$

由式（2-24）可见，磁路的截面积与线圈的电感成正比。

对式（2-24）微分，有

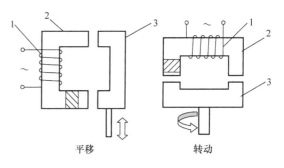

平移　　　　　转动

图 2-38　变截面积自感式传感器

1—线圈　2—铁心　3—衔铁

$$dL = \frac{N^2 \mu_0}{2\delta} dA$$

得灵敏度 S 关系式为

$$S = \frac{dL}{dA} = \frac{N^2 \mu_0}{2\delta}$$

变截面积自感式传感器的灵敏度 S 不随被测量的变化而改变，但由于空气中的磁导率 μ_0 很小，其灵敏度较低，只适用于大位移量的测量。

四、互感式传感器的组成与工作原理

互感式传感器是将被测量的变化转换为变压器互感的变化，变压器一次绕组输入交流电压，二次绕组通过互感产生相应的电动势。由于互感式传感器通常采用两个二次绕组，且组成差动的结构形式，因而也将其称之为差动变压器式传感器。

1. 差动变压器式传感器的结构形式

差动变压器式传感器有不同的结构形式，其变气隙式和螺线管式的结构示意图如图 2-39 所示。这两种结构形式的传感器工作原理相似，均可用于位移、振动、加速度等物理量的测量。

2. 差动变压器式传感器工作原理

变压器的一、二次绕组绕于同一个铁心上,当一次绕组输入交流电 i_1 时,二次绕组产生的互感电动势 e_{12} 与一次绕组的互感系数 M 和一次电流的变化率 di_1/dt 有

$$e_{12} = M \frac{di_1}{dt}$$

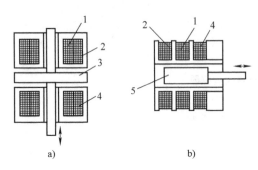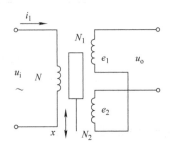

图 2-39　差动变压器式传感器的结构示意图　　图 2-40　差动变压器式传感器的等效电路原理
a) 变气隙式　b) 螺线管式

1—一次绕组　2、4—二次绕组　3—衔铁　5—铁心

图 2-39b 所示差动变压器式传感器的等效电路如图 2-40 所示。变压器两个二次绕组匝数相同,反极性串联后使传感器的输出电压 u_o 等于两个二次绕组互感电动势之差($u_o = e_1 - e_2$)。当传感器一次绕组通入交流电 i_1 时,二次绕组 N_1 和 N_2 便产生互感电动势 e_1、e_2。铁心处于中间位置(无位移)时,两个二次绕组的互感系数 M_1、M_2 相等,其互感电动势大小相等,故 $u_o = 0$ (见图 2-41a);铁心上移时,M_1 增大、M_2 减小,故 $e_1 \neq e_2$,$u_o \neq 0$,u_o 的幅值随铁心上移量 x 的增加而增大(见图 2-41b);铁心下移时,M_1 减小、M_2 增大,也使 $e_1 \neq e_2$,u_o 的幅值随铁心下移量 x 的增加而增大(见图 2-41c)。

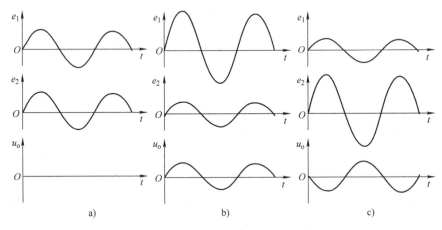

图 2-41　差动变压器式传感器工作电压波形
a) 铁心未移动　b) 铁心上移　c) 铁心下移

3. 差动变压器式传感器的特点

差动变压器式传感器具有较好的线性度和较大的测量范围,可以测量 ±100mm 的机械位移量,且测量精度较高。此外,它还具有灵敏度高、结构简单、性能可靠、输出功率大等优

点，因此被广泛应用于直线位移的测量，也可以测量通过弹性体转换为位移变化的压力、质量、振动、加速度、应变等参数。差动变压器式传感器的缺点是体积大、响应速度较低。

五、电涡流式传感器的组成与工作原理

阅读提示

　　电涡流式传感器基于金属板的电涡流效应，因此，被测对象的材质都是能导磁、导电的金属。

　　当电感线圈通入交流电时，产生的交变磁场会使置于磁场中的金属板产生感应电流；在金属板上所形成的环行感应电流称之为电涡流，电涡流所产生的交变磁场对原线圈磁场产生影响，使线圈的阻抗发生变化，可通过测量电路转变为反映被测物理量的电信号。

　　电涡流式传感器有高频反射式和低频透射式两种类型。

1. 高频反射式

　　高频反射电涡流式传感器中，当传感器线圈通入高频的交流电 i 时，电涡流 i_w 只在金属板的表面形成，电涡流产生的磁场 Φ_N 对线圈电流产生的磁场 Φ_0 造成影响，从而使线圈 N 的阻抗 Z 发生变化。

　　电涡流的大小（电涡流对线圈阻抗 Z 的影响程度）与线圈至金属板之间的距离 δ、金属板的电导率 ρ、磁导率 μ、电流 i 的幅值 I 和角频率 ω 等因素相关，即阻抗 Z 是 δ、ρ、μ、I、ω 等的函数，即

$$Z = f(\rho, \mu, \delta, I, \omega)$$

　　如果保持其他参数不变，只让其中某个参数改变，传感器线圈的阻抗 Z 就仅仅是这个参数的单值函数。因此，高频反射电涡流式传感器配以相应的测量电路可实现多种非电量的测量，例如用于测量位移和振动（变 δ），也可以用于测构件的应力、材料的硬度或零件的探伤（变 ρ、μ）等。

2. 低频透射式

　　低频透射电涡流式传感器如图 2-42 所示。当感应线圈 N_1 通入低频激励电流 i_1 时，其产生的磁场 Φ_1 使金属板内部产生电涡流 i_w，电涡流产生的磁场 Φ_w 对金属板另一侧的线圈 N_2 产生影响，使其电感发生变化。

　　对某一确定结构参数的传感器而言，电涡流对线圈的影响程度只与金属板的材料和厚度 h 有关。因此，低频透射电涡流式传感器通常用来测量厚度。

3. 电涡流式传感器的特点

　　电涡流式传感器可以进行非接触式测量，且具有输出阻抗小、输出功率大、过载能力强、灵敏度高、环境适应性好等特点。电涡流式传感器的缺点是体积较大、精度不高（<5%）、动态响应较差。

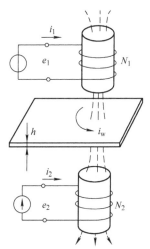

图 2-42　低频透射电涡流式传感器

六、电感式传感器的特点与应用

1. 电感式传感器的特点

与其他类型的传感器相比，电感式传感器的优点是结构简单、工作可靠、分辨率高、测量精度较高、输出功率较大；其不足是响应速度较慢、线性范围小。

2. 电感式传感器的应用

（1）电感式传感器可测的物理量　总结电感式传感器可测的物理量有：自感式和互感式传感器可直接测量位移、速度、加速度、振动与频率等物理量，通过弹性体的力与位移转换，还可测量力、压力、转矩等物理量；电涡流式传感器可测量金属材料的材质、硬度、厚度、金属构件的应力及用于探伤等。

（2）电感式传感器在汽车上的应用　电感式传感器在汽车上也有实际的应用，典型的实例是电感式转向盘转矩传感器、差动变压器式汽车减速度传感器等。

第五节　发电式传感器的结构类型与工作原理

所谓发电式传感器是指可通过某种方式直接将被测量转换为电量，无需测量电路的一类传感器。根据转换电量的原理不同，发电式传感器主要有压电式、磁电式、光电式和霍尔式等多种。

一、压电式传感器的原理、特点与应用

压电式传感器是通过晶体结构材料的压电效应将被测量转换为电量的发电式传感器。

1. 压电效应

压电材料是一种呈晶体结构的物质，当在某个方向受力时，会产生压电效应。

> **压电效应**：具有晶体结构的材料在机械力的作用下发生形变时，其内部产生极化现象，使晶体的某两个表面产生正、负电荷，去掉外力，形变恢复，电荷又消失，这种现象称为压电效应。

常见的压电材料有石英晶体、酒石酸钾钠、钛酸钠、钛酸铅、钛酸钡等。

以石英晶体（SiO_2）为例，天然结构的石英晶体为六角形晶柱，晶柱的中心线为 z 轴（光轴），垂直于 z 轴并通过棱角的轴线称 x 轴（电轴），按右手坐标系垂直于棱面的轴线为 y 轴（机械轴）。从晶体上沿轴线切下的薄片称之为晶体切片，如图 2-43 所示。

晶体切片的压电效应如图 2-44 所示。沿 z 轴方向施加作用力时，晶体切片无电荷产生（不产生压电效应）；沿 x 轴方向施力（压或拉），晶体切片厚度方向有变形，就会在与 x 轴垂直的两个表平面上产生电荷；沿 y 轴方向施力（压或拉），晶体切片也会在与 x 轴垂直的两个表平面上产生电荷。

晶体表面电荷量 q 与作用在晶体上的力 F 成正

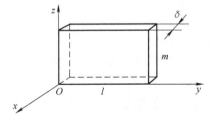

图2-43　石英晶体切片

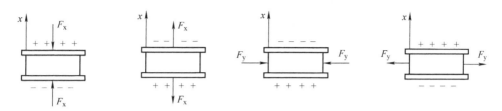

图2-44　晶体切片的压电效应

比，即

$$q = DF \qquad (2\text{-}25)$$

式中　D——压电常数，与材质和切片的方向有关。

2. 压电式传感器的原理

（1）压电晶体切片的输出电压　集聚电荷的压电晶体切片两侧的电荷量大小相等、方向相反，而压电晶体切片本身具有很高的绝缘性能，因而压电晶体切片就相当于一个电容。压电晶体切片的等效电容如图2-45所示，其电容量 C_q 为

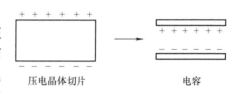

图2-45　压电晶体切片的等效电容

$$C_q = \frac{\varepsilon A}{\delta} \qquad (2\text{-}26)$$

式中　ε——压电晶体的介电常数；

　　　A——压电晶体切片（构成极板）的面积；

　　　δ——压电晶体切片的厚度。

根据电容的定义，压电晶体切片等效电容的电容量 C 与电压 U_q 及电荷量 q 有

$$U_q = \frac{q}{C}$$

将式（2-25）、式（2-26）代入得

$$U_q = \frac{D\delta}{\varepsilon A} F \qquad (2\text{-}27)$$

对某种压电晶体切片而言，$\dfrac{D\delta}{\varepsilon A}$ 为一个常数，因此，从集聚电荷的压电晶体切片两侧引出的电压 U_q 与作用于压电晶体切片的力 F 成正比关系。

（2）压电晶体切片的等效电路　压电晶体切片的等效电路有电荷源等效电路和电压源等效电路两种形式，如图2-46所示。

电荷源等效电路和电压源等效电路均反映了压电晶体切片的性质。当以输出的电荷量大小来反映其受力大小时，压电晶体切片可等效为电荷源与电容并联，压电式传感器

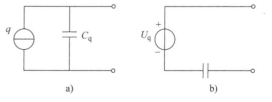

图2-46　压电晶体切片的等效电路

a）电荷源等效电路　b）电压源等效电路

之后连接的放大电路是电荷放大器；如果以传感器输出的电压信号反映被测量，则压电晶体切片可等效为电压源与电容串联，压电式传感器需要连接电压放大器。

（3）压电晶体切片的组合方式　压电晶体切片有串联或并联两种组合方式，以适应不同物理量的测量。

阅读提示

> 由于单片压电晶体切片产生的电信号太弱，压电式传感器通常采用多片压电晶体切片组合的方式构成其敏感元件，以提高传感器的灵敏度。

1）串联组合方式。将 n 片压电晶体切片串联后，其压电晶体切片组总的电荷量 q_n 保持不变（与单片压电晶体切片一样），但等效的电容量 C_n 减小为 $\frac{1}{n}$，而其电压输出 U_n 增加 n 倍。压电晶体切片串联组合方式可提高电压信号的灵敏度，适用于以电压为输出信号的压电式传感器。此外，串联组合方式的等效电容量小，时间常数小，动态特性较好（反应灵敏）。

2）并联组合方式。将 n 片压电晶体切片并联后，其总的电荷量 q_n 增加了 n 倍，等效电容量 C_n 也增加 n 倍，而其电压输出 U_n 没有变化。压电晶体切片并联组合方式提高了电荷量的输出，因而适用于以电荷量为输出信号的压电式传感器。由于其等效电容量大，有较大的时间常数，因而并联组合方式一般用于被测量变化不是特别快（频率不高）的动态测量。

3. 压电式传感器的特点与应用

（1）压电式传感器的特点　压电式传感器可用于力、压力的测量，以及可转换为力和压力的其他物理量（如位移、振动加速度、振动频率等）的测量，它具有体积小、质量小、结构简单、工作可靠、高频响应特性好等优点。但在外力作用下压电晶体切片上产生的电荷会因漏电而消失，因此，压电式传感器的低频特性差，不能用于静态测量。

（2）压电式传感器在汽车上的应用　压电式传感器在汽车上的应用实例有压电式爆燃传感器、压电式汽车碰撞传感器等。

二、磁电式传感器的原理、特点与应用

磁电式传感器也称磁感应式传感器，它通过磁电效应将被测物理量的变化转换为电信号。

> **磁电效应**：磁电效应是导体或线圈因磁场的变化而产生感应电动势的物理效应。根据电磁感应定律，通过回路所包围的面积的磁通量发生变化时，回路中产生的电动势 e 与磁通量 Φ 相对时间的变化率成正比。

具有 N 匝线圈的感应电动势为

$$e = -N\frac{\mathrm{d}\Phi}{\mathrm{d}t} \tag{2-28}$$

式（2-28）中的负号表示感应电动势的方向与磁通量的变化相反。对于磁电式传感器，通常使其磁动势保持不变，通过线圈的运动（动圈式）或改变磁路的磁阻（磁阻式）的方式使磁通量发生变化，以使线圈产生相应的感应电动势。

1. 动圈式传感器

动圈式传感器将被测物理量转换为感应线圈的移动，使通过线圈的磁通量发生变化，进而产生感应电动势。根据线圈移动的方式不同，动圈式传感器有线位移（线速度）型和角位移（角速度）型两种，如图 2-47 所示。

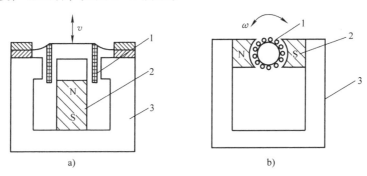

图 2-47　动圈式传感器

a）线位移型　b）角位移型

1—线圈　2—永久磁铁　3—导磁板

（1）线位移型　当线圈随被测量在磁场中做直线运动时（见图 2-47a），通过线圈的磁通量发生变化，线圈的感应电动势 e 为

$$e = NBlv\sin\theta \tag{2-29}$$

式中　N——线圈的匝数；

　　　B——磁场的磁感应强度；

　　　l——单匝线圈的长度；

　　　v——线圈运动的速度；

　　　θ——线圈运动方向与磁场方向的夹角，通常 $\theta = \pi/2$。

由于传感器线圈的匝数 N、单匝线圈的长度 l 及磁感应强度 B 等均为定值，因而感应线圈的电动势 e 与线圈的直线运动速度 v 成正比。

（2）角位移型　当线圈随被测量在磁场中做旋转运动时（见图 2-47b），通过线圈的磁通量发生变化，线圈的感应电动势 e 为

$$e = NBA\omega \tag{2-30}$$

式中　N——线圈的匝数；

　　　B——磁场的磁感应强度；

　　　A——单匝线圈的截面积；

　　　ω——线圈运动的角速度。

由于 N、A、B 等均为定值，因而感应线圈的电动势 e 与线圈的角速度 ω 成正比。

2. 磁阻式传感器

磁阻式传感器将被测量转换为磁路磁阻的变化，使通过线圈的磁通量变化产生感应电动势。磁阻式传感器磁路的磁阻大小主要取决于磁路中气隙的大小，改变磁路中的气隙的方式有导磁体运动和铁心运动两种方式。图 2-48 所示的是通过导磁体运动来改变气隙大小，图 2-48a 为导磁块做直线运动，用于测量线速度，图 2-48b 则是导磁转子做旋转运动，

用于测量角速度。

　　磁阻式传感器的线圈、永久磁铁及铁心等固定不动，导磁块或导磁转子随被测量的变化做直线运动或转动时，磁路的磁阻因气隙的变化而改变，使通过线圈的磁通量改变，于是产生感应电动势。

　　导磁块做直线运动的磁阻式传感器通常用于测量振动、加速度等物理量，导磁转子做旋转运动的磁阻式传感器产生脉冲式电信号，用于计数、测量转速等。

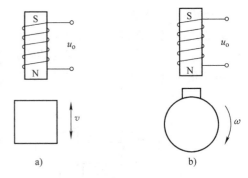

图 2-48　磁阻式传感器（导磁体运动）
a）直线运动　b）旋转运动

3. 磁电式传感器的特点与应用

　　（1）磁电式传感器的特点　磁电式传感器结构简单、工作可靠，在工程测量和自动控制系统中应用较为广泛。磁电式传感器的特点是只能用于动态测量，如果被测对象的速度（v、ω）太低，传感器感应线圈产生的感应电动势 e 太弱，就不能进行测量。

　　（2）磁电式传感器的应用　磁电式传感器在汽车上应用较多，例如磁电式发动机转速与曲轴位置传感器、磁电式转向盘转角传感器、磁电式车身振动传感器、磁电式车轮转速传感器、磁电式发动机爆燃传感器等。

三、光电式传感器的原理、特点与应用

　　光电式传感器利用其敏感元件的光电效应，将光能量转换为相应的电信号。光电效应可分为外光电效应和内光电效应。

1. 外光电效应

> **外光电效应**：物质在光线作用下，其内部的电子逸出物体表面而向外发射的现象称为外光电效应。

　　基于外光电效应的一个典型应用实例——光电管如图 2-49 所示。

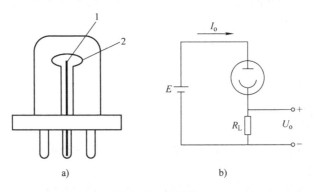

图 2-49　光电管
a）结构形式　b）电路原理
1—阳极　2—阴极

1）光电子发射原理。由半圆形金属片制成的阴极和位于阴极轴心的金属丝制成的阳极封装于抽成真空的玻璃壳内。当光线通过玻璃壳照射到阴极上时，光的能量就传递给了阴极材料的自由电子。当自由电子获得的能量足够大时，就会克服金属表面的束缚而逸出，形成电子发射。

2）光电管工作原理。光电管在工作时，其阳极的电位高于阴极，从阴极表面逸出的电子被阳极吸引，在光电管内形成空间电子流（光电流）。光照度强，阴极材料自由电子获得的能量多，单位时间从阴极发射的电子数量也多，形成的光电流也就大。光电流通过测量电路的电阻 R_L 时，R_L 的两端就会输出一个与光照度相对应的电压信号。

2. 内光电效应

内光电效应：物质在光线作用下，其电导率发生变化（光电导效应）或产生光电动势（光生伏特效应）的效应称为内光电效应。

内光电效应可分为光电导效应和光生伏特效应两种。

（1）光电导效应　半导体材料受到光照时，会产生自由电子－空穴对，使其导电性能增强，光照度越强，阻值越低。这种光照后电阻率发生变化的现象称为光电导效应。基于光电导效应的光电器件有光敏电阻、光电二极管、光电晶体管等，可以用作光敏电阻式传感器的敏感元件。

🔥 **请注意**：基于光电导效应的传感器实际上就是光敏电阻式传感器，应该属于参量型传感器。

（2）光生伏特效应　由半导体材料构成的 PN 结在受到光照时，产生一定方向的电动势，光照度越强，产生的电动势越大，这种光照后产生光生电动势的现象称之为光生伏特效应。基于光生伏特效应的光电器件有光电池。

光电池的原理如图 2-50 所示。当光线照射 PN 结时，产生电子和空穴（光生载流子），在 PN 结内电场 E_n 的作用下，光生载流子产生漂移运动。P 区的光生电子被移向 N 区，空穴留在了 P 区，从而使 P 区带正电荷，N 区带负电荷，形成电位差（光生电动势）。

光照度越强，光生载流子数量就越多，产生的光生电动势就越大。

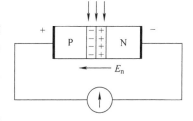

图 2-50　光电池的原理

光电池的材料有硅、锗、硒、硫化铊、硫化镉、砷化镓和氧化亚铜等。

3. 光电式传感器的类型

光电器件在测量中可不接触被测对象，因此光电式传感器通常用于非接触式测量。根据输出信号的方式不同，光电式传感器可分为模拟式和脉冲式两大类。

（1）模拟光电式传感器

1）模拟光电式传感器的测量原理。模拟光电式传感器是基于光电器件的光电特性产生与被测物理量相对应的电信号。光电器件受到的光通量随被测物理量而变，光电器件产生与光通量相对应的电信号。也就是说，模拟光电式传感器的输出信号的电压高低与被测物理量值有一一对应的关系。

2）模拟光电式传感器的结构类型。模拟光电式传感器依据其光源、被测对象和光电器件的关系，可分为辐射式、透射式、反射式和遮光式等4种类型，如图2-51所示。

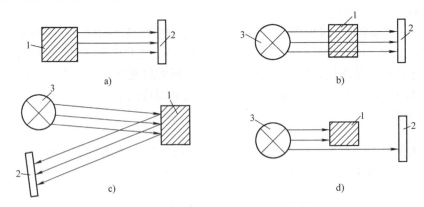

图2-51　模拟光电式传感器的几种类型

a）辐射式　b）透射式　c）反射式　d）遮光式
1—被测对象　2—光电器件　3—恒定光源

① 辐射式。被测对象本身就是光源，它可以直接照射在光电器件上，也可以经过一定的光路后作用在光电器件上。光电器件的输出的电信号可反映光源的某种量值，典型的应用有光电式温度计、比色高温计、红外侦察、红外遥感、光照度计等。

② 透射式。传感器有一个恒定的光源，被测对象位于恒定光源和光电器件之间，根据被测对象对光的吸收程度或对其谱线的选择性来测定被测量。透射光电式传感器的典型应用有液体或气体的透明度测量、气体的成分分析、液体中某种物质的含量测定等。

③ 反射式。传感器恒定光源发出的光投射到被测对象上，被测对象把部分光反射到光电器件上，反射的光通量与被测物表面状态和性质有关，因而光电器件输出的电量就反映了被测对象的某种量。反射光电式传感器的典型应用有测量零件的表面光洁度、表面缺陷、表面位移等。

④ 遮光式。被测对象位于恒定光源和光电器件之间，光源发出的光照射到光电器件上，被测对象会遮去一部分光通量，使作用在光电器件上的光通量与被测对象的位置有关。遮光光电式传感器可以用于测量物体的长度、厚度、线位移、角位移、振动等。

（2）脉冲光电式传感器　脉冲光电式传感器的工作方式是光电器件的输出仅有高电平和低电平两种稳定状态，或者说是"通"和"断"的开关状态，因此对光电器件的光电特性的线性度要求不高。脉冲光电式传感器的基本组成部分是恒定光源、光学通道和光电器件。根据从光源照射到光电器件的光学通道形式分，有遮光式和反射式两种形式，如图2-52所示。

1）遮光式。这种传感器在发光器件与光电器件之间设置一个有透光槽的遮光盘（见图2-52a），工作时，发光器件持续发光，遮光盘随被测对象转动，光线间歇性地通过透光槽照射到光电器件上，使光电器件产生一个能反映被测量的电压脉冲。

2）反射式。这种传感器由发光器件、光电器件及带反光片的回转体组成（见图2-52b），回转体可以是传感器的一部分，也可以就是被测对象。工作时，发光器件持续

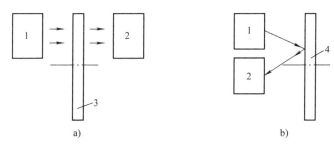

图2-52 脉冲光电式传感器

a）遮光式 b）反射式

1—发光器件 2—光电器件 3—带透光槽的遮光盘 4—带反光片的回转体

发光，随回转体转动的反光片将光线反射。反射光线间歇性地照射到光电器件上，产生一个反映被测量的电压脉冲。

脉冲光电式传感器不存在非线性误差，结构简单，应用较为广泛。典型的应用有零件或产品的自动计数、转速测量、转角测量、光控开关、电子计算机的光电输入设备、光电编码器及光电报警装置等。

4. 光电式传感器的特点与应用

（1）光电式传感器的特点 光电式传感器的特点是灵敏度高、体积小、质量小、性能稳定，且可实现非接触式测量。光电式传感器的缺点是抗污能力较差，光电器件、光源或光学通道有灰尘或脏污等而影响光通量时，传感器就会产生较大的误差或不能正常工作。

（2）光电式传感器的应用 在汽车上的运用较多的是脉冲光电式传感器，例如：光电式发动机转速与曲轴位置传感器、光电式转向盘转角传感器、光电式车身高度传感器等，这些传感器均属于脉冲工作方式的光电式传感器。

四、霍尔式传感器的原理、特点与应用

霍尔式传感器利用霍尔效应，将被测量转换为相应的电压或电压脉冲。

1. 霍尔效应

> **霍尔效应**：置于磁场中的半导体（称霍尔元件）有电流流过时，在垂直于电流和磁场的元件两端就会产生电动势，这种物理现象称之为霍尔效应。霍尔元件产生电动势的实质是运动的电荷在磁场中会受到洛仑兹力的作用。

1）洛仑兹力的产生。霍尔效应的原理如图2-53所示。在外加电场力的作用下，半导体中的载流子做定向运动（即形成电流），在磁场中运动的电荷又会受磁场力的作用，这个力称之为洛仑兹力。

2）霍尔电压的产生。洛仑兹力的方向垂直于电荷运动运动的方向，使运动的电荷发生偏转，在霍尔元件的一侧形成负电荷的累积，另一侧则累积了正电荷。于是，在霍尔元件的两侧就形成了电位差，这个电位差称为霍尔电压。

霍尔电压 U_H 的大小与电流 I、磁感应强度 B 成正比，与霍尔元件的厚度 d 成反比，即

$$U_H = \frac{R_H}{d}IB \tag{2-31}$$

71

式中 R_H——霍尔系数，与霍尔元件所采用的材料
　　　　有关。

2. 霍尔式传感器

从式（2-31）可知，改变 I 或 B，均可使 U_H 产生相
应的变化。霍尔式传感器通常采用固定电流 I，使磁感
应强度 B 随被测物理量变化的形式，霍尔元件产生的霍
尔电压 U_H 反映了被测量。改变 B 的方式有变磁路磁阻
式、动铁式和动霍尔元件式等，几种典型的霍尔式传感
器的结构形式与工作原理如图 2-54 所示。

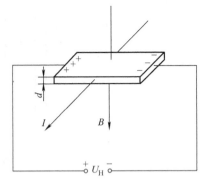

图 2-53　霍尔效应的原理

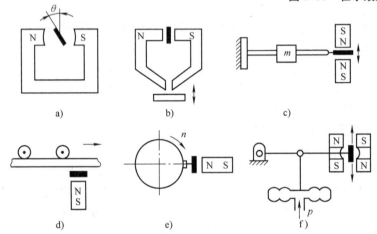

图 2-54　几种典型的霍尔式传感器的结构形式与工作原理

a）测量角位移　b）测量线位移　c）测量加速度　d）用于计数　e）测量转速　f）测量压力

（1）测量角位移的霍尔式传感器　图 2-54a 所示的霍尔式传感器是通过传感器的霍尔
元件随被测对象转动，使通过霍尔元件的磁感应强度随之改变，霍尔元件产生与被测量
（角位移）相对应的电压信号。

（2）测量线位移的霍尔式传感器　图 2-54b 所示的霍尔式传感器是通过传感器的导磁
片随被测对象直线移动，使磁路的气隙发生变化，磁路的磁阻随之改变，通过霍尔元件的
磁通量有相应的变化，从而使霍尔元件产生与被测量量（直线位移）相对应的电压信号。

（3）测量加速度的霍尔式传感器　图 2-54c 所示的霍尔式传感器用于将被测对象的加
速度转变为相应的电压信号。置于稳定磁场中的霍尔元件随被测对象上下移动时，通过霍
尔元件的磁感应强度就会改变，并产生与被测对象移动加速度相对应的电压信号。

（4）用于计数的霍尔式传感器　图 2-54d 所示的霍尔式传感器用于产生计数脉冲。当
能导磁的工件通过传感器探头时，通过霍尔元件的磁通量就会发生一次变化，霍尔元件便
产生一个电压脉冲。此电压脉冲就是工件的计数脉冲。

（5）测量转速的霍尔式传感器　图 2-54e 所示的霍尔式传感器用于产生反映被测对象
转速的脉冲信号。有突齿的导磁转子随被测对象转动，在突齿经过传感器探头时，霍尔元
件就会产生一个电压脉冲，这个电压脉冲的频率与被测对象的转速相对应。

（6）测量压力的霍尔式传感器　图 2-54f 所示的霍尔式传感器用于测量压力。当被测的压力通过传动部件转换为霍尔元件的上下移动时，通过霍尔元件的磁通量就会随之而变，并产生与移动量相对应的电压信号。此电压信号的大小与被测量（压力）相对应。

与光电式传感器相似，霍尔式传感器根据其电压输出的形式不同，也可分为模拟式和脉冲式两种。

（1）模拟霍尔式传感器　模拟霍尔式传感器的霍尔元件的输出端与模拟放大器连接，输出与被测量变化相对应的电压信号。模拟霍尔式传感器用各种方式将被测量转换为通过霍尔元件的磁感应强度变化，并产生相应的电压信号。模拟霍尔式传感器可用于非接触测距、磁场测量、磁力探伤、振动测量等。

（2）脉冲霍尔式传感器　脉冲霍尔式传感器是将霍尔元件产生的霍尔电压经开关电路处理后，输出在高电平和低电平之间跃变的脉冲信号。脉冲霍尔式传感器利用不同的转换方式，将被测量转换为通过霍尔元件磁通量的变化，产生脉动的电压信号。脉冲霍尔式传感器通常用于测量位移、转速、计数等。

3. 霍尔式传感器的特点与应用

（1）霍尔式传感器的特点　相比磁电式传感器，霍尔式传感器的信号电压稳定，即信号电压不受转速和位移速度的影响。相比于光电式传感器，霍尔式传感器则具有抗污能力强的特点。此外，霍尔式传感器结构较为简单，测量精度也较高。

（2）霍尔式传感器的应用　由于霍尔式传感器没有磁电式传感器和光电式传感器的缺点，其应用越来越广泛。在汽车上，脉冲霍尔式传感器有较多的应用，例如霍尔式发动机转速与曲轴位置传感器、霍尔式车轮转速传感器、霍尔式车速传感器等。

五、其他发电式传感器简介

1. 热电式传感器

热电式传感器利用其敏感元件的热电效应，将被测量对象的部分热能转换为反映其温度高低的电信号。

（1）热电效应　两种不同材料的导体构成的闭合回路称之为热电偶，如图 2-55 所示。热电偶通过热电效应所产生的电动势实际上包含了接触电动势和温差电动势两部分。

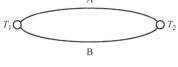

图 2-55　热电偶

> **热电效应**：两种不同材料的导体构成一个闭合回路，如果两接点的温度不同，在回路中就有电流产生，这种由于温度不同而产生电动势的现象被称之为热电效应。

1）接触电动势。两种不同材料的导体构成一个闭合回路后，其接触表面就会有自由电子的扩散运动。由于不同材料导体的自由电子的密度不同，自由电子密度高的导体其自由电子会向自由电子密度低的导体扩散，使其接触表面电子数量减少而呈正电性，而自由电子密度低的导体其接触表面由于电子数量的增加而呈负电性。于是，两种不同材料的导体在其接触表面就形成了电位差，此电位差称之为接触电动势。

电子扩散的速率与温度和导体的材料有关，因此，不同材料的导体在不同的温度下，其接触电动势会有所不同。对于某种确定的导体材料而言，接触电动势就只与温度有着一一对应的关系了。

2）温差电动势。同种导体其两端的温度不同时，在导体高温端，内部自由电子具有较大的动能，因而总体上导体中的电子会从温度高端向温度低端迁移，使得温度高端失去电子而电位升高，温度低端则得到电子而电位降低，从而在导体两端产生电位差，这个电位差称为温差电动势。

温差电动势 e 与导体的材料和冷热端的温度差有关，即

$$e = \alpha(T_1 - T_2) \tag{2-32}$$

式中　　α——热电偶系数（与导体的材料有关）；

　　　T_1、T_2——导体两端的绝对温度。

（2）热电偶温度测量原理　对于材料已经确定了的热电偶来说，其电动势的大小只与两个接点的温度有关，且两端的温度差越大，热电偶产生的电动势也就越大。通常将热电偶的冷端（非测量端）温度固定，热电偶的电动势就成为热端（测量端）温度的单值函数了，即热电偶的电动势只与测量端的温度有一一对应的关系。

热电偶通常以冷端温度为 0℃ 标定，但实际测量中，受环境和热端温度的影响，冷端的温度不能恒定为 0℃，这会造成热电偶电动势不能准确反映被测温度。为此，需要对冷端进行温度补偿。通常采用如下方法：

1）冷端恒温。即通常将热电偶冷端置于恒温器中，使其温度固定在 0℃。

2）冷端温度校正。即在仪表上进行温度调校，以弥补冷端温度不为 0℃ 所造成的偏差。

3）设补偿导线。即使冷端远离温度测量对象，通常将冷端设置在已知温度的地点。

4）采用热电偶冷端补偿器。即在测量电路中串联一个随冷端温度变化的直流电压来抵消冷端温度变化所产生的影响。

（3）热电式传感器的特点与应用　热电式传感器测量温度具有简单、可靠、灵敏、测量精度较高、信号便于远距离传送等优点，特别适用于温度高、测量精度要求高的温度测量。

在汽车上，热电式传感器应用很少，用来监测三元催化器温度的排气温度传感器大都采用热敏电阻式传感器，但在极少数的汽车上则采用的是热电式传感器。

2. 二氧化锆型氧传感器

（1）二氧化锆的特性　对于高温下的二氧化锆（ZrO_2）固体，如果两侧气体的氧含量有较大差异，氧离子就会从氧含量高的一侧向氧含量低的一侧扩散，使二氧化锆两侧产生电动势 E。电动势 E 的大小可表示为

$$E = \frac{RT}{4F}\ln(P_1 - P_2) \tag{2-33}$$

式中　　R——气体常数（J/mol·K）；

　　　T——热力学温度（K）；

　　　F——法拉第常数（C/mol）；

　　P_1、P_2——两侧气体氧气分压（Pa）。

（2）二氧化锆型氧传感器的组成与工作原理　二氧化锆型氧传感器就是利用了二氧化

锆的这一特性，将氧敏感元件的二氧化锆制成试管状，使其内侧通大气（氧含量高），外侧通发动机的排气管（氧含量低）（见图2-56）。混合气偏浓时，排气管中的氧含量极少，二氧化锆内外侧氧的浓度差大，因而产生一个较高的电压；混合气偏稀时，排气管中含有较多的氧，二氧化锆内外侧的氧浓度差小，产生的电压较低。

（3）二氧化锆型氧传感器的应用　二氧化锆型氧传感器在汽车上被用来检测排气管废气中的氧含量，用以反映发动机混合气的浓度。在发动机燃油喷射控制系统中，发动机电子控制器根据氧传感器的信号可实现空燃比反馈修正控制。

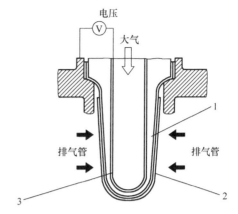

图2-56　二氧化锆型氧传感器工作原理
1—二氧化锆　2—铂（排气管侧）　3—铂（大气侧）

第三章
计算机基础知识

"计算机"是今天人们非常熟悉的名词，但计算机是如何构成的，是怎么工作的，很多人都不是很清楚。本章介绍计算机的基础知识，以便于读者对计算机有最基本的了解。本章对单片机及汽车电子控制技术的学习与理解十分重要。

第一节　计算机概述

一、计算机的基本概念

1. 计算机的作用

目前计算机早已不像最初时只是一种计算工具，现代的计算机已是一种能够存储程序，并按照程序自动、高速、精确地进行信息处理的电子装置。随着信息时代的到来和科学技术的迅速发展，计算机技术也发展到了前所未有的高度。在现代社会中，计算机技术已经渗透到科学技术的各个领域，已从科学研究和工程设计的有效工具变成了许多高新技术中的关键技术和核心技术。计算机技术在信息处理方面的广泛应用，已彻底改变了人们传统的工作和生活方式。

计算机知识已是当代科技人员知识结构中不可缺少的组成部分，也是现代人文化知识的重要组成部分。对于主要从事汽车电器与电子控制系统检修工作的汽车电工来说，计算机基础知识更是必须掌握的重要基础知识。

阅读提示

> 从数值运算、数据处理到知识处理（人工智能），从数字、字符信息处理到图形、图像、音频、视频信息处理（多媒体），计算机的发展使人类走向了信息时代，人类的生产与生活已经离不开计算机。

2. 计算机的特点

当今世界上，计算机几乎在任何领域中都得到了广泛应用，这是因为计算机具有强大的功能，计算机的功能特点总结如下。

1）运算速度快。计算机最重要的功能是计算功能，其中计算功能的最显著的特点是计算速度快，目前巨型计算机的运算速度已达到每秒万亿次，即便是运用最普遍的个人计算机（PC），其运算速度也已达到每秒数亿次。

2）运算精度高。计算机内部运算采用二进制数，其二进制位数（字长）越多，运算精度也越高。目前 PC 的字长已达到 64 位，再结合软件处理算法，可使计算精度能满足许多苛刻的要求。

3）存储容量大。计算机的一个重大功能是记忆功能，计算机的记忆功能是通过存储器对信息的存储来实现的。目前的计算机都有大容量的内存和海量的外存，PC 的内存容量就已达到数 GB，硬盘容量已达数 T。

4）具有逻辑运算功能。具有逻辑运算功能是计算机的另一个重大特点。计算机在工作过程中，会根据上一步的执行结果进行逻辑判断，自动确定下一步要执行的指令。正因为计算机具有这种逻辑判断能力，使计算机不仅能解决数值计算问题，而且能解决非数值计算问题，如信息检索、图像识别等。

5）自动化程度高。计算机在程序的控制下自动进行工作。任何复杂的问题或过程，只要编写出程序，存入计算机，启动程序执行后，计算机便按程序设定的方法及步骤自动工作，直到任务完成。

 阅读提示

计算机内各种类型的信息（数值、文字、声音、图像）都是以二进制代码的形式储存的。不仅如此，计算机内部的指令、存储器地址等均采用二进制编码。

3. 计算机系统的基本组成

计算机系统由硬件和软件两部件组成。计算机硬件是指计算机中的电子电路和物理装置，而计算机的软件是将解决问题的方法、思想和过程，以程序的方式储存于计算机的储存器中而成的。

（1）计算机的硬件 计算机硬件的构成如图 3-1 所示。

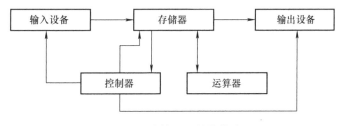

图 3-1 计算机硬件的构成

1）控制器：根据事先编制的程序发出控制指令，使机器自动协调地工作，它是计算机的核心部件。控制器与运算器、指令寄存器等组成中央处理器（CPU）。

2）运算器：按控制器发出的控制指令进行算术和逻辑运算，由加法器、缓冲寄存器、累加器等部件组成。运算器也是中央处理器中的重要部件。

3）存储器：分内存储器和外存储器，内存储器也称内存，用于存放计算机工作过程中所用的指令和数据。计算机通常也会配备外存储器，外存储器的种类较多，如磁带、磁盘（软、硬）、光盘、U 盘等均被用作计算机的外存储器，但磁带、软盘现在已经极少用了。

4）输入设备：将文字、声音、图像、被控对象的某种量转换为电信号。如键盘、鼠标、手写板、扫描仪、光电阅读器、光盘或磁盘驱动器及各种传感器等。输入设备属于计算机的外部设备。

5）输出设备：将计算机的处理结果显现出来或控制一些设备动作，如显示器、打印机、绘图仪、扬声器、光盘或磁盘驱动器及各种执行器等。输出设备也是计算机的外部设备。

（2）计算机软件　计算机的软件包括系统软件和应用软件。

1）系统软件：系统软件用于实现计算机系统的管理、调度、监视和服务等功能，能够方便用户，提高计算机的使用效率，扩充系统的功能。系统软件可分为操作系统、语言处理程序、标准库程序、服务性程序、数据库管理系统、计算机网络管理软件6大类。

2）应用软件：应用软件是用户为解决某种应用问题而编制的一些程序，如科学计算程序、自动控制程序和情报检索程序等。一些为了特定目的而编写的软件，如人事管理系统、银行ATM机上使用的软件等都是属于应用软件的范畴。一些办公软件、杀毒软件等也都属于通用型的应用软件。

二、计算机的发展概况

1. 计算机的发展历史

最早的计算机是用齿轮杠杆为部件来完成计算功能的机械式或机电式计算机。1945年底，世界上第一台使用电子管制造的电子数字计算机在美国宾夕法尼亚大学莫尔学院研制成功，并在1946年2月15日举行了计算机的正式揭幕典礼。

> **历史小知识**：世界上第一台计算机共用了18000个电子管、1500个继电器，每小时耗电140kW，计算速度为5000次/s，质量30t，占地170m^2。这台计算机从性能上看与现在的计算机是完全无法相比的，但是它标志着人类进入了电子计算机时代。

伴随着电子技术的迅速发展和计算机软件的发展，计算机技术得到了迅速发展。根据计算机的电子元器件使用水平，可以将计算机发展历史其划分为4代，见表3-1。

表3-1　计算机发展历史

阶段	经历时间	主要元器件	速度/s	特点及应用领域
第一代	1946—1958年	电子管	5000次~1万次	体积大、运算速度慢、耗电量大，主要用于科学计算
第二代	1959—1964年	晶体管	5万次~几十万次	体积减小、耗电减少、运行速度提高、价格下降，除用于科学计算，还用于数据处理和事务管理，并逐渐应用于工业
第三代	1965—1970年	中小规模集成电路	几十万次~几百万次	体积和功耗进一步减小，速度和可靠性提高，应用领域扩展到文字处理、企业管理、自动控制、城市交通等
第四代	1971至今	大规模和超大规模集成电路	几亿次~几十亿次及以上	性能大幅度提高，价格则大幅度下降，应用领域进一步扩大

（1）第一代（1946—1958 年）　在计算机发展的初期，计算机的基本逻辑器件是电子管（Electronic Tube），内存储器采用汞延迟线或磁鼓，外存储器采用磁带等。其特点是速度慢、可靠性差、体积庞大、功耗高、价格昂贵。第一代计算机的编程语言主要采用机器语言，稍后有了汇编语言。编程调试工作十分烦琐，其用途局限于军事研究的科学计算范围之内。

（2）第二代（1959—1964 年）　第二代计算机所采用的基本逻辑器件是晶体管，内存储器大量使用磁性材料制成的磁芯，外存储器采用磁盘和磁带。运算速度从每秒几万次提高到几十万次。与此同时，计算机软件技术也有了较大发展，提出了操作系统的概念，编程语言除了汇编语言外，出现了 FORTRAN、COBOL 等高级语言，这些高级语言极大地方便了计算机的使用。

与第一代计算机相比，第二代计算机体积小、质量小、速度快、逻辑运算功能强，可靠性有了很大的提高。计算机的性能提高，使其应用领域从军事研究的科学计算扩展到数据处理和工业控制方面。

（3）第三代（1965—1970 年）　第三代计算机的基本逻辑器件采用了中小规模集成电路，用半导体存储器作为内存储器，淘汰了磁芯，外存储器大量使用高速磁盘。这些技术进步使计算机的体积、功耗进一步减小，可靠性、运行速度则进一步提高，内存储器容量也有了很大的增加，价格却大幅度降低，而其应用范围则扩大到各个领域。软件方面，操作系统进一步普及和发展，出现了对话式高级语言 BASIC，提出了结构化、模块化的程序设计思想，出现了结构化的程序设计语言 PASCAL。

（4）第四代（1971 年至今）　第四代计算机的基本逻辑器件逐渐采用大规模集成电路和超大规模集成电路，内存储器采用了集成度很高的半导体存储器，外存储器使用了更为先进的科学技术制造的大容量磁盘和光盘。计算机的速度达每秒几亿次到几十亿次及以上。计算机逐渐分化为通用大型机、巨型机、小型机和各种形式的微型机，出现了不同结构的并行处理计算机和多机系统。计算机的软件配置丰富多彩，软件系统工程化、理论化，程序设计部分自动化。计算机在办公自动化、数据库管理、图像处理、语言识别和专家系统等各个领域大显身手，计算机的发展进入了以计算机网络为特征的时代。

2. 计算机的未来发展

如今，微处理器芯片的功能越来越强大，计算机网络技术应用越来越广泛，用多块 CPU 组合而成的多核系统使计算机的运行速度更快，信息处理能力更强。当代计算机向着高速计算与高速网络相结合、多媒体、超大型知识数据库、面向社会各个领域及每个人都提供服务的方向发展。

支持逻辑推理和知识库的智能计算机、神经网络计算机、生物计算机等新一代计算机也在人们的努力下不断推陈出新。

三、计算机的类型

1. 按计算机的用途分类

按计算机的用途范围划分，计算机可分专用机和通用机两大类。

专用机：专用机是指为解决特定问题，实现特定功能而设计的计算机，如银行取款计算机，医院里 CT 机采用的计算机等。

通用机：通用机就是人们通常所说的计算机，可以应用于不同领域，解决各种类型的问题。

2. 按计算机的规模分类

根据计算机的性能指标，如机器规模的大小、运算速度的高低、存储器容量的大小、指令系统性能的强弱以及机器的价格等，可将计算机分为如下几类。

巨型机：巨型机是指运算速度在每秒亿次以上的计算机。我国研制的"银河"计算机就属于巨型机。

大、中型机：大、中型机是指运算速度在每秒几千万次左右的计算机。通常应用于国家级科研机构以及重点理工科类院校。

小型机：小型机是指运算速度在每秒几百万次左右的计算机。通常应用于一般的科研与设计机构以及高等院校。

微型机：微型机也称为个人计算机（PC），是目前应用最广泛的机型。微型机又包括台式计算机、笔记本计算机、手持 PC、单片机、工控微机等各种类型。

第二节 数 制

一、计算机中采用的数制

所谓数制就是进位计数的方法，数制有二进制、十进制、十二进制、十六进制和六十进制等。计算机内部采用二进制，在计算机程序设计中，则是用十六进制。

> **数制的基与权**：数制的基数就是该数制数码的个数，例如十进制的基数是 10，十六进制的基数是 16，二进制的基数是 2。
>
> 数制中权是基数的幂，例如：十进制中，各位的权为 10^{n-1}；十六进制中，各位的权为 16^{n-1}；二进制中，各位的权为 2^{n-1}；其中 n 表示数的位数。

1. 二进制

二进制逢二进一，二进制的基数为 2，其数码只有 0、1 两个。二进制数的后面加 B 表示。例如 1101.101B 就表示"1101.101"是一个二进制数。

二进制数 1101.101B 可表示为

$$1101.101B = 1 \times 2^3 + 1 \times 2^2 + 0 \times 2^1 + 1 \times 2^0 + 1 \times 2^{-1} + 0 \times 10^{-2} + 1 \times 2^{-2}$$

计算机中为什么要采用二进制？分析二进制的特点就自然清楚了。相比于十进制和十六进制，二进制的优点如下：

1）数的表示简单。只有数码 1、0 两个，用电平的高低、脉冲的有无、电路的通断就可准确表示其所有的数码。显而易见，采用二进制可使计算机电路最简单。

2）运算简单。二进制加法有：$0+0=0$、$0+1=1+0=1$、$1+1=10$，二进制乘法有 $0 \times 0=0$、$0 \times 1=1 \times 0=0$、$1 \times 1=1$，均只有三种状态，实现这样的运算电路十分简单。

3）可运用逻辑代数。逻辑代数也称布尔代数和开卷代数。二进制数码 1 和 0 可分别表示"真"与"伪"、电路开关的"通"与"断"，因此，可运用逻辑代数进行分析和综合。

相比于十进制和十六进制，二进制数书写较长，记忆较为困难。因此，在计算机程序中不用二进制数，而是采用十六进制数。

2. 十进制

十进制是人们最熟悉的，十进制逢十进一，十进制的基数为10，其数码有：0、1、2、3、4、5、6、7、8、9共十个。在数的后面加一个"D"，用来表示该数为十进制数。十进制数后的 D 也可以省略不写。例如：4321D、4321 均表示为十进制数。

十进制数可以表示为各位数的权之和，例如十进制数 4321.21 可表示为

$$4321 = 4 \times 10^3 + 3 \times 10^2 + 2 \times 10^1 + 1 \times 10^0 + 2 \times 10^{-1} + 1 \times 10^{-2}$$

3. 十六进制

十六进制逢十六进一，十六进制的基数为16，其数码有 0、1、2、3、4、5、6、7、8、9、A、B、C、D、E、F 十六个，其中 A～F 相当于十进制数的 10～16。十六进制数用数后加 H 表示。例如 A5.2DH 就表示"A5.2D"是十六进制数。

十六进制数 A5.2DH 可表示为

$$A5.2DH = A \times 16^1 + 5 \times 16^0 + 2 \times 16^{-1} + D \times 16^{-2}$$

十六进制的特点是书写和记忆较为容易，因此，在计算机程序的语句中通常用十六进制数来表示数值和代码。

二、各种数制的转换

1. 十进制数转换为二进制数

（1）十进制数整数转换为二进制数的方法　十进制数整数部分转换为二进制数采用除2取余法，例如，十进制数 13 转换为二进制数的方法为

	商	余数	
$13 \div 2$	6	1	↑
$6 \div 2$	3	0	
$3 \div 2$	1	1	
$1 \div 2$	0	1	

于是有

$$13 = 1101B$$

（2）十进制数小数部分转换为二进制数的方法　十进制数小数部分转换为二进制数则采用乘2取整法，例如，0.625 转换为二进制数的方法为

	整数	
$0.625 \times 2 = 1.25$	1	
$0.25 \times 2 = 0.50$	0	
$0.50 \times 2 = 1.00$	1	↓

于是有

$$0.625 = 0.101B$$

2. 二进制数转换为十进制数

将二进制数权位展开，再将各位按十进制数运算法则求和，即可得到相应的十进制数。

例如将二进制整数 1101B 转换为十进制数时，有

$$1101B = 1 \times 2^3 + 1 \times 2^2 + 0 \times 2^1 + 1 \times 2^0 = 8 + 4 + 0 + 1 = 13$$

即

$$1101B = 13$$

再如将二进制小数 0.101B 转换为十进制数时，有

$$0.101B = 1 \times 2^{-1} + 0 \times 2^{-2} + 1 \times 2^{-3} = 0.5 + 0 + 0.125 = 0.625$$

即

$$0.101B = 0.625$$

3. 十六进制数转换为二进制数

将每位十六进制数转换为 4 位二进制数，从高位到低位顺序排列即可完成十六进制数转化为二进制数。

例如将十六进制数 18AFH 转换为二进制数时，有

1	8	A	F
0001	1000	1010	1111

即

$$18AFH = 1100010101111B$$

4. 二进制数转换为十六进制数

二进制数转换为十六进制数的方法是：整数部分自右向左每 4 位一组，每组即为一个十六进制数，最后不足 4 位在左边加 0。小数部分自左向右每 4 位一组，每组即为一个十六进制数，最后不足 4 位在右边加 0。

例如将二进制数 101101101.0100101B 转换为十六进制数时，有

$$101101101.0100101B \longrightarrow \underset{1}{0001}\ \underset{6}{0110}\ \underset{D}{1101} \cdot \underset{4}{0100}\ \underset{A}{1010}$$

即

$$101101101.0100101B = 16D.4AH$$

从上面的例子可以看出，二进制数和十六进制数互相转换十分简便，这就是计算机程序中采用十六进制而不用熟悉的十进制的原因。

第三节　计算机的基础电路

计算机的基础电路包括各种门电路、触发器、寄存器、计数器、运算电路等，计算机就是由这些基础电路所构成的。

一、逻辑（门）电路

1. 基本逻辑电路

 阅读提示

基本逻辑电路包括与门电路、或门电路和非门电路，这些基本逻辑电路是构成计算机中基本器件（触发器、寄存器、计数器、运算电路）等的基础。

（1）逻辑乘（与门）电路　与门电路如图 3-2 所示。该电路只有当输入端 A 和 B 均为高电平时，输出端 Y 才为高电平。输入端 A、B 与输出端 Y 的这种关系就是逻辑乘（与门），其逻辑表达式为

$$Y = A \cdot B$$

与门的逻辑关系：事件 A 与 B 均为真时，其结果 Y 才为真。

与门的真值表见表 3-2，其符号如图 3-3 所示。

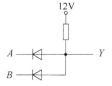

图 3-2　与门电路

表 3-2　与门的真值表

A	B	Y
0	0	0
0	1	0
1	0	0
1	1	1

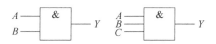

图 3-3　与门的符号

 阅读提示

真值表用 0、1 表示逻辑关系，1 表示逻辑真，电路中用高电平表示；0 表示逻辑假，电路中用低电平表示。

（2）逻辑加（或门）电路　或门电路如图 3-4 所示。该电路 A 或 B 只要有一个为高电平，Y 就一定是高电平。输入端 A 和 B 与输出端 Y 的这种关系就是逻辑加（或门），其逻辑表达式为

$$Y = A + B$$

或门的逻辑关系：事件 A 与 B 只要有一个为真，其结果 Y 必然为真，或门的真值表见表 3-3，其符号如图 3-5 所示。

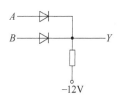

图 3-4　或门电路

表3-3 或门的真值表

A	B	Y
0	0	0
0	1	1
1	0	1
1	1	1

（3）逻辑反（非门）电路 非门电路如图3-6所示，该电路实际上是反相器，其输入与输出之间的关系为：A为高电平时，Y为低电平；A为低电平时，Y为高电平。

非门的逻辑表达式为

$$Y = \overline{A}$$

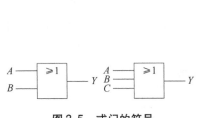

图3-5 或门的符号

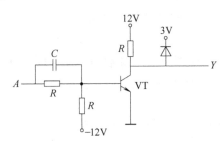

图3-6 非门电路

非门的逻辑关系为求反，其真值表见表3-4，符号如图3-7所示。

表3-4 非门的真值表

A	Y
0	1
1	0

2. 复合逻辑电路

除了"与""或""非"这三种最基本的逻辑关系外，还有"与非""或非""与或非"等等多重逻辑关系。这种复合逻辑关系需要依靠具有复合逻辑功能的逻辑电路来实现。

图3-7 非门的符号

🔧 **阅读提示**

复合逻辑电路是上述基本门电路的组合，用于实现某种特定的逻辑功能，也是构成计算机器件的基础。

（1）与非门 与非门由与门电路和非门电路组合而成（与门电路加上非门电路），其符号如图3-8所示（注意图中 Y 端的"○"，它表示"非"或"反"），逻辑表达式为

图3-8 与非门符号

$$Y = \overline{A \cdot B}$$

与非门的逻辑关系是 A 和 B 相与后，其结果再求反。

（2）或非门　或非门由或门电路和非门电路组合而成（或门电路加上非门电路），其符号如图 3-9 所示，逻辑表达式为

$$Y = \overline{A + B}$$

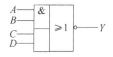

图 3-9　或非门符号

或非门的逻辑关系是 A 和 B 相或后，其结果再求反。

（3）与或非门　与或非门由与门、或门和非门电路组合而成（两个与门电路加一个或门电路，然后再加一个非门电路），其符号如图 3-10 所示，逻辑表达式为

$$Y = \overline{A \cdot B + C \cdot D}$$

图 3-10　与或非门符号

与或非门的逻辑关系是 A 和 B 相与，C 和 D 相与，两相与的结果再相或，相或的结果再求反。

（4）异或门和异或非门　异或门由相应的与门、或门及非门电路组成，其符号如图 3-11 所示，逻辑表达式为

$$Y = A \oplus B = \overline{A} \cdot B + A \cdot \overline{B}$$

图 3-11　异或门符号

异或门的逻辑关系为 A 和 B 相同则 Y 为 0，A 和 B 相异则 Y 为 1。

异或非门也由相应的与门、或门及非门电路组成，其符号如图 3-12 所示，逻辑表达式为

$$Y = \overline{A \oplus B} = A \cdot B + \overline{A} \cdot \overline{B}$$

图 3-12　异或非门符号

异或非门是在异或门的基础上求反，其逻辑关系为 A 和 B 相同则 Y 为 1，A 和 B 相异则 Y 为 0。

二、触发器

触发器由逻辑门电路构成，是构成计算机记忆装置的基本单元。RS 触发器是最基本的触发器，在 RS 触发器的基础上，增设相应的逻辑电路，又构成了 D 触发器和 JK 触发器。

📖 阅读提示

触发器是计算机记忆装置的基本单元（记忆细胞），触发器可组成寄存器和计数器，寄存器又可组成存储器（RAM），而寄存器、计数器、存储器均是计算机内不可缺少的部件。

1. RS 触发器

RS 触发器由两个与非门的输入与输出交叉连接构成，如图 3-13 所示。RS 触发器的符号如图 3-14 所示。

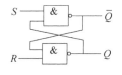

图 3-13　RS 触发器

图 3-14　RS 触发器符号

（1）RS 触发器的作用　根据与非门的特性，可知在 R、S、Q_n 为 1 或 0 时 Q_{n+1} 的状态（0 或 1），RS 触发器的工作状态（特性）见表 3-5。

表 3-5　RS 触发器特性表

S	R	Q_n	Q_{n+1}
0	0	0	0
0	1	0	0
1	0	0	1
1	1	0	不定
0	0	1	1
0	1	1	0
1	0	1	1
1	1	1	不定

说明：Q_n 表示 RS 触发器当前的状态，Q_{n+1} 表示 RS 触发器当输入端 S 和 R 有 1 或 0 输入后的状态。

从 RS 触发器的特性表可知，当 S 和 R 同时为 1 时，无论 Q_n 是 0 还是 1，Q_{n+1} 状态不定，S 和 R 同时为 0 时，Q_{n+1} 状态不变。因此，RS 触发器不用这两种输入状态（也就是说，RS 触发器不会用到 R 和 S 同时为 1 或同时为 0 这两种状态）。当 $R=0$、$S=1$ 时，无论 Q_n 是 1 或 0，都有 $Q_{n+1}=1$；当 $R=1$、$S=0$ 时，无论 Q_n 是 1 或 0，都有 $Q_{n+1}=0$。

阅读提示

RS 触发器可用来置位（$S=1$、$R=0 \rightarrow Q=1$），也可用于复位（$R=1$、$S=0 \rightarrow Q=0$）。

（2）时标 RS 触发器　在 RS 触发器的两输入端各串联一个与门，两与门输入端均接入时钟脉冲 CLK，这就构成了时标 RS 触发器，如图 3-15 所示。

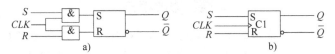

图 3-15　时标 RS 触发器

a）电路　b）符号

S 端和 R 端各串联了与门，且均与时钟脉冲相与后，只有当 $CLK=1$ 时，S 或 R 为 1 才能通过与门，这样就可使触发器只有在 CLK 脉冲到来（$CLK=1$）时才能置位（$S=1$、$R=0 \rightarrow Q=1$）或复位（$R=1$、$S=0 \rightarrow Q=0$）。这样，就可使触发器能按 CLK 脉冲的节拍工作了。

要点提示

时标 RS 触发器可使触发器的置位（$Q=1$）或复位（$Q=0$）按机器（时钟脉冲）的节拍进行。

2. D 触发器

（1）D 触发器的构成与特性　在 RS 触发器的 S 端和 R 输入端之间连接一个非门，就构成了 D 触发器，其电路及符号如图 3-16 所示。

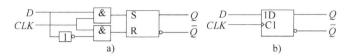

图 3-16　D 触发器

a）电路　b）符号

将 R 端串联非门，就相当于将 RS 触发器的两输入端合二为一（S 端和 R 端合为 D 端），当时钟脉冲 CLK 到来时，触发器的输出只取决于 D 的状态：$D=1 \rightarrow Q=1$；$D=0 \rightarrow Q=0$。

> **D 触发器的特性**：D 触发器的输出端 Q 只取决于 D 的状态：$D=1 \rightarrow Q=1$；$D=0 \rightarrow Q=0$。D 触发器是构成寄存器和环行计数器的重要记忆单元。

（2）边缘触发及具有预置和清零作用的 D 触发器　边缘触发且具有预置和清零作用的 D 触发器电路如图 3-17 所示。

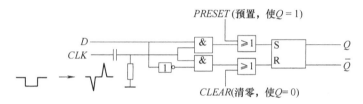

图 3-17　边缘触发且具有预置和清零作用的 D 触发器电路

方波触发变为边缘触发：在 CLK 输联端串联微分电路，就使 D 触发器从方波触发变成边缘触发，这就避免了 CLK 信号方波正半周（$CLK=1$）内 D 触发器均有翻转的可能，这可使计算机的动作整齐划一。

设置预置值（$Q=1$）端：在与门和 RS 触发器的 S 输入端之间串联一个或门，并设 $PRESET$ 置位端，$PRESET=1$ 时置位（$Q=1$）。

设置复位（$Q=0$）端：在与门和 RS 触发器的 R 输入端之间串联一个或门，并设 $CLEAR$ 复位端，$CLEAR=1$ 时复位（$Q=0$）。

不同触发、置位和复位方式的 D 触发器符号如图 3-18 所示。

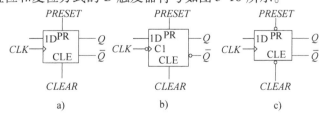

图 3-18　各种 D 触发器符号

汽车电路与电子技术基础

图 3-18a 所示为正边缘脉冲触发，高电平置位和复位的 D 触发器；图 3-18b 所示为负边缘脉冲触发，高电平置位和复位的 D 触发器；图 3-18c 所示为正边缘脉冲触发，低电平置位和复位的 D 触发器。

要点提示

在 CLK 输入端串联一个非门，就可以改为负边缘脉冲触发的 D 触发器；在置位和复位端串联一个非门，就可改为低电平置位和复位的 D 触发器。

3. JK 触发器

（1）JK 触发器的组成　JK 触发器是在 RS 触发器的输入端增设了两个与门而成的，这与时标 RS 触发器一样，但 JK 触发器又加了输出端的交叉反馈，其电路及符号如图 3-19 所示。

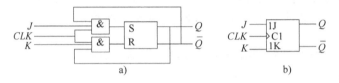

图 3-19　JK 触发器

a）电路　b）符号

（2）JK 触发器的特性　时标 RS 触发器加了输出端的交叉反馈后，就成了 JK 触发器。JK 触发器的特性见表 3-6。

从 JK 触发器的特性表可看出，当 $J=1$、$K=1$ 时，$Q_{n+1}=\overline{Q_n}$，也就是说，当 $J=1$、$K=1$，钟脉冲到来（$CLK=1$）时，JK 触发器就会翻转（$Q_{n+1}=\overline{Q_n}$）。JK 触发器的这一特性使其成为计数器的理想记忆器件。

表 3-6　JK 触发器的特性表

J	K	Q_n	Q_{n+1}
0	0	0	0
0	1	0	0
1	0	0	1
1	1	0	1
0	0	1	1
0	1	1	0
1	0	1	1
1	1	1	0

JK 触发器的特性：在 $J=1$、$K=1$，CLK 脉冲到来时就会翻转（$Q_{n+1}=Q_n$），使 J 和 K 保持 1，每来一个 CLK 脉冲就翻转。可见，JK 触发器是构成各种计数器的理想记忆器件。

88

三、寄存器

阅读提示

寄存器用于暂存数据，是计算机中的重要部件。各种寄存器均由多个触发器组成，一个触发器就相当于是一位寄存器。

寄存器根据其暂存数据方式的不同，分为缓冲寄存器和移位寄存器。

1. 缓冲寄存器

缓冲寄存器由若干个 D 触发器构成，用于暂存某一数据，以便在需要时再将数据送到其他记忆器件中去。图 3-20 所示的是由 4 个 D 触发器组成的 4 位缓冲寄存器，CLR 用于四位缓冲寄存器的复位（清零）。

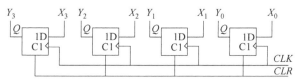

图 3-20　4 位缓冲寄存器

在时钟脉冲 CLK 到来之前，从总线送至各 D 触发器 D 端的 $X_3 X_2 X_1 X_0$ 暂存于缓冲寄存器。设

$$X_3 X_2 X_1 X_0 = 1011$$

即相当于缓冲寄存器暂存了 1011 这个数据。当 CLK 脉冲到来时，就有

$$Y_3 Y_2 Y_1 Y_0 = X_3 X_2 X_1 X_0 = 1011$$

即缓冲寄存器送出了暂存的数据 1011。

缓冲寄存器的符号如图 3-21 所示。在计算机中，缓冲寄存器应用较广，除了暂存运算过程中的数据外，还被用于暂存指令（指令寄存器）和程序地址（程序地址寄存器）。

图 3-21　缓冲寄存器的符号

2. 移位寄存器

移位寄存器也是由多个 D 触发器构成，除了同样具有储存数据的功能外，还能使所存储的数据逐位左移或右移。

（1）逐位左移寄存器　逐位左移寄存器的电路原理如图 3-22 所示。

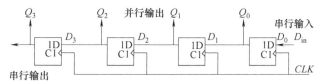

图 3-22　逐位左移寄存器的电路原理

CLK 脉冲到来前，$D_3 = Q_2$、$D_2 = Q_1$、$D_1 = Q_0$、$D_0 = D_{in}$，当 CLK 脉冲到来时，就有 $Q_3 = Q_2$、$Q_2 = Q_1$、$Q_1 = Q_0$、$Q_0 = D_{in}$，使数左移了一位。按 CLK 的脉冲，可实现逐位左移。

从右端第一个 D 触发器的输入端可逐位串行输入数据；从左端最后一个 D 触发器输出端可逐位串行输出数据；也可以从各 D 触发器的 Q 端（$Q_3Q_2Q_1Q_0$）并行输出数据。

（2）逐位右移寄存器　逐位右移寄存器的电路原理如图 3-23 所示。

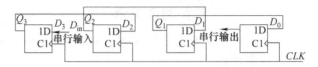

图 3-23　逐位右移寄存器的电路原理

逐位右移寄存器的组成与逐位左移寄存器一样，只是将串行输入、串行输出及各 D 触发器的输入与输出端的连接关系作了改变，工作原理与逐位左移寄存器一样。

CLK 脉冲到来前，$D_3 = D_{in}$、$D_2 = Q_3$、$D_1 = Q_2$、$D_0 = Q_1$，当 CLK 脉冲到来时，就有 $Q_3 = D_{in}$、$Q_2 = Q_3$、$Q_1 = Q_2$、$Q_0 = Q_1$，使数左移了一位。按 CLK 的脉冲，实现了逐位右移。

移位寄存器再加适当的门电路，可实现左移和右移控制，图 3-24 是可控左移和右移的移位寄存器符号。

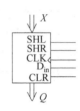

图 3-24　移位寄存器的符号

四、计数器

阅读提示

计数器也是由若干个触发器组成，与寄存器不同的是，计数器能够将储存在其中的数字加1，因而被用来计数。

计数器是计算机必不可少的器件，有多种类型，如行波计数器、环行计数器、程序计数器及累加器等。

1. 行波计数器

（1）行波计数器组成与工作原理　行波计数器是一种异步二进制计数器，每来一个 CLK 脉冲，计数器的数据就加1。4 位行波计数器由 4 个 JK 触发器构成，如图 3-25 所示。

图 3-25　4 位行波计数器

JK 触发器的 J、K 端均悬空，就相当于 $J = K = 1$，4 个 JK 触发器均是由脉冲的下降沿触发。通过 CLR 将计数器各位清零后，计数器的初值为 0000。

第一个记数脉冲 CLK 到来时，最右（最低位）的 JK 触发器在 CLK 脉冲下降沿时触发翻转，Q_0 由 0 变为 1，4 位计数器变为 0001。

第二个 CLK 脉冲下降沿使最右的 JK 触发器触发翻转，Q_0 由 1 变为 0 时，就触发左侧的 JK 触发器翻转，使 Q_1 由 0 变为 1，使计数器变为 0010。

第三个 CLK 脉冲下降沿使最右的 JK 触发器触发翻转，Q_0 由 0 变为 1 时，使计数器变为 0011。

第四个 CLK 脉冲下降沿使最右的 JK 触发器触发翻转，Q_0 由 1 变为 0 时，就触发左侧的 JK 触发器翻转，使 Q_1 由 1 变为 0；这又触发其左侧的 JK 触发器翻转，使 Q_2 由 0 变为 1，使计数器变为 0100。

如此，每来一个计数脉冲 CLK，计数器加 1。行波计数器的工作过程见表 3-7。

表 3-7 行波计数器的工作过程

CLK 脉冲	计数	$Q_3Q_2Q_1Q_0$	CLK 脉冲	计数	$Q_3Q_2Q_1Q_0$
第一个	1	0 0 0 1	第七个	7	0 1 1 1
第二个	2	0 0 1 0	第八个	8	1 0 0 0
第三个	3	0 0 1 1	第九个	9	1 0 0 1
第四个	4	0 1 0 0	⋮	⋮	⋮
第五个	5	0 1 0 1	第十五个	15	1 1 1 1
第六个	6	0 1 1 0	第十六个	16	0 0 0 0

行波计数器的特点：当每一个 CLK 到来时，行波计数器内的数加 1。时钟脉冲 CLK 就相当于计数脉冲，行波计数器相当于一个累加器。

（2）可控行波计数器 在 JK 触发器的 J、K 两端连接控制端 $COUNT$，就可对计数器进行控制：$COUNT = 0$ 时，J、K 两端均为 0，计数器不计数；$COUNT = 1$ 时，J、K 两端均为 1，行波计数器计数。可控行波计数器的电路原理及符号分别如图 3-26、图 3-27 所示。

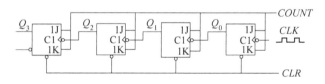

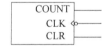

图 3-26 可控行波计数器的电路原理　　图 3-27 可控行波计数器的符号

2. 环行计数器

环行计数器由 D 触发器组成，每个 D 触发器均设复位端 CLR，最右端 D 触发器还设有置位端 PR，且均为高电平有效。由 4 个 D 触发器组成的 4 位环行计数器电路原理如图 3-28 所示。

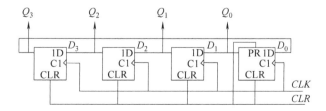

图 3-28 4 位环行计数器电路原理

当 CLR 端输入复位脉冲后，Q_0 通过置位端 PR 置1，Q_1、Q_2、Q_3 均为0。当 CLK 脉冲到来时，环行计数器的计数过程如下：

CLK 第一个脉冲　　$D_1 = Q_0 = 1$，$D_2 = D_3 = D_0 = 0$　$\rightarrow Q_1 = 1$，$Q_2 = Q_3 = Q_0 = 0$

CLK 第二个脉冲　　$D_2 = Q_1 = 1$，$D_3 = D_0 = D_1 = 0$　$\rightarrow Q_2 = 1$，$Q_3 = Q_0 = Q_1 = 0$

CLK 第三个脉冲　　$D_3 = Q_2 = 1$，$D_0 = D_1 = D_2 = 0$　$\rightarrow Q_3 = 1$，$Q_0 = Q_1 = Q_2 = 0$

CLK 第四个脉冲　　$D_0 = Q_3 = 1$，$D_1 = D_2 = D_3 = 0$　$\rightarrow Q_0 = 1$，$Q_1 = Q_2 = Q_3 = 0$

环行计数器在 Q_0 置1后，每一个 CLK 到来时，1逐位左移，各位的波形图如图3-29所示。环行计数器的符号如图3-30所示。

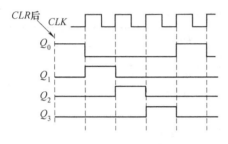

图3-29　环行计数器波形图

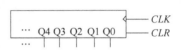

图3-30　环行计数器的符号

> **环行计数器的特点**：环行计数器在每一个 CLK 到来时，计数器内的1逐位左移。
> 注意：环行计数器不是数的累加，而是数的移位。

3. 程序计数器

程序计数器也是一个二进制计数器，每来一个 CLK 脉冲，计数器的数据就加1，但计数起始值可以不是0，由输入的数据确定。

程序计数器的符号如图3-31所示。程序计数器与行波计数器不同的是，可以通过 $LOAD$ 端输入一个数，作为计数器的起始数据。

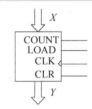

图3-31　程序计数器的符号

> **程序计数器的特点**：程序计数器可以通过 $LOAD$ 输入数据，作为程序起始指令的地址码，并在 CLK 脉冲到来时自动加1，用于产生下一条指令的地址码。程序计数器用于提供当前执行程序的指令地址码。

4. 累加器

累加器也是一个移位寄存器，用于临时存储算术运算的中间结果，可对其存储的数据左移和右移。累加器是计算机在工作过程中频繁使用的寄存器，其符号如图3-32所示。

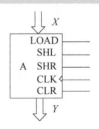

图3-32　累加器的符号

要点提示

寄存器和计数器的基础元件是 D 触发器和 JK 触发器，通过不同的电路连接、设置相应的控制端子，就构成各种用途的寄存器和计数器。

五、运算电路

计算机中的运算电路承担二进制数的算术运算和逻辑运算，运算电路的基础器件是由各种门电路构成的半加器和全加器。

1. 半加器

半加器用于 1 位二进制数的加法运算，其真值表见表 3-8。

表 3-8 半加器的真值表

A	B	S	C
0	0	0	0
0	1	1	0
1	0	1	0
1	1	0	1

半加器的和 S 可由异或门（$S = \overline{A} \cdot B + A \cdot \overline{B}$）实现，进位 C 用与门（$C = A \cdot B$）实现。其电路原理及符号如图 3-33 所示。

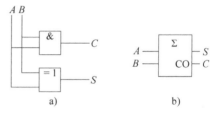

图 3-33 半加器

a）电路原理 b）符号

2. 全加器

全加器是考虑低位进位 C_i 的 1 位二进制数加法器，其真值表见表 3-9。

表 3-9 全加器真值表

A_i	B_i	C_i	S_i	C_{i+1}
0	0	0	0	0
0	1	0	1	0
1	0	0	1	0
1	1	0	0	1
0	0	1	1	0
0	1	1	0	1
1	0	1	0	1
1	1	1	1	1

补码解读： 一个数加上另一个数正好得到一个进位，若把这个数作为原码，则另一个数就是这个数的补码。也就是说，原码+补码得到一个进位。

根据全加器的真值表可求得其和 S_i 和进位 C_{i+1} 的逻辑表达式分别为

$$S_i = (\overline{A_i} B_i + A_i \overline{B_i}) \overline{C_i} + (\overline{\overline{A_i} B_i + A_i \overline{B_i}}) C_i = A_i \oplus B_i \oplus C_i$$

$$C_{i+1} = A_i B_i + B_i C_i + A_i C_i$$

从逻辑表达式可知，全加器的和 S_i 为 A_i、B_i、C_i 异或，全加器的进位 C_{i+1} 为 A_i、B_i、C_i 两两相与。全加器的电路原理及符号如图 3-34 所示。

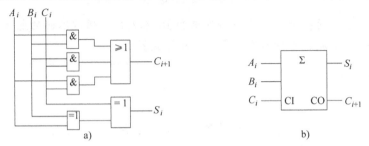

图 3-34 全加器

a）电路原理 b）符号

阅读提示

半加器和全加器都是 1 位二进制数加法器，全加器与半加器的区别就是全加器考虑了低位进位。

3. 二进制加法电路

4 位二进制数的加法电路由 3 个全加器和 1 个半加器组成，如图 3-35 所示。

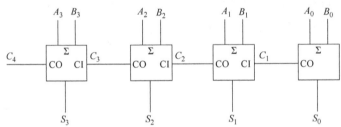

图 3-35 4 位二进制数的加法电路原理

4 位二进制加数为 $A = A_3A_2A_1A_0$，另一个加数为 $B = B_3B_2B_1B_0$，和为 $S = C_4S_3S_2S_1S_0$。读者通过随意设置两个 4 位二进制数，利用 4 位加法电路中的各全加器和半加器进行两数相加，可检验加法电路的功能，并熟悉加法电路的工作原理。

4. 可控二进制加法电路

计算机没有专门的减法电路，而是通过加法电路来完成减法运算。将减法运算转换为加法运算的方法是：把减数 B 转换为其补码，然后与被减数相加，舍去进位（如果有进位的话）后，其和就是两数相减的差值。

下面用十进制数来解释什么是补码。如果十进制数的原码为 6，则这个数的补码为 4；如果原码为 64，则补码为 36；如果原码为 364，则其补码为 636。这是因为

$6 + 4 = 10$ （进位 10）

$64 + 36 = 100$ （进位 100）

$364 + 636 = 1000$ （进位 1000）

而利用补码将减法运算变成加法运算的原理为

$$73 - 15 = 73 - (100 - 85) = 73 + 85 - 100 = 158 - 100 = 58$$

85 是 15 的补码，与被减数相加后得 158，减去进位 100 后得 58，这就是 73 – 15 的差值。

要点提示

利用补码将减法变为加法的方法是：先求减数的补码，再将补码与被减数相加，去掉进位后，即得到了两数的差值。

二进制数求原码的补码十分简便，只需将原码求反后再加 1 即可，例如原码为 10100，其反码为各位求反，即 01011，加 1 后，即可得到补码 01100，而

10100（原码）+ 01100（补码）= 100000（得到一个进位）

在二进制加法电路的基础上加可控非门，就构成了可控（控制加法运算和减法运算）二进制加法电路，如图 3-36 所示。

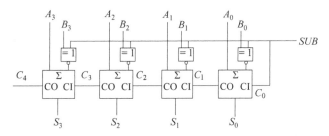

图 3-36　可控二进制加法电路

在加数各位串联一个异或门，再加一个控制端 SUB，就构成了可控非门。这样，加法电路就可根据需要进行加法或减法运算，由控制信号 SUB 来控制是加法运算，或是减法运算。

控制信号 $SUB = 0$ 时，B 各位不反相，加法电路进行加法运算；控制信号 $SUB = 1$ 时，B 各位反相，并通过 C_0 加 1 后，得到减数的补码，即可通过加法器实现减法运算。减法运算时，$C_4 = 1$ 应舍去，运算结果为

$$S = S_3 S_2 S_1 S_0。$$

第四节　计算机的基本部件

计算机的基本组成部件有中央处理器（包括运算器和控制器）和存储器（包括 ROM和 RAM），各部件通过总线连接，如图 3-37 所示。

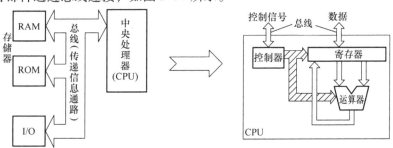

图 3-37　计算机的基本组成部件

一、运算器

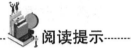阅读提示

运算器是计算机进行算术运算和逻辑运算的执行部件，主要由算术逻辑单元（ALU）、通用寄存器、阵列乘除器、特殊寄存器多路开关、三态缓冲器、数据总线等逻辑部件组等组成。

计算机的运算器大体上有单总线、双总线和三总线这三种结构形式。

1. 单总线结构的运算器

单总线结构的运算器如图 3-38 所示。由于所有部件都接到同一总线上，所以数据可以在任何两个寄存器之间，或者在任一个寄存器和 ALU 之间传送。如果具有阵列乘法器或除法器，那么它们所处的位置应与 ALU 相当。对这种结构的运算器来说，在同一时间内，只能有一个操作数放在单总线上。为了把两

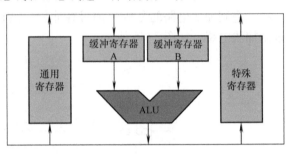

图 3-38　单总线结构的运算器

个操作数输入到 ALU，需要分两次来做，而且还需要 A，B 两个缓冲寄存器。这种结构的主要缺点是操作速度较慢。虽然在这种结构中输入数据和操作结果需要三次串行的选通操作，但它并不会对每种指令都增加很多执行时间。只有在对全都是在 CPU 寄存器中的两个操作数进行操作时，单总线结构的运算器才会造成一定的时间损失。但是由于它只控制一条总线，故控制电路比较简单。

2. 双总线结构的运算器

双总线结构的运算器如图 3-39 所示。在双总线结构中，两个操作数同时加到 ALU 进行运算，只需一次操作控制，而且马上就可以得到运算结果。双总线结构中的两条总线各自把其数据送至 ALU 的输入端。特殊寄存器分为两组，它们分别与一条总线交换数据。这样，通用寄存器中的数就可进入到任意一组特殊寄存器中

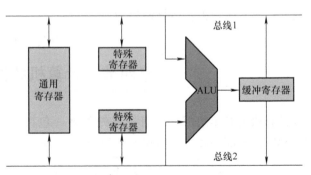

图 3-39　双总线结构的运算器

去，从而使数据传送更为灵活。ALU 的输出不能直接加到总线上去。这是因为当形成操作结果的输出时，两条总线都被输入数占据，因而必须在 ALU 输出端设置缓冲寄存器。为此，操作的控制要分两步完成：

第一步，在 ALU 的两个输入端输入操作数，形成结果并送入缓冲寄存器。

第二步，把结果送入目的寄存器。假如在总线 1、2 和 ALU 输入端之间再各加一个输入

缓冲寄存器，并把两个输入数先放至这两个缓冲寄存器，那么，ALU 输出端就可以直接把操作结果送至总线 1 或总线 2 上去。

3. 三总线结构的运算器

三总线结构的运算器如图 3-40 所示。在三总线结构中，ALU 的两个输入端分别由两条总线供给，而 ALU 的输出则与第三条总线相连。这样，算术逻辑操作就可以在一步的控制之内完成。由于 ALU 本身有时间延迟，所以打入输出结果的选通脉冲必须考虑到包括这个延迟。另外还有一个总线旁路器，如果一个操作数不需要修改，

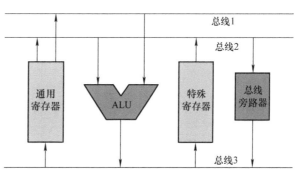

图 3-40　三总线结构的运算器

而是直接从总线 2 传送到总线 3，那么可以通过控制总线旁路器把数据传出；如果一个操作数传送时需要修改，那么就借助于 ALU。相比于单总线结构和双总线结构的运算器，三总线结构的运算器的特点是操作时间短。

运算器中的核心部件是算术逻辑单元 ALU，加上可控加法电路和一些逻辑电路后，就可进行二进制数的四则运算，也可以进行逻辑运算。

运算器中有一个累加器，是运算器中使用最频繁的寄存器，用于暂存运算的中间结果，并可移位控制实现相应的运算。状态寄存器的各位用于记录程序运行的结果与状态，比如运算是否有溢出、是否有进位、符号为何、奇偶数情况等。通用寄存器则主要用于临时保存参加运算的数据和运算的中间结果。

二、控制器

控制器的主要作用是产生控制脉冲（控制字），使计算机按设定的程序自动工作。控制器主要由指令译码器和控制矩阵等部件组成。

1. 指令译码器

阅读提示

> 指令译码器就是将二进制的指令代码译成对应的指令动作，指令动作是用该指令线的高电平实现的。

图 3-41 所示为能译出 5 条指令的指令译码器电路原理，借此说明指令译码器的构成与工作原理。

这 5 条指令是：存入/LDA（0000）、加/ADD（0001）、减/SUB（0010）、输出/OUT（1110）、停机/HLT（1111），小括号中的 4 位二进制数是二进制指令代码。

能译出五条指令的指令译码器有 4 条指令地址线，采用了 4 个非门和 5 个与门，5 个与门的输出端即为指令线。看清楚 5 个与门输入端的连接之后，就不难了解指令译码器的工作原理了。

例如，LDA 指令与门的输入端分别连接了 $\overline{Y}_3$、$\overline{Y}_2$、$\overline{Y}_1$、$\overline{Y}_0$，当存入指令代码 0000（$Y_3 Y_2 Y_1 Y_0 = 0000$）输入时，$\overline{Y}_3 \overline{Y}_2 \overline{Y}_1 \overline{Y}_0 = 1111$，因而 $LDA = 1$。

再如 ADD 指令与门的输入端分别连接了 $\overline{Y}_3$、$\overline{Y}_2$、$\overline{Y}_1$、$\overline{Y}_0$，当相加指令代码 0001（$Y_3 Y_2 Y_1 Y_0 = 0001$）输入时，$\overline{Y}_3 \overline{Y}_2 \overline{Y}_1 \overline{Y}_0 = 1111$，因而 $ADD = 1$。

实际的计算机的指令远不止 5 条，因而其指令译码器中的指令线也不止 4 条，需要更多的非门和与门。但是，译码器的电路基本结构和工作原理则是一样的。

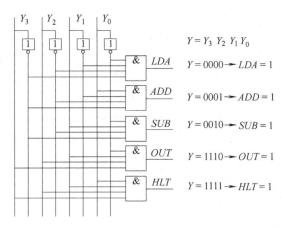

图 3-41 能译出 5 条指令的指令译码器电路原理

2. 控制矩阵

阅读提示

控制矩阵的作用是根据输入的指令信号，产生执行该条指令过程中完成每一节拍所需的控制字。控制字用来打开指定部件的接收门或发送门、控制程序计数器或加法器等。

现以能产生 4 条指令控制脉冲的控制矩阵为例（见图 3-42），说明控制矩阵的构成与工作原理。

这里提到了计算机各功能部件的接收门 L 和发送门 E，要了解其意义和作用，请参阅总线结构相关内容。

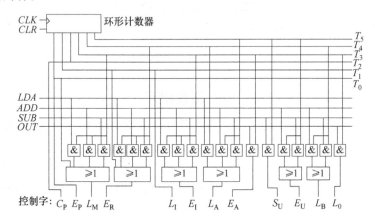

图 3-42 能产生 4 条指令控制脉冲的控制矩阵

本例执行一条指令（一个机器周期）采用 6 个节拍，由环形计数器在时钟脉冲 CLK 的作用下产生 $T_0 \sim T_5$ 个脉冲。控制矩阵由若干个与门和或门按设定的逻辑关系连接，使得其输出（控制字）与需要执行的指令相一致。以执行 "LDA 9H" 指令过程为例，说明控制矩阵产生控制脉冲的原理。

在环形计数器 $T_0 \sim T_5$ 脉冲到来时，控制矩阵产生的控制字如下：

第一节拍，$T_0 = 1$。

控制字 $C_P E_P L_M E_R L_I E_I L_A E_A S_U E_U L_B L_O = 011000000000$。

即 $E_P = 1$，程序计数器 PC 发送门打开；$L_M = 1$，程序地址寄存器 MAR 接收门打开，于是，PC 中的第一条指令地址码 0000 送入 MAR。

第二节拍，$T_1 = 1$。

控制字 $C_P E_P L_M E_R L_I E_I L_A E_A S_U E_U L_B L_O = 000110000000$。

即 $E_R = 1$，程序存储器 PROM 发送门打开；$L_I = 1$，指令寄存器 IR 的接收门打开，PROM 中地址码为 0000 的存储单元中的 "LDA 9H"（0000 1001）送入 IR。

第三节拍，$T_2 = 1$。

控制字 $C_P E_P L_M E_R L_I E_I L_A E_A S_U E_U L_B L_O = 100000000000$。

即 $C_P = 1$，PC 中存有的数 + 1，PC 此时存数为 0001，产生下一条指令地址码，为执行下一条指令准备。

> **说明**：前三节拍也称取指周期，就是用 PC 所提供的地址码，从 PROM 中取出第一条指令，并准备好下一条指令地址码。对于任何指令，取指周期均相同。

第四节拍，$T_3 = 1$。

控制字 $C_P E_P L_M E_R L_I E_I L_A E_A S_U E_U L_B L_O = 001001000000$。

即 $E_I = 1$，将 IR 中的高四位（指令 LDA 的代码）0000 送入控制矩阵；$L_M = 1$，IR 中的低四位（数据）1001 送入数据总线 W。

第五节拍，$T_4 = 1$。

控制字 $C_P E_P L_M E_R L_I E_I L_A E_A S_U E_U L_B L_O = 000100100000$。

即 $E_R = 1$，$L_A = 1$，将 PROM 中的 1001 送入累加器 A。

第六节拍，$T_5 = 1$。

控制字 $C_P E_P L_M E_R L_I E_I L_A E_A S_U E_U L_B L_O = 000000000000$。

对于 LDA 指令，其例行程序已经完成，因而该节拍为空拍。

三、存储器

存储器用于存放计算机程序和数据，是计算机的重要部件之一。计算机所用的存储器有只读存储器（ROM）和随机存储器（RAM）两类。

1. 存储器概述

（1）存储单元与字节　存储器由许多个存储单元组成，RAM 每个存储单元的作用类似于缓冲寄存器，因此，RAM 可看成是由无数个寄存器堆积而成。

一个存储单元由若干个记忆器件组成，每一个记忆器件可存放一个二进制数码。一个存储单元存储的内容称为一个字，如果存储单元有 8 个记忆器件（8 位），则为一个字节；如果存储单元为 16 位，则为 2 个字节的存储单元。

（2）存储单元地址与地址译码器　存储器有许多个存储单元，要能存取存储单元中的二进制数码，每个存储单元都必须有一个固定的地址。在计算机中，存储单元的地址用地址码表示，要找到具体的存储单元，需要用地址译码器将地址码译成对应的地址。

地址码就是某个存储单元的地址编码（名称），地址译码器的作用是根据地址码找到相对应的存储单元的地址。

地址译码器译码的方法是，将地址总线的地址码转换为该存储单元地址线的高电平"1"。存储单元与地址译码器的作用如图 3-43 所示。

（3）地址总线位数与存储容量　地址译码器的电路结构与指令译码器相似，每条地址线表示一位地址码，地址总线的位数（条数）多，所能表示的储存单元地址也多。因此，地址总线的位数应与存储器的存储容量相匹配。

10 位地址总线所能表示的存储单元地址数为 $2^{10} = 1024$，如果存储单元为 8 位（1 字节，即 1B），则称存储器的容量为 1KB。16 位地址总线所能表示的存储单元地址数则有 $10^{16} = 65536$ 个地址，如果也是单字节存储单元，存储器的容量就是 64KB。

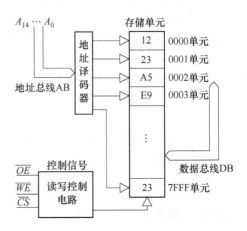

图 3-43　存储单元与地址译码器的作用

2. 只读存储器（ROM）

只读存储器（ROM）用于储存计算机程序（系统指令、控制程序和数据），因此，在单片机中通常称其为程序存储器。

ROM 内部的"数据"是被固化了的，只供读取，电源消失后，ROM 存储单元中的信息不会消失。

（1）ROM 的结构　现以具有 4 个存储单元，每个存储单元为 4 位的二极管式 ROM（见图 3-44）为例，说明 ROM 的结构与储存原理。

由于该 ROM 只有 4 个存储单元，用两根地址线即可。这 4 个存储单元的地址码为 00、01、10、11，储存的内容为 1001、0111、1110、0101。输出控制（E 门）为高电平时，就可通过输出缓冲寄存器输出 ROM 某存储单元的信息。

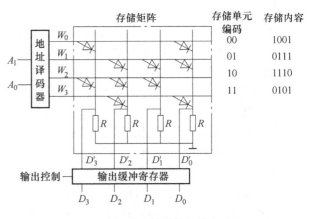

图 3-44　ROM 的结构与储存原理

（2）ROM 的工作原理　从 ROM 中取出地址码为 00 存储单元信息的过程如下：

地址总线输入地址码（$A_1A_0 = 00$），地址译码器将地址码 00 转换为该存储单元的字线高电平（$W_0 = 1$），使得 $D'_3D'_2D'_1D'_0 = 1001$；当 ROM 的 E 门为 1 时，1001 就输入数据总线（$D_3D_2D_1D_0 = 1001$），即数据 1001 已从 ROM 的 00 存储单元中取出。

（3）ROM 存储器的结构类型　ROM 除了用二极管作为存储器件外，也有采用 MOS 管的。ROM 所储存的内容是由芯片厂商制好了的，用户不能对其修改。现在，ROM 存储器有 PROM、EPROM、EEPROM 等多种类型。

PROM：制造商提供的是"空白"的存储器，用户可根据需要对 PROM 中的内容进行修改（编程）。

EPROM：可多次编程（修改）的 ROM，能通过紫外线照射的方式整片擦除存储器内各存储单元的内容，再重新写入新的内容。

EEPROM：擦除只需电信号（高压编程电压和高压脉冲）的 ROM，且擦除速度快，可以单字节擦除或改写。EEPROM 既具有 ROM 的非易失性优点，又具备类似随机存储器（RAM）的可读写功能，只是其写入速度比 RAM 要慢。在汽车电子控制器中，EEPROM 已有较多的应用。

3. 随机存储器（RAM）

随机存储器（RAM）也称读/写存储器，不但能读取已存的信息，还可随时写入新的信息，或改写原来的数据。

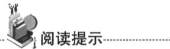

阅读提示

RAM 中的每个存储单元相当于一个可控缓冲器，可随时读入或取出信息（读/写），断电后，存储单元的信息随即消失。

（1）RAM 的结构　RAM 主要由存储矩阵、地址译码器和读写控制电路（I/O 电路）等组成，RAM 的结构如图 3-45 所示。

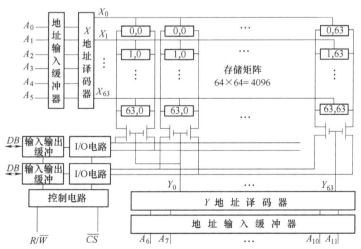

图 3-45　随机存储器 RAM 的结构

（2）RAM 的类型　RAM 根据所采用的存储器单元工作原理的不同，分静态随机存储器（SRAM）和动态随机存储器（DRAM）两种。

SRAM 通常采用双极型晶体管或 MOS 场效应晶体管构成的触发器作为记忆单元，其特点是只要电源处于接通状态，数据就可长期保存。

DRAM 采用电容 C 和 CMOS 组成记忆单元。由于电容会漏电，因而需要经常刷新，通常需要 2ms 充电一次，故 CMOS 需具备刷新电源。

四、总线结构

总线就是计算机内部各功能部件的公共信号线。系统总线按其传送的信息不同分，有数据总线（DB）、地址总线（AB）和控制总线（CB）。各总线在计算机总线的布置如图 3-46 所示。

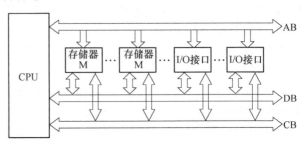

图 3-46　计算机总线的布置

阅读提示

计算机系统的各功能部件均通过总线相互联系，这大大减少了信息传送线，使机器的可靠性提高了。此外，只要部件满足总线的标准，就可连接到采用这种总线标准的系统中去，这使计算机扩充内存容量和外设十分灵活方便。

1. 地址总线（AB）

AB 用于传送地址信号，由 CPU 传向存储器或 I/O 接口，以寻址存储单元和外设 I/O 接口。AB 的位数决定了 CPU 可直接寻址的内存空间大小，8 位计算机的 AB 为 16 位，其最大可寻址空间为 $2^{16}=64KB$，16 位计算机的 AB 为 20 位，其可寻址空间为 $2^{20}=1MB$。一般来说，DB 的宽度是 8 位的计算机，若 AB 为 n 位，则可寻址空间为 2^n 个地址空间（存储单元）。

2. 数据总线（DB）

DB 用于传送数据信号，DB 传输的数据信号是双向的，既可以把 CPU 的数据传送到存储器或 I/O 接口等其他部件，也可以将其他部件的数据传送到 CPU。DB 的位数是计算机的一个重要指标，通常与 CPU 的字长一致。

3. 控制总线（CB）

CB 用来传送控制信号和时序信号，CB 将 CPU 的控制信号送往存储器和 I/O 接口电路（如读/写信号、片选信号、中断响应信号等）；CB 也传送其他部件反馈给 CPU 的信号，例如中断申请信号、复位信号、总线请求信号、限备就绪信号等。因此，CB 的传送方向由具体控制信号而定，一般是双向的，CB 的位数主要取决于 CPU。

4. 总线的结构

总线将各部件连接，通过接收门 LOAD 和发送门 E 实现指定部件之间的信息传送。连接 4 个功能部件的 4 位总线（$W_1 W_2 W_3 W_4$）的结构如图 3-47 所示。

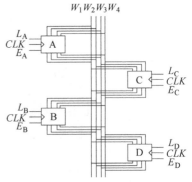

图 3-47　连接 4 个功能部件的 4 位总线的结构

5. 接收门 LOAD 和发送门 E

从总线的结构可知，计算机各部件均通过总线连接，为避免信息在公共的总线中乱窜，实现指定的信息传送，就需要用接收门 LOAD 和发送门 E 来控制每个时钟脉冲（节拍）只能有两个部件进行信息交流。

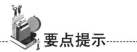 **要点提示**

连接在总线上的计算机各功能部件均设有发送门和接收门，每个时钟脉冲（节拍）通过控制字使某个功能部件的发送门打开，另一个功能部件的接收门打开，实现两个部件的信息交流，使计算机能按控制脉冲有序地工作。

（1）接收门 LOAD LOAD 门的作用是在 CLK 脉冲到来时，使总线上的数据传入功能部件。LOAD 门的电路原理如图 3-48 所示。

X_0 是总线上的数据，当 $LOAD = 0$ 时，右与门阻断（其输出为 0）。这时接收门的状态如下：

1）若 $Q_n = 0$，左与门也被阻断（其输出为 0），于是或门两输入端也为 0，使 $D = 0$，当 CLK 脉冲到来时，$Q_{n+1} = D = Q_n = 0$。

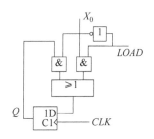

图 3-48 LOAD 门的电路原理

2）若 $Q_n = 1$，左与门两输入端均为 1，其输出为 1，于是或门输出端为 1，使 $D = 1$，当 CLK 脉冲到来时，$Q_{n+1} = D = Q_n = 1$

也就是说，$LOAD = 0$ 时，Q 保持不变，即 X_0 不能装入。

当 $LOAD = 1$ 时，左与门阻断（其输出为 0），这时 LOAD 门的状态如下：

$D = X_0$，当 CLK 脉冲到来时，$Q = D = X_0$，即总线的数据装入了记忆器件。

LOAD 门功能：LOAD 门是数据输入的控制门，其控制功能为：$LOAD = 0$ 时，LOAD 门阻断，数据总线的数据 X_0 被阻断；$LOAD = 1$ 时，LOAD 门打开，数据总线的数据 X_0 可输入。

（2）发送门 E E 门电路中用到了三态电路，如图 3-49 所示。三态电路具有三种工作状态：

1）$A = 0$，$B = 0$ 时，VT_1 和 VT_2 均截止，处于高阻状态。

2）$A = 0$，$B = 1$ 时，VT_1 截止，VT_2 导通，$C = 0$。

3）$A = 1$，$B = 0$ 时，VT_1 导通，VT_2 截止，$C = 1$。

三态电路加上非门和或门组成的单向 E 门电路原理及符号如图 3-50所示。

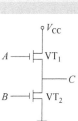

图 3-49 三态电路

E 门电路原理如下：

1）$E = 0$ 时，$\overline{E} = 1$，使得两个或非门输出 $G_1 = G_2 = 0$，因而 VT_1、VT_2 截止，B 端呈高阻态。

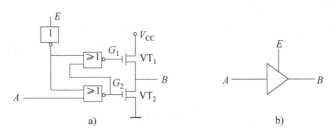

图 3-50 单向 E 门

a) 电路原理 b) 符号

2）$E=1$ 时，$\overline{E}=0$，当 $A=0$ 时，$G_2=1$、$G_1=0$，因而 VT_2 导通、VT_1 截止，$B=0$；当 $A=1$ 时，$G_2=0$、$G_1=1$，因而 $B=1$，即 $A=B$。

E 门功能：E 门是数据输出的控制门，其控制功能为：$E=0$ 时，A 与 B 隔断，即 E 门处于关闭状态；$E=1$ 时，$A=B$，即 E 门打开，数据从 A 传送到 B。

（3）双向 E 门 去掉单向 E 门的非门，增加一个与门，就构成了双向 E 门，其电路原理与符号如图 3-51 所示。

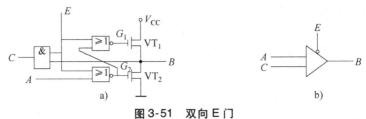

图 3-51 双向 E 门

a) 电路原理 b) 符号

双向 E 门电路原理如下：

1）$E=0$ 时，两个与非门和三态电路组成的 E 门（$A{\to}B$）打开，$A=B$。

2）$E=1$ 时，两个与非门和三态电路组成的 E 门呈高阻态，此时，由于与门连接控制端 E 的输入端为高电平，就有 $B=0$ 时 $C=0$，$B=1$ 时 $C=1$，即 $B=C$。

可见，双向 E 门的特性是：

1）$E=0$ 时，数据从 A 发送到 B。

2）$E=1$ 时，数据从 B 发送到 C。

双向 E 门也可以由两个单向 E 门组成，这种形式的双向 E 门如图 3-52 所示。

图 3-52 两个单向 E 门组成的双向 E 门

第四章
单片机的构成与工作原理

在各种类型的计算机中，微型计算机是应用最广泛的，而微型计算机除使用广泛的 PC 外，更多的则是以单片机的形式应用于各行各业及人们的生活中。本章简要地介绍单片机的硬件构成和软件基础，目的不是要读者深入地理解单片机的结构与工作原理，以便能进行基于单片机应用的软硬件开发，而是为学习汽车电子控制技术打好基础。汽车电子控制系统的控制核心就是单片机，了解单片机的组成与工作方式，对深入地理解汽车电子控制技术，提高汽车电子控制系统的使用与故障检修水平是极为重要的。

名词解释

单片机即单片微型计算机（Single Chip Microcomputer, SCM），是一块集成电路芯片。SCM 将中央微处理器（CPU）、随机存储器（RAM）、只读存储器（ROM）、输入与输出接口（I/O）、中断系统、定时器/计时器等功能模块集成到一块硅片上，构成了一个小而完善的微型计算机系统。

第一节　单片机概述

一、单片机的基本概念及特点

1. 单片机的基本概念

单片机采用了超大规模的集成电路技术，单片机外形如图 4-1 所示。

图 4-1　单片机外形

在单片机诞生之初，其组成与原理都是基于计算机的计算功能的，因而单片机（SCM）是一个准确而又流行的称谓。随着单片机在技术与体系结构上的不断进步，其控制功能不断扩展，单片机的主要功能也从计算转向了控制。因此，国际上逐渐将这种具有控制功能的计算机芯片改称为微控制器（Micro Controller Unit，MCU）。MCU已经是国际上公认的名词，其中文翻译应为"微控制器"，但中文习惯上还是常常使用"单片机"这个称谓。也就是说，将中文"单片机"的英文缩写写成"MCU"，或是将MCU翻译为"单片机"而不是"微控制器"，这些都是因为人们已经习惯了"单片机"这个称谓。

阅读提示

今后从资料中如果看到MCU或"微控制器"，都可以把它理解为是指单片机，即"集成在一片芯片上的微型计算机"。

2. 单片机的特点

单片机与通用的微型计算机相比，其结构、指令设置及性能等特点如下。

1）单片机中ROM和RAM的功能严格区分。ROM为程序存储器，只存放程序、固定常数及数据表格。RAM则为数据存储器，用于工作区及存放用户数据。这种存储结构使得用于控制的单片机具有较大的程序存储空间，以便将开发成功的程序固化在ROM中，而将工作中少量的随机数据存放于RAM中。

2）采用面向控制的指令系统。单片机的指令系统中有极丰富的转移指令、I/O接口的逻辑操作以及位处理等功能，用以满足控制的要求。

3）具有很高的集成度。单片机把各功能部件集成在一块芯片上，内部采用总线结构，减少了总线内部之间的连线，大大提高了单片机的可靠性和抗干扰能力。另外，其体积小，对于强磁场环境易采取屏蔽措施，能适应恶劣的环境。同时随着集成度越来越高，生产规格越来越大，其性价比也越来越高。

4）低功耗、低电压。单片机的功耗低，电源电压也低，有利于开发便携式产品。

5）增设I^2C串行总线方式。单片机所增设的I^2C（Inter – Integrated Circuit）串行总线方式、SPI（Serial Peripheral Interface）串行接口等进一步缩小了单片机体积，简化了结构。

6）适用性强、开发方便。单片机的系统扩展、系统配置较典型、规范，只需极少的外部电路与程序软件相结合，就可构成不同用途、各种规模的应用系统。

3. 单片机的应用

单片机是汽车电子控制系统的核心部件，除此之外，在日常生活、工业测控、国防军事等各个领域均有着广泛的应用，对人们的生活、社会的进步产生了极其重要的作用。

1）日常生活中的应用。在人们日常生活中，单片机的应用比比皆是，例如商店的电子秤、医院的心电图仪、出租车上的计价器、公交车上的话音报站器、路边的电子显示屏、学习用的学习机、家用的电冰箱、电视机、洗衣机、照相机、录像机等，这些电器的控制核心均为单片机。

2）工业测控领域的应用。在各类测控仪器仪表中，采用单片机可使仪器仪表实现数字化、智能化和微型化，且测控的功能可大大增多。

3）计算机外部设备与智能接口中的应用。在计算机外部设备与智能接口中，也有单片机的应用，例如图形终端机、传真机、复印机、打印机、绘图仪、磁带机、智能终端机等。

4）网络与通信设备中的应用。在网络与通信设备中，可采用高性能的单片机以达到应有的信号处理与通信能力。典型的应用实例有手机、交换机等。

5）军事、航空、航天领域中的应用。军事、航空、航天领域中，单片机同样有着广泛的应用。高性能的单片机可用于具备各种控制功能且工作可靠的测控装置，以满足军事及航空、航天的需要。

6）在汽车上的应用。1976 年美国通用汽车公司首次采用微机控制点火以后，这种以单片机为控制核心的汽车电子控制系统得到了迅速的发展，而单片机的成熟与发展，使得单片机技术在汽车上的应用更加普遍。如今，汽车上由单片机组成的汽车电子控制器少则两三个，多的达数十个。单片机在汽车电子控制技术领域发挥着无可替代的作用。

二、单片机的发展概况

自从 1946 年 2 月第一台计算机问世以来，计算机技术有了翻天覆地的发展。目前计算机硬件技术向巨型化、微型化和单片化三个方向发展，而单片机已经发展成为计算机技术中最具活力的分支。自 1975 年美国 TEXAS 仪器公司的 TMS1000 系列 4 位单片机开始到现在 40 多年的时间，单片机已从 4 位、8 位机发展到 16 位、32 位机，功能上则是从主要用作计算的 SCM，到主要用于控制的 MCU，再到被称之为片上系统的 SOC。单片机的集成度也越来越高，其功能则越来越强大，而其应用也越来越广。如今，单片机的种类已经达到了数百种。单片机从出现到如今的发展过程可大致分为如下 4 个阶段。

1. 探索阶段

单片机发展的最初阶段主要是探索如何把计算机的主要部件集成在一块芯片上。1975年 TMS1000 系列 4 位单片机问世以后，与计算机相关的制造公司纷纷投入到单片机的研究与开发之中。1976 年，Intel 公司推出了 MCS－48 系列 8 位单片机，自此，单片机发展进入了一个新的阶段，8 位单片机纷纷应运而生。

1978 年以前，各厂家生产的 8 位单片机由于受集成度的限制，一般没有串行接口，并且寻址的范围小（<8KB），从性能上看属于低档 8 位单片机。

2. 完善阶段

在 1978 到 1983 年间，随着集成电路工艺水平的提高（集成度提高到几万支晶体管/片），一些高性能的 8 位单片机相继问世。在品种繁多的单片机中，最典型的当属 Intel 公司 1980 年推出的 MCS－51 系列单片机。MCS－51 是在 MCS－48 的基础上发展起来的，其功能较 MCS－48 有很大的增强，属高档 8 位单片机。MCS－51 单片机主要在如下几个方面奠定了其典型的通用总线型单片机体系结构的基础。

1）设置了经典、完善的 8 位单片机并行总线结构。

2）外围功能单元由 CPU 集中管理。

3）体现控制特性的位地址空间、位操作方式。

4）指令系统趋于丰富和完善，并且增加了许多突出控制功能的指令。

由于 MCS－51 系列单片机在结构上的逐渐完善，奠定了它在这一阶段的领先地位。它的产品曾经在世界单片机市场占有 50% 以上的份额。此外，它还具有品种全、兼容性强、软硬件资料丰富等待点，直到现在，MCS-51 仍不失为单片机中的主流机型。因此，国内通常以 MCS-51 系列单片机作为教学机型。

3. 微控制器发展阶段

为满足测控系统要求的各种外围电路与接口电路，突出其智能化控制功能，Philips 等一些著名半导体厂商在 8051 单片机基本结构的基础上，增加了外围电路功能，以突出单片机的控制功能。在单片机芯片中纳入了用于测控的模/数转换器、数/模转换器、程序运行监视器、脉宽调制器等功能电路后，就突出了单片机的微控制器特征。

为了进一步缩小单片机的体积，出现了为满足串行外围扩展要求的串行总线及接口，例如：I^2C、SPI、MICROWIRE 等串行总线及接口。同时，带有这些接口的各种外围芯片也应运而生，如存储器、模/数转换器、时钟等，出现了有较高性能的 16 位单片机。

4. 全面发展阶段

随着单片机应用的日益广泛，单片机的研究与开发也进入了新的高潮。许多大型的半导体和电气厂商也都开始加入单片机的研制和生产的行列，单片机世界出现了百花齐放、欣欣向荣的景象。如今，高速、大寻址范围、强运算能力的 8 位、16 位、32 位通用型单片机，以及小型廉价的专用型单片机层出不穷，这些高性能的单片机满足了更广的应用领域、更高的性能要求。

三、单片机的发展趋势

为在单片机的市场中占有更多的份额，世界各大芯片制造公司都在尽力推出自己的单片机，从 8 位、16 位到 32 位，各种类型的单片机数不胜数，而通用型的，或具有某特定功能的单片机也应有尽有。今后单片机的发展趋势将是进一步向着 CMOS 化、低功率、微型化、大容量、低价格和外围电路内装化等几个方向发展。

1. CMOS 化及低功率化

MCS-51 系列的 8031 型单片机推出时，其功率达到了 630 mW，而现在的单片机的功率通常在 100mW 左右。为使单片机的功率更低，单片机制造商们基本上都是采用 CMOS（互补金属氧化物半导体工艺）工艺。CMOS 工艺虽然功率低，但其物理特征决定了工作速度不够高，而 CHMOS（互补高密度金属氧化物半导体）工艺则具备了高速和低功率的特点，更适合由电池供电而要求功耗更低的应用场合。随着超大规模集成电路技术由 $3\mu m$ 工艺发展到 $1.5\mu m$、$1.2\mu m$、$0.8\mu m$、$0.5\mu m$、$0.35\mu m$ 工艺，进而实现 $0.2\mu m$ 工艺，全静态设计使时钟频率从直流到数十兆任选，均使单片机的功率更低。

几乎所有的单片机都有 Wait、Stop 等省电运行方式，允许使用的电源电压范围也越来越宽。一般单片机都能在 3~6V 的电压范围内工作，对由电池供电的单片机已不再需要采取电源稳压措施。低电压供电的单片机电源电压的下限已由 2.7V 降至 2.2V、1.8V 和 0.9V。

2. 微型化及外围电路内装化

现在的单片机普遍要求体积小、质量小，这就要求单片机除了功能强和功率低外，还要求其体积要小。新型单片机具有多种封装形式，其中 SMD（表面封装）越来越受欢迎，使得由单片机构成的系统向着微型化方向发展。

随着单片机集成度的不断提高，有可能将各种外围功能器件集成在片内。例如单片机中除了常规的 CPU、RAM、ROM、I/O、中断/定时器及时钟电路以外，还可将模/数与数/

模转换器、脉宽调制器（PWM），监视定时器（WDT）、液晶显示驱动电路外围电路集成在片内。单片机包含的功能电路越多，其功能就越强大。现在，一些单片机厂商还可以根据用户的要求量身定做，制造出具有特定功能的单片机芯片，几款专用于汽车电子控制系统的单片机如图 4-2 所示。

图 4-2　专用于汽车电子控制系统的单片机

3. 大容量化及低价格化

普通单片机片内的 ROM 和 RAM 容量有限，通常需要外接扩充来达到系统的容量需求。如果能加大片内存储器容量，就可简化系统的结构。目前，单片机片内 ROM 的容量已达 64KB，RAM 可达到 2KB，而专用的存储器芯片容量已达 4GB。

随着超大规模集成电路技术水平的提高，单片机的体积也越来越小，而价格则更便宜，CPU 的性能可进一步改善。一些单片机为提高 CPU 的性能，采用了精简指令集（RISC）结构和流水线技术，并加强了位处理功能、中断和定时控制功能。

4. ISP 及基于 ISP 的开发环境

单片机快闪存储器（FLASH）的使用，推动了在线编程（In System Programmable，ISP）技术的发展。可以用 PC 将编制好的程序通过 3 根 SPI 接口线直接传输并且烧录到单片机的 FLASH 中。

5. 8 位、16 位、32 位单片机共同发展

到目前为止，8 位单片机仍然是应用最多的机型。随着移动通信、网络技术、多媒体技术等高科技产品进入家庭应用与汽车领域，32 位单片机，特别是 32 位的嵌入式结构RISC － DSP 双核单片机得到了迅速的发展。过去认为由于 8 位单片机功能越来越强，32 位机越来越便宜，使 16 位单片机生存空间有限，但现在 16 位单片机的发展无论从品种和产量方面，都有较大幅度的增长。

第二节　单片机的硬件构成

 阅读提示

无论是 8 位、16 位或 32 位单片机，其基本组成与工作原理都相似。这里以使用最广泛、与之兼容最多的 MCS－51 系列单片机为例，介绍单片机的硬件构成，以使读者对单片机有较为系统全面的了解。

一、单片机的组成部件

某单片机外形及端子排列如图 4-3 所示。

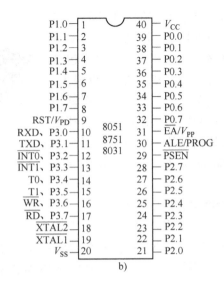

图 4-3 单片机外形及端子排列

a）外形 b）端子排列

1. 单片机端子功能

从单片机端子功能入手，可大致了解单片机的结构组成。不同系列各品种的单片机其封装形式和端子（引脚）的排列会有所不同，本例使用的单片机有 40 个端子，各端子功能说明如下：

（1）电源端子 V_{CC}（引脚 40）、GND（引脚 20）为单片机芯片的电源端子，其中 V_{CC} 连接 5V，GND（有时标 V_{SS}）为接地端。

（2）时钟信号端子 XTAL1（引脚 19）、XTAL2（引脚 18）为单片机芯片的时钟信号（时钟脉冲 CLK）端子，分别连接外部晶体振荡器和微调电容的两端。采用外部时钟源时，XTAL2 端子悬空。

（3）控制信号端子 RST/V_{PD}（引脚 9）、ALE/PROG（引脚 30）、$\overline{EA}$/V_{PP}（引脚 31）和 $\overline{PSEN}$（引脚 29）为单片机芯片的控制信号端子。

RST/V_{PD}：该端子具有双功能，正常工作时 RST 端为复位信号输入端，使该端子保持两个机器周期以上的高电平，机器即完成复位操作；在 V_{CC} 掉电时，V_{PD} 端可接上备用电源，由 V_{PD} 端子向片内 RAM 供电，以避免 RAM 中的数据丢失。

ALE/PROG：这也是双功能端子，当 CPU 访问片外存储器（ROM 或 RAM）时，ALE 输出地址锁存允许信号，用于锁存地址的低 8 位；单片机正常工作时，ALE 端子输出脉冲信号，频率为晶体振荡器的 1/6；在烧写 EPROM 时，PROG 则作为烧写的时钟输入端。

$\overline{EA}$/V_{PP}：$\overline{EA}$ 端子用作访问 ROM 控制信号，$\overline{EA}$ 为低电平时，CPU 访问片内 ROM，$\overline{EA}$ 为高电平时，CPU 访问片外 ROM。V_{PP} 为片内 Flash 程序存储器并行编程时的编程电压，一般用 DC 12V 加入该端子。

$\overline{PSEN}$：片外 ROM 地址允许输入信号，低电平有效。

（4）输入/输出端口 P0（引脚 32～39）、P1（引脚 1～8）、P2（引脚 21～28）、P3（引脚 10～17）为单片机的并行端口，用于数据的并行输入与输出，P3 端口各端子还具有某些特殊功能。

2. 单片机的功能部件

8051 单片机的组成框图如图 4-4 所示。

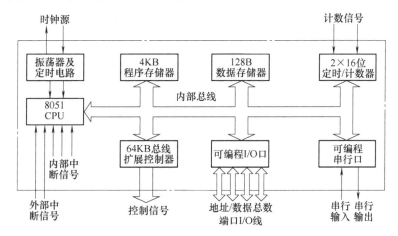

图 4-4　8051 单片机的组成框图

1）CPU。8051 单片机用的是 8 位 CPU，CPU 是单片机的核心部件。

2）时钟电路。片内时钟电路包括一个片内振荡器及定时电路，其作用是产生单片机时钟脉冲 *CLK*。

3）程序存储器（ROM）。8051 单片机片内有 4KB 的程序存储器，用于存放程序和原始数据。

4）数据存储器（RAM）。8051 单片机片内有 128B 的数据存储器，用于存放运算结果、暂存数据和数据缓存。

5）定时/计数器。8051 单片机有两个 16 位定时/计数器，可用于片内定时和片外计数，并以定时或计数的结果（查询或中断）来实现相关的控制。

6）可编程 I/O 口。8051 单片机具有 4 个 8 位 I/O 口（P0、P1、P2、P3），用以实现片内与片外的数据并行输入与输出。

7）中断控制系统。8051 单片机具有 5 个中断源，包括两个外部中断、2 个定时/计数器中断、1 个串行中断，有高级和低级 2 个中断优先级。

8）64KB 总线扩展控制器。8051 片内存储器存储容量有限，总线扩展控制器可寻址 64KB 的片外 ROM 和片外 RAM。

9）内部总线。单片机各功能部件由内部总线联结，内部总线有地址总线（AB）、数据总线（DB）和控制总线（CB），地址总线是单向的，而数据总线是双向的。

10）可编程串行口：8051 单片机有 1 个可编程全双工串行口，利用 P3.0（RXD）和 P3.1（TXD）实现片内与片外的数据串行传送。

二、单片机的内部结构与工作原理

1. 单片机的内部结构

8051 单片机的内部总体结构框图如图 4-5 所示。按其功能分，主要有运算器、控制器、存储器、专用寄存器、中断系统、I/O 接口等几部分。

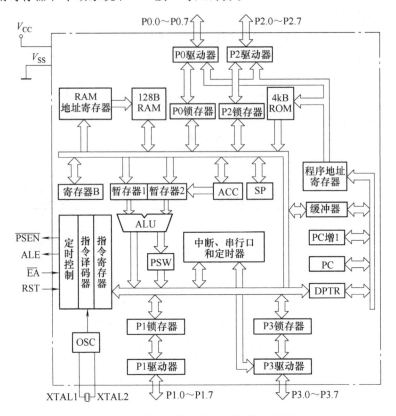

图 4-5　8051 单片机的内部总体结构框图

（1）运算器　运算器由算术逻辑运算部件（ALU）、累加器（ACC）、暂存器 1 和 2、程序状态字寄存器（PSW）等组成。为了提高数据处理和位操作功能，片内增加了一个寄存器 B 和一些专用寄存器，还增加了位处理逻辑电路的功能。

ALU 由加法器和其他逻辑电路组成，用于对数据进行算术四则运算、逻辑运算、移位操作、位操作等。两个操作数由 ACC 通过暂存器 2 输入，另一个由暂存器 1 输入，运算结果的状态送 PSW。

ACC 是 8 位寄存器，简称为 A，它通过暂存器与 ALU 相连，用来存一个操作数或中间结果。它是 CPU 工作中使用最频繁的寄存器。

PSW 是 8 位专用寄存器，用于存程序运行中的各种状态信息，如溢出、进位、奇偶等。它可以按字节操作，也可进行位寻址。

寄存器 B 是 8 位的通用寄存器，主要用于乘除运算。

阅读提示

> 按字节操作是指对 8 位寄存器的 8 位二进制数同时进行算术或逻辑运算，位操作则是只对 8 位寄存器的某一位进行操作；位操作相对应的寻址就是位寻址。

（2）控制器　控制器主要由指令寄存器（IP）、指令译码器（ID）及定时控制电路等组成。

IP 是 8 位寄存器，用于暂存待执行指令，等待译码。

ID 对指令寄存器中的操作码部分进行译码，并输出相应的操作信号。

定时控制电路也称为控制矩阵，其作用是在时钟电路（OSC）的配合下产生指令相对应的控制字（控制脉冲），控制相应的部件工作。

（3）专用寄存器　8051 单片机中，还设有一些专用寄存器，如程序计数器（PC）、地址指针寄存器（DPTR）、缓冲器、程序地址寄存器等。

PC 是 16 位专用寄存器，用于提供指令存储单元的地址，在 *CLK* 脉冲作用下，具有自动加 1 功能，产生并存放下一条指令地址。

阅读提示

在 CPU 取指时，PC 的内容（指令的存储单元地址）送入地址总线，从 ROM 中取出指令后，PC 的内容自动加 1，产生下一条指令地址，使程序按顺序执行。通过向 PC 置入相应地址码的方式，可使程序跳转执行。

DPTR 也是一个 16 位专用寄存器，用来存放片外（单片机外部）RAM 的 16 位地址码。

缓冲器（缓冲寄存器）用于暂存指令或数据。

程序地址寄存器用于暂存待访问的程序存储器中程序存储单元的地址。

8051 单片机内部还包括两个 16 位定时/计数器、中断系统、串行口和 4 个并行口等。

2. 单片机的工作过程

开机后，单片机时钟电路就产生时序信号脉冲 *CLK*，使机器按 *CLK* 脉冲的节拍有序地工作。单片机的工作过程大致如下：

1）取指过程。首先，PC 将首条指令存储单元的地址码传送给程序地址寄存器，然后从 ROM 中取出首条指令代码，并将其送入 IP。此后，PC 在 *CLK* 作用下加 1，产生下一条指令的地址。

2）产生控制字过程。送入 IP 中的指令代码由 ID 译成相应的指令动作（指令线高电平），并通过定时控制电路（控制矩阵）产生相应的控制字（控制脉冲），以控制机器进行相应的操作。

3）运算与存取数据过程。运算器在控制脉冲的作用下进行相应的运算与存取操作。

4）数据的输入/输出过程。如果数据需要输出或输入，控制器则会根据控制指令产生相应的控制字，控制相关的端口工作，将数据输出片外，或将片外的数据传入片内总线。

三、单片机的存储结构

1. 8051 单片机的存储空间配置

8051 单片机存储器分为 4 个存储空间，分别为片内 ROM（4KB）、片外 ROM（64KB）、片内 RAM（256B）、片外 RAM（64KB），其存储空间配置如图 4-6 所示。

由于片内与片外 ROM 统一编址，因此，从用户使用的角度看，8051 单片机的存储器地址空间有三个：片内外统一编址的 64KB 程序存储器地址空间、片内 256B 的数据存储器地址空间和片外 64KB 的数据存储器地址空间。

图 4-6 中的 $\overline{EA}$ 是单片机的控制端子，数字（存储器地址码）末尾的"H"表示是十六进制数。

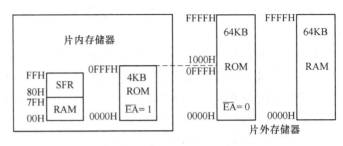

图 4-6　8051 单片机存储空间的配置

💥 **请注意**：由于各逻辑空间统一编址，因而访问不同逻辑空间需要使用不同类形的指令。片内 RAM 使用 MOV 指令访问，片外 RAM 使用 MOVX 指令访问，而片内、外 ROM 使用 MOVC 指令访问。

2. ROM

（1）ROM 的访问方式　片内、片外 ROM 均使用 MOVC 指令访问，PC 产生访问 ROM 的地址码。如果 $\overline{EA}=1$，访问从片内 ROM 开始，即程序从片内 ROM 开始执行；当 PC 的地址码超出片内 ROM 的容量（>0FFF）时，则自动转向访问片外 ROM。如果 $\overline{EA}=0$，则只能访问片外 ROM。

（2）ROM 的访问地址　PC 为 16 位，因此，可访问 64KB 的地址空间。当访问了 ROM 的一个存储单元（执行了一条指令）后，CPU 使 PC+1，因此，读取 ROM 中的程序是按各存储单元的地址从低到高的顺序进行的。当需要跳转到其他的存储单元读取相应的程序或数据时，通过相应的指令修改 PC 即可。

（3）ROM 的空间结构　容量为 64KB 的 ROM 中，设有特殊存储区，这些存储单元用户不能安排其他内容。单片机在复位后 PC 的值为 0000H，这是第一条指令的地址码，所以 0000H 是系统的启动地址。用户在设计程序时一般会在该存储单元存放一条绝对跳转指令，跳转到存放主程序的存储区入口地址。其他 5 个用于存放中断指令的地址区为：

0003H~000AH：外部中断 0。

000BH~0012H：定时器/计数器 0 中断。

0013H~001AH：外部中断 1。

001BH~0022H：定时器/计数器 1 中断。

0023H~002AH：串行中断。

阅读提示

ROM 中的这些存储空间专门用于存放中断指令，用户在编程时，中断指令以外的内容不能占用这些存储单元。

3. RAM

RAM 分为内部数据存储和外部数据存储，访问片内 RAM 用"MOV"指令，访问片外 RAM 用"MOVX"指令。RAM 用于存放运算的中间结果、过程数据和数据缓冲，RAM 均可读写，部分单元还可以位寻址。

阅读提示

按字节寻址就是按地址码找到该存储单元，位寻址则是按位地址码找到存储单元中指定的位。

（1）片内 RAM 单片机的片内 RAM 各存储单元都按地址范围划定了区域，这些划定区域都指定了用途或赋予了特殊的功能。熟悉这些区域的功用和地址范围，对学习单片机及开发程序是很有必要的。

8051 单片机的内部 RAM 在物理上和逻辑上都分为两个地址空间，即数据存储器空间（低 128 单元）和特殊功能寄存器空间（高 128 单元）。这两个空间是相连的，对用户而言，低 128 单元才是真正的 RAM。

1）低 128 单元 RAM（00H ~ 7FH）。该存储区由工作寄存器区、位寻址区和堆栈区或数据缓冲区组成，如图 4-7 所示。

工作寄存器区（00H ~ 1FH）占 32 字节，有 4 组，每组有 8 个工作寄存器（R0 ~ R7），共占 32 个存储单元。R0 ~ R7 用来储存数据或中间结果，使用灵活。任一时刻 CPU 只能使用其中的一组寄存器区，由 PSW 中 RS1、RS0 的状态决定当前工作寄存器组。

30H ~ 7FH	堆栈区或数据缓冲区
20H ~ 2FH	位寻址区
18H ~ 1FH	工作寄存器区3
10H ~ 17H	工作寄存器区2
08H ~ 0FH	工作寄存器区1
00H ~ 07H	工作寄存器区0

图 4-7 低 128 单元 RAM 分区

位寻址区（20H ~ 2FH）占 16 字节，既可以按字节寻址，作为一般的 RAM 单元使用，又可以按位寻址。即该区各单元既有字节地址，且字节中每位还有位地址。位寻址位操作是指按位地址对该位进行置 1、清零、求反或翻转等操作。

堆栈区或数据缓冲区（30H ~ 7FH）占 80 字节，是供用户使用的数据区，用户的大量数据存放在此区域，在实际使用时，常把堆栈开辟在此。

2）高 128 单元 RAM（80H ~ FFH）。该存储区为具有特殊功能的专用寄存器（SFR）区，8051 单片机将 CPU 中的专用寄存器、并行口锁存器、串行口与定时器/计数器内的控制寄存器集中安排到一个区域，离散地分布在 80H ~ FFH 的范围内。

阅读提示

这些 SFR 均安排在 RAM 中指定的区域，需要通过直接寻址的方式进行访问。

SFR 的字节地址分配情况见表 4-1。

表 4-1　SFR 字节地址分配情况

SFR 名称	符号	地址	SFR 名称	符号	地址
P0 口锁存器	P0	80H	串行口锁存器	SBUF	99H
堆栈指针	SP	81H	P2 口锁存器	P2	(A0H)
数据地址指针（低 8 位）	DPL	82H	中断允许控制寄存器	IE	(A8H)
数据地址指针（高 8 位）	DPH	83H	P3 口锁存器	P3	(B0H)
电源控制寄存器	PCON	87H	中断优先级控制寄存器	IP	(B8H)
定时器/计数器控制寄存器	TCON	(88H)	定时器 2 状态控制寄存器	T2CON	C8H
定时器/计数器方式控制寄存器	TMOD	(89H)	定时器/计数器 2 低 8 位缓冲器	RCAP2L	CAH
定时器/计数器 0（低 8 位）	TL0	8AH	定时器/计数器 2 高 8 位缓冲器	RCAP2H *	CBH
定时器/计数器 0（高 8 位）	TL1	8BH	定时器/计数器 2（低 8 位）	TL2 *	CCH
定时器/计数器 1（低 8 位）	TH0	8CH	定时器/计数器 2（高 8 位）	TH2 *	CDH
定时器/计数器 1（高 8 位）	TH1	8DH	程序状态字	PSW	(D0H)
P1 口锁存器	P1	(90H)	累加器	ACC	(E0H)
串行口控制寄存器	SCON	(98H)	寄存器 B	B	(F0H)

注：表中加"＊"的为 8052 所增加的特殊功能寄存器，带"（）"的字节地址表示有位地址，可进行位操作。

（2）常用 SFR 简介

1）累加器（ACC）：它通常用 A 表示。它是一个实现各种寻址及运算的寄存器，而不是一个仅做加法的寄存器，在 MCS - 51 指令系统中所有算术运算、逻辑运算几乎都要使用它。而对 ROM 和片外 RAM 的访问则只能通过它进行。

2）程序状态字寄存器（PSW）：它用来表示程序运行的状态，如当前 ACC 中数据的奇偶性（P）、做加减法时的进位与借位（CY）、四个工作区的选择（RS1、RS0）以及辅助进位（AC）和溢出标志位（OV）等。它是编程时需要特别关注的一个寄存器。

通用寄存器（B）：在做乘除运算时需要用到该寄存器，它也是一个具有专用功能的寄存器。

数据指针（DPTR，包括 DPL 和 DPH）：DPH 为 DPTR 的高 8 位，DPL 为 DPTR 的低 8 位。访问片外 RAM 和 ROM 时，必须以 DPTR 为数据指针通过 ACC 进行访问。

堆栈指针（SP）：SP 也是特殊寄存器，进栈时 SP 加 1，出栈时 SP 减 1。

端口锁存器（P0、P1、P2、P3）：8051 单片机有四个双向 I/O 口，即 P0、P1、P2、P3，如果需要从指定端口输出一个数据，只需将数据写入指定端口锁存器即可；如果需要从指定端口输入一个数据，只需先将数据 0FFH（全部为 1）写入指定端口锁存器，然后再读指定端口即可。如果不先写入 0FFH（全部为 1），读入的数据有可能不正确。

阅读提示

一些专用寄存器和通用寄存器实际上也是由片内 RAM 中指定的存储单元所构成的，熟悉这些寄存器的作用，对了解单片机的工作原理是很有帮助的。

（3）片外 RAM　片外 RAM 的读与写控制端子是 P3 口中的$\overline{WR}$和$\overline{RD}$，访问外部数据存储器，可以用 DPTR，用 P2 口输出地址高 8 位，用 P0 口输出地址低 8 位，用 ALE（引脚 30）输出地址锁存信号。单片机 CPU 通过产生相应的$\overline{RD}$和$\overline{WR}$端的控制信号来控制读写操作。

片外 RAM 的容量最大可扩展到 64KB。最常采用的片外 RAM 芯片是静态 RAM。

四、单片机的 I/O 接口电路原理

 阅读提示

CPU 与外部电路是通过输入/输出（I/O）接口连接的，8051 单片机有四个 8 位 I/O 口（P0、P1、P2、P3）连接 CPU 和外电路，用于信号的输入与输出、地址/数据总线或第二功能。

8051 单片机的四个 8 位 I/O 口的功能和结构有所不同，但工作原理有相似之处。

1. P0 口的结构与工作原理

P0 口由锁存器、输入缓冲器、多路开关、一个非门、一个与门及场效应晶体管驱动电路构成，P0 的 8 位端口中的一位其电路原理如图 4-8 所示。

（1）组成部件的作用原理　一位

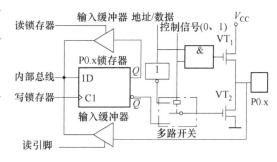

图 4-8　P0 其中一位端口的电路原理

P0. x 锁存器由一个 D 触发器构成，当写锁存器端为低电平（$CLK = 0$）时，Q、$\overline{Q}$端状态不变。

多路开关由控制信号控制，控制信号为 1 时，多路开关与下面接通，P0 口作为普通 I/O 口使用，控制信号为 0 时，多路开关与上面接通，P0 口作为"地址/数据"总线使用。

驱动电路由两个 MOS 管组成推拉式结构，也就是说，这两个 MOS 管一次只能导通一个。当 VT_1 导通时，VT_2 就截止；当 VT_2 导通时，VT_1 就截止。

（2）P0 口用作 I/O 口　P0 口作为 I/O 口使用时，多路开关的控制信号为 0（低电平），多路开关将$\overline{Q}$与 VT_2 的栅极接通。

用作输出口时 $CLK = 1$，Q 连接 VT_2 栅极。内部总线经锁存器的 D、$\overline{Q}$和多路开关、VT_2 与 P0 端口 P0. x 的引线连接，内部总线的 0 或 1 从 P0. x 输出。

用作输入口时先给锁存器写入 1，使$\overline{Q}$为 0，使 VT_2 截止。然后使读的引脚 = 1，P0 口 P0. x 的引线与内部总线连接，外部的 0 或 1 从 P0. x 输入到内部总线。

当需要读取原输出信号时，将读锁存置 1，上输入缓冲器导通，Q 经上输入缓冲器输入内部总线。

（3）P0 口用作地址/数据总线　P0 口作为系统并行口扩展使用时，多路开关的控制信号为 1（高电平），多路开关将非门输出端与 VT_2 的栅极接通。

地址/数据总线输出：控制信号 =1，与门输出取决于地址/数据总线，地址/数据总线信号通过与门、非门控制 VT_1、VT_2 通断，使 P0.x 得到地址/数据总线信号（0 或 1）。

数据总线输入：当需要从片外存储器读取数据时，CPU 使控制信号置 0，并向锁存器置 1（$\bar{Q}$ 置 0），VT_2 截止。读引脚 =1，P0 口 P0.x 的引线与内部总线连接，信号（0 或 1）从外部电路输入内部总线。

2. P1 口的结构与工作原理

P1 口由锁存器、输入缓冲器及场效应晶体管驱动电路构成，P1 其中一位端口的电路原理如图 4-9 所示。

与 P0 相比，P1 少了与门、非门和多路开关，上拉电阻取代了 VT_1，因此，不需要外接上拉电阻。P1 的结构形式使它只能作为普通的 I/O 口。与 P0 口一样，从外读入信号时，需要 VT_2 截止，因此，也要先向端口写入 "1"。

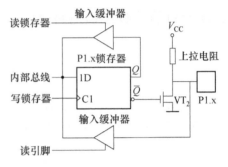

图 4-9　P1 其中一位端口的电路原理

作输出口用时，$CLK=1$，$\bar{Q}$ 连接 VT_2 栅极。内部总线经锁存器的 D、$\bar{Q}$ 和 VT_2 与 P1 口的 P1.x 引线连接，内部总线数据（0 或 1）向外部电路输出。

作输入口用时，先给锁存器写入 1，$\bar{Q}$ 端置零，使 VT_2 截止。然后使读引脚 =1，P1 口 P1.x 的引线与内部总线连接，外部电路数据（0 或 1）输入内部总线。

3. P2 的结构与工作原理

P2 口由锁存器、输入缓冲器、多路切换开关、一个非门及场效应晶体管驱动电路构成，P2 其中一位端口的电路原理如图 4-10 所示。

与 P0 相比，P2 的 VT_1 换成了上拉电阻，无与门。P2 与 P0 相似，可作通用的 I/O 口使用，也可用作访问片外存储器的高 8 位地址总线，与 P0 的低 8 位一起构成 16 位地址总线。

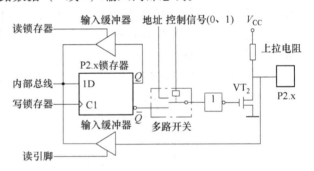

图 4-10　P2 其中一位端口的电路原理

（1）P2 口用作输入/输出口　P1 口作为 I/O 口使用时，多路开关的控制信号为 0（低电平），多路开关将 $\bar{Q}$ 与 VT_2 的栅极接通。而 P2 作为输出口时，$CLK=1$，$\bar{Q}$ 连接 VT_2 输入端。内部总线经锁存器的 D、$\bar{Q}$ 和多路开关、VT_2 与 P2 口 P2.x 的引线连接，内部总线信号（0 或 1）输出到外部电路。

作为输入口时，先给锁存器 Q 置 1，通过非门后使 VT_2 截止。然后将读引脚置 1，P2 口 P2.x 的引线与内部总线连接，外部电路信号（0 或 1）输入到内部总线。

（2）P2 口用作地址总线　P2 口用作高 8 位地址总线时，多路开关的控制信号为 1（高电平），多路开关将地址总线与 VT_2 的栅极接通。

地址总线信号输出：地址总线为 1 时，通过非门反相后使 VT_2 截止，使 P2.x 为 1；地址总线为 0 时，取反后为 1，VT_2 导通，使 P2.x 为 0。

4. P3 的结构与工作原理

P3 口可用作通用的 I/O 口，它还具有第二功能。P3 口由锁存器、输入缓冲器、一个与非门及场效应晶体管驱动电路构成，有第二功能输入、输出端，P3 其中一位端口的电路原理如图 4-11 所示。

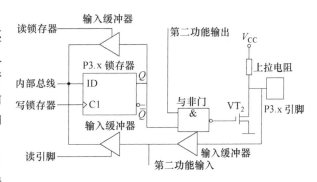

图 4-11　P3 其中一位端口的电路原理

（1）P3 口用作输入/输出　P3 口作为 I/O 口使用时，第二功能输出端置 1。此时，内部总线信号的输入/输出过程与 P1 口相同。

（2）P3 口用作第二功能　P3 口的 8 条口线均具有第二功能，用作第二功能输出时，CPU 将该位的锁存器置 1，使 VT_2 输出状态只受 "第二功能输出端" 控制。信号经与非门、VT_2 两次取反后输出到 P3.x。

用作第二功能输入时，CPU 使锁存器、第二功能输出端置 1，使 VT_2 截止。P3.x 的信号经与非门下方的输入缓冲器送入第二功能输入端。

五、单片机的时钟、时序与工作方式

阅读提示

　　单片机的时序就是 CPU 在执行指令时所需控制信号的时间顺序，为了保证各部件间的同步工作，单片机内部电路需要在时钟脉冲的触发下按时序进行工作。

1. 时钟电路

8051 单片机内部有一个用于构成振荡器的高增益反相放大器，XTAL1 和 XTAL2 分别是此放大器的输入端和输出端。时钟脉冲的产生有内部时钟方式和外部时钟方式两种。

（1）内部时钟方式　内部时钟方式电路如图 4-12a 所示。外接晶体振荡器以及电容 C_1、C_2 构成并联谐振电路，接在放大器的反馈回路中。内部振荡器产生自激振荡，振荡器频率 f_{osc} 在 2 ~ 12MHz 之间任选。如果外接晶体振荡器，电容 C_1 和 C_2 通常选 30pF 左右；如果外接陶瓷振荡器，电容 C_1 和 C_2 的典型值为 47pF。

（2）外部时钟方式　外部时钟的方式电路如图 4-12b 所示。当采用外部方式的时钟电路时，外部信号接至 XTAL2（内部时钟电路输入端），而 XTAL1 接地。由于 XTAL2 的逻辑电平不是 TTL 的，因而通常需要外接一个上拉电阻 R。

2. CPU 的时序

计算机在执行指令时．是将一条指令分解为若干基本的微操作。这些微操作所对应的脉冲信号在时间上的先后次序称为计算机时序。8051 单片机的时序由下面四种周期构成。

（1）振荡周期　振荡脉冲的周期，即节拍，用 P 表示。

（2）时钟周期　两个振荡周期为一个状态周期，也称为时钟周期，用 S 表示，它是单

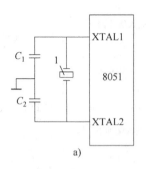

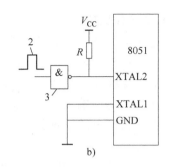

图 4-12　单片机时钟电路

a）内部时钟方式　b）外部时钟方式

1—晶体或陶瓷振荡器　2—外部振荡信号　3—TTL 与非门

片机的基本时间单位。

（3）机器周期　CPU 完成一个基本操作所需要的时间称为机器周期。一个机器周期包含 12 个振荡周期，分为 6 个状态（S1 ~ S6），每个状态又分为两个节拍（P1、P2）。振荡周期、时钟周期和机器周期的关系如图 4-13 所示。

（4）指令周期　执行一条指令所需的时间，它是以机器周期为单位。8051 系列单片机除乘法、除法指令是 4 周期指令外，其余都是单周期指令和双周期指令。若用 12MHz 晶体振荡器，则单周期指令和双周期指令的指令周期分别为 1μs 和 2μs。

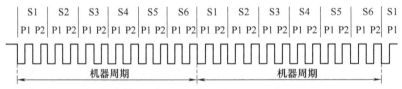

图 4-13　振荡周期、时钟周期和机器周期的关系

3. 单片机的工作方式

8051 单片机的工作方式有程序执行方式、复位方式、待机运行方式、掉电工作方式以及 EPROM 编程和校验方式。

（1）程序执行方式　程序执行方式是单片机的基本工作方式，CPU 按照 PC 所提供的地址从 ROM 中取出指令并执行。每取出一个字节，PC + 1，产生新的地址，使 CPU 按顺序执行程序。当需要调用子程序、中断或执行转移指令时，则通过相关的指令使 PC 产生相应的地址码（储存在 ROM 中要执行指令的地址码），CPU 就会根据 PC 新的地址从 ROM 中取指并执行。

（2）复位方式　复位的条件与复位后的状态如下。

阅读提示

　　复位是单片机的一个重要工作状态，单片机工作过程中，在上电时要复位，断电后要复位，发生故障后要复位。因此，充分了解复位的条件与复位后的状态，对熟悉与理解单片机的工作方式十分必要。

1）复位条件。8051 单片机的复位操作是使 RST（引脚 9）保持高电平在两个机器周期以上。如果时钟频率为 6MHz，机器周期就为 2μs，则需要使 RST 保持 4μs 以上的高电平。

2）复位后的状态。单片机复位操作不会改变片内 RAM 中低 128B 存储单元的内容，但 SFR（高 128B）将被初始化。复位期间单片机的 ALE、$\overline{PSEN}$ 输出高电平，复位后片内各寄存器的状态见表 4-2。

表 4-2　单片机复位后片内各寄存器状态

寄存器	状态	寄存器	状态
PC	0000H	TCON	00H
ACC	00H	TMOD	00H
B	00H	TL0	00H
PSW	00H	TH0	00H
SP	07H	TL1	00H
DPTR	0000H	TH1	00H
IP	× × ×0 0000B	SBUF	不定
IE	0 × ×0 0000B	SCON	00H
P0 ~ P3	FFH	PCON	0 × × × × × × ×B

注："×"表示无关位，是一个随机数值。

单片机复位期间，ALE、$\overline{PSEN}$ 不输出信号，即单片机在复位期间不会有任何取指操作。

根据单片机复位后各寄存器的状态应注意如下情况：

① PC 被清零，程序将从地址为 0000H 的存储单元开始执行指令。

② SP 为 07H，表明初始化的堆栈底为 07H，若在程序中不重新设置 SP 值，堆栈操作时堆栈将占用原属于通用寄存器区的 08H ~ 1FH 存储单元（共 24B），20H 以上为位寻址区，若启动工作寄存器 1 ~ 3 区，或堆栈容量超出 24B，就将出错。因此，系统若要求堆栈深度足够大，或不占用部分工作寄存器区及位寻址区，就需要在程序初始化中重设 SP 值。通常置 SP 值为 50H 或 60H，相应的堆栈深度为 48B 和 32B。

③ P0 ~ P3 口值为 FFH，即复位后已使 P0 ~ P3 口每一端线均为高电平，为这些端线用作输入口做好了准备。

④ 其余各寄存器复位后均为 0，这些寄存器在使用时通常需要先赋值，因而无需记忆这些寄存器复位后的状态。

 名词解释

堆栈是 RAM 中的一个特殊的存储区，主要功能是暂时存放数据和地址，在程序执行中断过程中，堆栈用来保护程序中断执行的断点和现场。堆栈存取按先进后出的原则进行。

3）复位电路。单片机的复位电路通常采用上电自动复位和按钮复位两种方式。最简单的上电自动复位电路和按钮复位电路如图 4-14 所示。

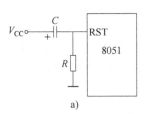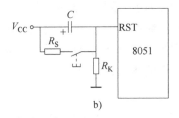

图 4-14 单片机复位电路
a）上电自动复位电路 b）按钮复位电路

上电自动复位是通过外部复位电路的电容充电来实现的。R 和 C 构成微分电路，在接电瞬间产生微分脉冲，其宽度大于两个机器周期，因而单片机实现复位。

按钮复位是通过手动按复位按钮实现单片机的复位。按下按钮，单片机 RST 端就通过 R_S 接通电源 V_{CC}，使 RST 足以保持高电平两个机器周期以上。

按钮复位除了图 4-14b 所示的方式外，还有按钮脉冲方式，按下按钮键后，通过 RC 微分电路产生的正脉冲来实现复位。

（3）待机运行方式 将 PCON 的 IDL 位置"1"，即进入待机运行方式。在程序运行过程中，CPU 没有工作要做（等待定时、中断请求等的到来）时，进入待机运行方式，可降低功耗。在待机运行方式下，时钟电路仍然工作，但不向 CPU 提供时钟脉冲，只是向中断系统、定时/计数器和串行口等提供时钟脉冲。

单片机进入待机方式后，有两种退出方式：一种是中断系统发出了中断请求，响应中断（PCON 的 IDL 位被清零）而中止待机方式；另一种是通过硬件复位。

（4）掉电工作方式 掉电工作方式也是一种低功耗工作方式，将 RCON 的 PD 位置"1"，即进入掉电方式。在掉电工作方式下，片内时钟停止，仅保留 RAM 中的内容。退出掉电工作方式的唯一方法是硬件复位。

第三节 单片机的软件基础

一、单片机指令系统概述

控制计算机硬件有序工作的机器指令是一组二进制数（0 和 1），所有机器指令的集合称之为指令系统，指令系统是计算机软件的基础。

1. 指令的形式

阅读提示

计算机指令有两种形式，一种是二进制代码组成，能被计算机识别的机器语言；另一种是采用助记符号，能被人识别和记忆的汇编语言。汇编语言与机器语言指令有一一对应的关系。

计算机能够识别的指令是二进制代码，用二进制数表示的指令也称其为机器语言。机器语言虽然可直接操纵计算机硬件工作，但在编制与调试程序过程中，人们要识别和记忆这种语言却十分困难，因而人们采用助记符号来表示计算机的各条指令，以便于人们识别和记忆。这种用助记符号来表示的计算机指令，就形成了汇编语言。

在计算机程序设计过程中，人们用汇编语言来编制程序，通过"汇编"将程序翻译成机器语言后，再将其存入程序存储器。

2. 指令的格式

8051 单片机每条指令都对应一个特定的操作功能，其中操作码和操作数是用来表示该指令进行的是何种操作。包含内容最多的指令格式如下：

［标号］ 操作码 ［目的操作数］，［源操作数］；［注释］

指令中有中括号部分是可选项，也就是说，一条指令唯一不可缺少的是操作码。

操作码用于指明机器所要进行的操作，比如加、减、取数、输出等，因此，一条指明要进行何种操作的指令必须有操作码。操作码用助记符表示，例如，用 MOV 表示传送数据，用 ADD 表示数相加，用 CLR 表示清零……

操作数用于指明本条指令所要执行的对象，操作数一般有 0 ~ 3 个，两个操作数之间用"，"分隔。操作数可以是一个数，也可以是一个地址或寄存器的代码。指令中，目的操作数在前，源操作数在后。

标号是指令的地址标志符号，由 1 ~ 8 个字母或数字组成。规定第一个必须是字母，可以用下画线符号"＿"。

注释用于说明指令功能，以便于程序的阅读和调试。注释的内容与前面的指令用符号"；"分隔。

> 🔥 **请注意**：指令助记符、伪指令、SFR 名及指令系统符号等均不能用作标号！

3. 指令的分类

（1）按指令的功能分类 按指令的功能分类，可将指令系统分为数据传送类、算术运算类、逻辑运算类、位操作类、控制转移类 5 大类。8051 单片机指令共有 111 条指令，其中数据传送类 29 条、算术运算类 24 条、逻辑运算类 24 条、位操作类 12 条、控制转移类 22 条。

（2）按指令的长度分类 指令的长度是指其在程序存储器中存储所占用的字节数，按指令的长度分，有单字节指令、双字节指令和三字节指令三种。8051 单片机不同长度的指令数如图 4-15 所示。

图 4-15 8051 单片机不同长度指令数

（3）按指令的时间分类 指令时间是指执行该条指令所需的机器周期（即 12 个振荡周期），按指令时间分类，有 1 机器周期指令、2 机器周期指令和 4 机器周期指令三种。8051 单片机有 1 机器周期指令 64 条，2 机器周期指令 45 条，4 机器周期指令 2 条。

4. 指令的符号

计算机指令中除了操作码采用相应的助记符外，通常还采用一些规定的符号。8051 单

片机指令系统中常用的符号及其意义见表4-3。

表 4-3 8051 单片机指令系统中常用的符号及其意义

符号	意义	符号	意义
Rn	当前选中的寄存器区中的 8 个工作寄存器 R0~R7 (n=0~7)	rel	8 位带符号的偏移字节，简称偏移量
Ri	当前选中的寄存器区中的 2 个工作寄存器 R0、R1 (i=0, 1)	DPTR	数据指针，可用作 16 位地址寄存器
direct	8 位的片内 RAM 地址	bit	具有位寻址功能的位地址
#data	包含在指令中的 8 位常数	A	累加器
#data16	包含在指令中的 16 位常数	B	专用寄存器，用于乘法和除法指令中
addr16	16 位目的地址，只限于 LCALL 和 LJMP 中使用	C	进位标志、进位位或布尔处理机中的累加器
addr11	11 位目的地址，只限于 ACALL 和 AJMP 中使用	@	间址寄存器或基址寄存器的前缀，如@Ri, @DPTR

二、单片机的寻址方式

寻址解读：大部分指令都需要有操作数，而操作数则存放在寄存器、ROM、RAM 等记忆单元中。所谓寻址，就是得到操作数地址的过程。

8051 单片机的寻址方式有 7 种，即：立即寻址、直接寻址、寄存器寻址、寄存器间接寻址、变址寻址、相对寻址、位寻址。

1. 立即寻址方式

立即寻址就是**操作数由指令直接给出**，例如

  MOV A, #3AH

该指令的含义是将数 3AH 传送至累加器 A。#3AH 表示立即数，存储于 ROM 中，寻址过程如图 4-16 所示。

图 4-16 立即寻址过程

说明：图 4-16 表示操作数 3AH 存放在 ROM 中地址码为 20H（00100000B）的存储单元中，PC=20H 的寻址过程。

立即数也可以是 16 位，例如

  MOV DPTR, #1200H

该指令的功能是将 16 位二进制数 1200H 传送至 DPTR（16 位）。

立即寻址方式的特点是参加操作的数直接取自程序存储器，无需运行总线周期，速度快。

2. 直接寻址方式

直接寻址就是指令**直接给出操作数的地址**，例如：

  MOV A, 52H

该指令的含义是将片内 RAM 字节地址为 52H 单元的内容 XX 传送至累加器 A 中，ROM 中地址码为 20H 的存储单元储存的是 52H 地址码，其寻址过程如图 4-17 所示。

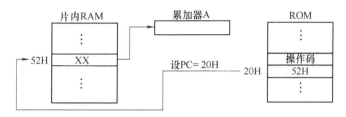

图 4-17 直接寻址过程

直接寻址方式除了可访问片内 RAM（包括位寻址区），还可访问 SFR。

3. 寄存器寻址方式

寄存器寻址就是**在指令中给出存放操作数的寄存器**，例如：

$$MOV \quad A, Rn$$

该条指令的含义是将寄存器 Rn（n = 0 ~ 7）中的内容 XX 传送至累加器 A 中，寻址过程如图 4-18 所示。

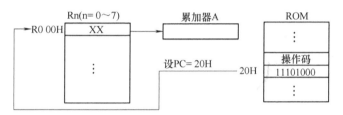

图 4-18 寄存器寻址过程

寄存器寻址方式以寄存器名为操作数地址。除了 R0 ~ R7，累加器 A、寄存器 B、DPTR 和 Cy 均可用作寄存器寻址。

4. 寄存器间接寻址方式

寄存器间接寻址就是**指令中给出的寄存器存放的内容为操作数地址**，例如：

$$MOV \quad A, @R1$$

指令的含义是将寄存器 R1 中的内容作为地址，把该地址存储单元中的内容 XX 传送至累加器 A 中，寻址过程如图 4-19 所示。

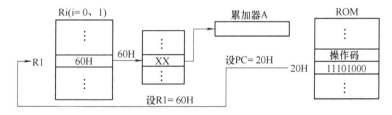

图 4-19 寄存器间接寻址过程

寄存器间接寻址方式在访问片内 RAM 时采用 R0、R1，访问片外 RAM 时则要用 16 位的 DPTR，DPTR 可访问片外数据存储器 RAM 的 64KB 存储空间。

> 🔥 **请注意**: 寄存器间接寻址方式不能用于 SFR 的寻址!

5. 变址寻址方式

变址寻址是在**寄存器间接寻址的基础上加上偏移量**,例如

$$MOVC \quad A, @A + PC$$

指令的含义是以 PC 为基址,加上 A 的内容后作为新的地址,并将新地址单元中的内容 XX 传送至 A。寻址过程如图 4-20 所示。

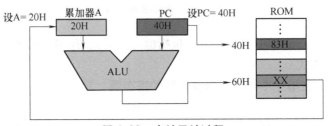

图 4-20　变址寻址过程

> 🔥 **请注意**: 变址寻址是以某寄存器内容为基址,加上偏移量后才是真正的操作数地址。

8051 单片机以 PC、DPTR 为基址寄存器,以累加器 A 中的内容为偏移量,两者相加后形成操作数地址。

6. 相对寻址方式

在相对转移指令中使用相对寻址方式,例如

$$SJMP \quad 04H$$

以 PC 的内容为基本地址,加上指令中给定的偏移量作为转移地址,转移至目的地址。 相对寻址方式的寻址过程如图 4-21 所示。

> 🔥 **请注意**: 该指令为两字节指令,CPU 取出指令的第二个字节时,PC 的当前值应为 PC +2,以得到下一条指令地址。

指令系统中的转移指令分为直接转移和相对转移指令,相对转移指令采用相对寻址方式。指令中给定的偏移量为 8 位带符号常数,其范围为 - 128 ~ 127。

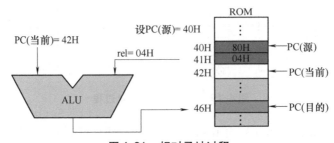

图 4-21　相对寻址过程

7. 位寻址方式

位寻址操作数是片内 RAM 单元中某一位信息，例如

    SETB   TR0   ；将 TR0 置位（TR0 = 1）。
    CLR   00H   ；将位地址为 00H 的存储元件清零。
    MOV   C，57H   ；将位地址 57H 中的内容送入累加器 C。

在进行位操作时，一般借助 Cy 作为位操作累加器。位寻址是对位寻址空间按位进行寻址操作。

> 🔥 **请注意**：位寻址方式属直接寻址方式，但参与的操作数是 1 位而不是 8 位。

三、单片机的指令系统

阅读提示

> 单片机指令系统的各类指令用助记符表示，记住这些指令的功用，清楚各寻址方式，理解单片机的指令系统就会变得十分容易。

8051 单片机的指令系统的 111 条指令按其功能分类，有数据传送类、算术运算类、逻辑运算类、控制转移类和位操作类 5 大类。

1. 数据传送类指令

数据传送类指令一般的操作是把源操作数传送到指令所指定的目标地址。指令执行后，**源操作数保持不变，目的操作数由原操作数所替代**。

数据传送类指令助记符有：MOV、MOVX、MOVC、XCH、XCHD、PUSH、POP、SWAP 等。这些数据传送类指令根据其数据传送的方式不同，又可分为内部数据传送、外部数据传送、访问程序存储器、堆栈操作、数据交换 5 种指令。

（1）内部数据传送指令　内部数据传送类指令共 16 条，助记符为 MOV，源自英文 Move。

1）以累加器 A 为目的操作数的传送指令。共有 4 条，即

    MOV   A，Rn   ；A←Rn，   n = 0 ~ 7
    MOV   A，direct   ；A←（direct）， 片内 RAM 和 SFR
    MOV   A，@Ri   ；A←（Ri）， i = 0、1
    MOV   A，#data   ；A←data

第一条指令的含义：寄存器寻址方式，将寄存器 Rn 的内容送入累加器 A。

第二条指令的含义：直接寻址方式，将地址为 direct 存储单元的内容送入累加器 A。

第三条指令的含义：寄存器间接寻址方式，寄存器 Ri 的内容为操作数的地址，将该地址存储单元的内容送入累加器 A。

第四条指令的含义：立即寻址方式，将立即数 data 送入累加器 A。

> **说明**：注释中（direct）的"（ ）"表示 direct 是操作数的地址，（Ri）的"（ ）"表示寄存器 Ri 中的内容是操作数地址。

2）以寄存器 Rn 为目的操作数的传送指令。共有 4 条，即

MOV	Rn, #data	; Rn←data,	n = 0 ~ 7
MOV	Rn, direct	; Rn←（direct）,	n = 0 ~ 7
MOV	Rn, A	; Rn←A,	n = 0 ~ 7
MOV	DPTR, #data16	; DPH←dataH, DPL←dataL	

第一条指令的含义为：立即寻址方式，将立即数 data 送入 Rn。

第二条指令的含义为：直接寻址方式，将地址为 direct 存储单元的内容送入寄存器 Rn。

第三条指令的含义为：寄存器寻址方式，累加器 A 中的内容送入寄存器 Rn。

第四条指令的含义为：立即寻址方式，将立即数 data 高 8 位送入 DPTRH，data 低 8 位送入 DPTRL。

3）以直接地址 direct 为目的操作数的传送指令。共有 5 条，即

MOV	direct, A	;（direct）←A
MOV	direct, Rn	;（direct）←Rn
MOV	direct1, direct2	;（direct1）←（direct2）
MOV	direct, @Ri	;（direct）←（Ri）
MOV	direct, #data	;（direct）←data

上述 5 条指令的功能是将源操作数所指定的内容送入 direct 所指定的片内存储器单元中。源操作数的寻址方式：第一和第二条为寄存器寻址，第三条为直接寻址，第四条为寄存器间接寻址，第五条是立即寻址。

4）以寄存器间址 @Ri 为目的操作数的传送指令。共有 3 条，即

MOV	@Ri, A	;（Ri）←A, i = 0、1
MOV	@Ri, direct	;（Ri）←（direct）, i = 0、1
MOV	@Ri, #data	;（Ri）←data, i = 0、1

上述 3 条指令的功能是将源操作数所指定的内容送入 Ri，Ri 中的内容是存储单元的地址。**可将 Ri 看成是一个指针，执行该指令后，Ri 即指向地址单元。**

（2）外部数据传送指令　外部数据传送类指令共 4 条，用于和片外 RAM 之间的数据传送，助记符为 MOVX，源自英文 Move External RAM。4 条外部数据传送类指令为

MOVX	@Ri, A	;（Ri）←A, i = 0、1
MOVX	A, @Ri	; A←（Ri）, i = 0、1
MOVX	@DPTR, A	;（DPTR）←A
MOVX	A, @DPTR	; A←（DPTR）

前两条以 8 位 Ri 为间址寄存器，寻址范围 256 字节。后两条以 16 位 DPTR 为间址寄存器，可寻址 64KB 片外 RAM 地址。

> **请注意**：与片外 RAM 之间的数据传送都须以 A 作为中介。

（3）访问程序存储器指令　访问程序存储器指令共 2 条，用于查询存放在 ROM 中的固定表格和常数，助记符为 MOVC，源自英文 Move Code。两条访问 ROM 指令为

MOVC　A，@ A + DPTR　　；A←（A + DPTR）
MOVC　A，@ A + PC　　　；A←（A + PC）

两条指令均为变址寻址方式，但基址寄存器不同，因此其适应的范围不同。前一条以 DPTR 为基址寄存器，查表范围达 64KB。后一条以 PC 为基址寄存器，它指向当前执行指令的地址，查表范围由 A 确定，只能是该指令后 256B 的地址空间。

🔥 **请注意**：上述三种传送类指令分别用于三种空间：片内 RAM（包括 SPR），用 MOV 指令传送；片外 RAM，用 MOVX 指令传送；ROM，用 MOVC 指令传送。这是因为三个不同的存储空间的地址有重叠，必须用不同的传送指令才能避免出错。

（4）堆栈操作指令　堆栈是一个按照后进先出原则组织的一段内存区域，系统堆栈还包括 SP（堆栈中存储单元的地址），SP 始终指向栈顶。堆栈的存储结构与操作原理如图 4-22 所示。

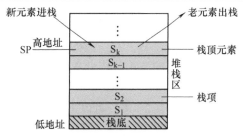

图 4-22　堆栈存储结构与操作原理

阅读提示

堆栈实际上是片内 RAM 指定区域的存储空间，该空间存取按后进先出的原则进行，在调用子程序或中断处理时，用于保存返回地址和断点地址。

堆栈操作指令共有两条，即

PUSH direct　　　；SP ←SP + 1，（SP）←（direct）
POP　direct　　　；（direct）←（SP），SP← SP − 1

PUSH 为入栈指令，将指定直接寻址单元中的数据压入堆栈。进栈时，先将指针 SP 加 1，升高栈顶，再将数据压入（SP 指向栈顶）。

POP 为出栈指令，将 SP 所指单元中的数据弹出到指定地址单元中，然后将 SP 减1，以使指针 SP 指向新的栈顶。

当调用子程序或执行中断处理时，在进入子程序或中断处理过程中，通过进栈操作，将通用寄存器原先的内容存入堆栈。而当返回主程序或恢复中断时，通过出栈操作，恢复通用寄存器的原先的内容，并将返回地址或断点地址恢复到指令指针寄存器中。

（5）数据交换指令　8051 单片机数据交换指令有字节交换指令（XCH）、半字节交换指令（XCHD）和累加器高低位互换指令（SWAP），XCH、XCHD 和 SWAP 三个指令助记符源自英文 Exchange 和 Swap。数据交换指令共有 5 条。

三条字节交换指令为

```
XCH A, Rn        ; A⟷Rn, n = 0 ~ 7
XCH A,  @Ri      ; A⟷(Ri), i = 0、1
XCH A,   direct  ; A⟷(direct)
```

第一条字节交换指令为寄存器寻址方式，寄存器 Rn 与累加器 A 互换内容。

第二条字节交换指令为寄存器间接寻址方式，寄存器 Ri 内容为地址的存储单元与累加器 A 互换内容。

第三条字节交换指令为直接寻址方式，direct 为地址的存储单元与累加器 A 互换内容。

一条半字节交换指令为

```
XCHD  A, @Ri   ; A3 ~ 0⟷(Ri) 3 ~ 0
```

该指令为寄存器间接寻址方式，寄存器 Ri 内容为地址的存储单元与累加器 A 互换低 4 位内容，高 4 位不变。

一条累加器高低位互换指令为

```
SWAP  A          ; A4 ~ 7⟷A3 ~ 0
```

该指令为累加器 A 的高 4 位与低 4 位互换。

2. 算术运算类指令

算术运算类指令共有 24 条，可以进行加、减、乘、除和十进制调整等运算。

> 🔥 **请注意**：算术运算类指令执行后会影响到 PSW（程序状态字）的相关标志位，如进位位 Cy、辅助进位位 AC、溢出位 OV 和奇偶校对位 P 等。

算术运算类指令的助记有：ADD、ADDC、SUBB、DA、INC、DEC MU、DIV 等。根据运算方式不同，这些算术运算类指令可分为加法类、减法类、加减 1、乘除法类、BCD 调整等 5 种指令。

（1）加法指令　加法指令有不带进位和带进位两种。不带进位的加法指令有 4 条，使用 ADD 助记符，源自英文 Addition。带进位的加法指令也有 4 条，使用 ADDC 助记符，源自英文 Add with Carry。

1）不带进位位的加法指令。4 条指令为

```
ADD   A, Rn        ; A←A + Rn, n = 0 ~ 7
ADD   A, direct    ; A←A + (direct)
ADD   A, @Ri       ; A←A + (Ri), i = 0、1
ADD   A, #data     ; A←A + data
```

ADD 指令为 8 位二进制数加法运算，其中一个加数在 A 中，另一个由 4 种寻址方式得到，相加结果送入 A。ADD 运算结果会影响 PSW 的 Cy、AC、OV 等标志位。有进位 Cy = 1，无进位 Cy = 0。

2）带进位位的加法指令。4 条指令为

```
ADDC   A, Rn        ; A←A + Rn + Cy, n = 0 ~ 7
ADDC   A, direct    ; A←A + (direct) + Cy
ADDC   A, @Ri       ; A←A + (Ri) + Cy, i = 0、1
```

ADDC   A, #data   ; A←A + data + Cy

ADDC 指令的功能与 ADD 的区别是相加时再加上 Cy 位。ADDC 运算结果也会影响 PSW 的 Cy、AC、OV 等标志位。有进位 Cy = 1，无进位 Cy = 0

（2）减法指令   带借位减法指令共 4 条，助记符为 SUBB，源自英文 Subtract with Borrow。4 条带借位位的减法指令为

SUBB   A, Rn   ; A←A − Rn − Cy, n = 0 ~ 7

SUBB   A, direct   ; A←A − (direct) − Cy

SUBB   A, @Ri   ; A←A − (Ri) − Cy, i = 0、1

SUBB   A, #data   ; A←A − data − Cy

减法指令是将 A 中的数减去源操作数所指示的数以及借位位 Cy，结果送入 A。减法操作对 PSW 相关位也有影响，有借位时 Cy = 1，无借位时 Cy = 0。

8051 单片机无不带借位减法指令，若要做不带借位减法运算，可先将进位清 0，再执行减法指令。

（3）加减 1 指令   加 1 指令有 5 条，使用 INC 助记符，源自英文 Increase。减 1 指令有 4 条，使用 DEC 助记符，源自英文 Decrease。

1）加 1 指令。5 条加 1 指令为

INC   A   ; A←A + 1

INC   Rn   ; Rn←Rn + 1, n = 0 ~ 7

INC   direct   ; (direct) ← (direct) + 1

INC   @Ri   ; (Ri) ← (Ri) + 1, i = 0、1

INC   DPTR   ; DPTR←DPTR + 1

INC 指令的功能是将指定单元的数加 1 后再送回该单元。前 4 条指令为 8 位加 1 指令，只有第 5 条指令为 16 位加 1 指令。除第 1 条会影响 PSW 的奇偶校验位 P，其他的不影响 PSW。

2）减 1 指令。4 条减 1 指令为

DEC   A   ; A←A − 1

DEC   Rn   ; Rn←Rn − 1, n = 0 ~ 7

DEC   direct   ; (direct) ← (direct) − 1

DEC   @Ri   ; (Ri) ← (Ri) − 1, i = 0、1

上述 4 条 DEC 指令的功能是将指定单元的数减 1，再送入该单元。DEC 指令无 16 位指令，结果不会影响 PSW 的 Cy、AC、OV 等标志位。

（4）BCD 码调整指令

阅读提示

BCD 码调整指令的作用是当进行 BCD 码加法运算时，如果通过二进制数加法运算后出现了非法码，就进行调整，以获得正确的运算结果。

1）BCD 码（Binary Coded Decimal Code）是用二进制数对十进制数编码。常用的

8421BCD 码是用 4 位二进制数 0000 ~ 1001 分别表示十进制数 0 ~ 9，见表 4-4。

表 4-4　8421BCD 码表

BCD 码	十进制数	BCD 码	十进制数
0000	0	0101	5
0001	1	0110	6
0010	2	0111	7
0011	3	1000	8
0100	4	1001	9

2）BCD 码用 4 位二进制数表示，有 16 种状态，余下的 1010 ~ 1111 在 BCD 码中为非法码。在 BCD 码的运算中，当出现非法码时，就必须修正，以确保正确的运算结果。

3）BCD 码调整指令有 1 条，即

DA　　A

BCD 码的调整是由计算机内部自动进行的，是执行"DA A"指令的结果。程序设计时，需要在 ADD、ADDC 指令后加上 DA 指令。

（5）乘除法指令　8051 单片机乘法指令和除法指令各有 1 条。乘法指令的助记符为 MUL，源自英文 Multiply。除法指令的助记符为 DIV，源自英文 Divide。

1）乘法指令为

MUL AB　　　；$B_{15 ~ 8}A_{7 ~ 0} \leftarrow A \times B$

该指令的功能是将累加器 A 和寄存器 B 中两个 8 位无符号数相乘，乘积的低 8 位送累加器 A，高 8 位送寄存器 B。

乘法指令对 PSW 的影响：执行指令后，Cy 位清零，OV 位表示积的大小，乘积大于 255，即寄存器 $B \neq 0$，则 OV = 1，否则 OV = 0。P 由累加器 A 中 1 的个数决定。

2）除法指令为

DIV　　　AB　　　；$B_{余数}A_{商} \leftarrow A \div B$

该指令的功能是将累加器 A 和寄存器 B 中两个 8 位无符号数相除，商的整数部分送累加器 A，余数送寄存器 B。

除法指令对 PSW 的影响：执行指令后，对 PSW 影响与乘法指令相同。当除数为 0，即寄存器 B 原本为 0 时，OV = 1，表示除法无意义，否则 OV = 0。

3. 逻辑运算类指令

逻辑运算类指令共有 24 条，可以进行与、或、非和异或等逻辑运算，还可对累加器 A 清零、取反和移位等操作。这些指令涉及累加器 A 时，影响 P，但对 PSW 的 Cy（除带 Cy 移位）、AC 和 OV 无影响。

各逻辑运算类指令用如下助记符表示：ANL、ORL、XRL、CLR、CPL、RL、RLC、RR 和 RRC。根据运算功能不同，逻辑运算类指令可分为与、或、异或、清零和取反、循环移位等 5 类指令。

（1）与运算指令　与运算指令共 6 条，助记符为 ANL，源自英文 And Logic。6 条与运算指令为

ANL　A, Rn　　　　　　　　; A∧Rn→A
ANL　A, direct　　　　　　; A∧(direct)→A
ANL　A, @ Ri　　　　　　　; A∧(Ri)→A
ANL　A, #data　　　　　　; A∧data→A
ANL　direct, A　　　　　　; (direct)∧A→(direct)
ANL　direct, #data　　　　; (direct)∧data→(direct)

前 4 条是累加器 A 中数与源操作数指定的数**按位相与**后结果送入累加器 A。执行指令后影响 PSW 的 P。后 2 条直接地址单元中数与源操作数指定的数**按位相与**后，结果送入直接地址单元中。

（2）或运算指令　或运算指令也有 6 条，助记符为 ORL，源自英文 Or Logic。6 条或运算指令为

ORL　A, Rn　　　　　　　; A∨Rn→A
ORL　A, direct　　　　　　; A∨(direct)→A
ORL　A, @ Ri　　　　　　　; A∨(Ri)→A
ORL　A, #data　　　　　　; A∨data→A
ORL　direct, A　　　　　　; (direct)　∨A→(direct)
ORL　direct, #data　　　　; (direct)　∨data→(direct)

前 4 条是累加器 A 中数与源操作数指定的数**按位相或**后结果送入累加器 A。执行指令后影响 PSW 的 P。后 2 条直接地址单元中数与源操作数指定的数**按位相或**后，结果送入直接地址单元中。

（3）异或指令　异或指令使用 XRL 助记符，源自英文 Exclusive – or Logic。6 条异或指令为

XRL　A, Rn　　　　　　　; A⊕Rn→A
XRL　A, direct　　　　　　; A⊕(direct)→A
XRL　A, @ Ri　　　　　　　; A⊕(Ri)→A
XRL　A, #data　　　　　　; A⊕data→A
XRL　direct, A　　　　　　; (direct)⊕A→(direct)
XRL　direct, #data　　　　; (direct)⊕data→(direct)

前 4 条是累加器 A 中数与源操作数指定的数**按位异或**后结果送入累加器 A。执行指令后影响 PSW 的 P。后 2 条直接地址单元中数与源操作数指定的数**按位异或**后，结果送入直接地址单元中。

（4）清零指令和取反指令　8051 单片机清零指令和取反指令各有 1 条。清零指令的助记符为 CLR，源自英文 Clear。取反指令的助记符为 CPL，源自英文 Complement。

1）清零指令。1 条清零指令为

CLR A　　　; A←0

该指令的功能是将累加器 A 置 0。执行指令后会影响 PSW 的 P。

2）取反指令。1 条取反指令为

CPL　　A　　　; A←$\overline{A}$

该指令的功能是将累加器 A 中的内容**各位取反**，再将结果送入累加器 A。

（5）循环移位指令　8051 单片机有 4 条循环移位指令：循环左移指令 RL（Rotate Left）、循环右移指令 RR（Rotate Right）、带进位循环左移指令 RLC（Rotate Left with Carry）和带进位循环右移指令 RRC（Rotate Right with Carry）。

1）循环左移指令为

RL　A　　　；A 各位循环左移一位

该指令的功能是将累加器 A 中各位均由低向高移动 1 位，A7 移入 A0。循环左移指令示意如图 4-23 所示。

2）循环右移指令为

RR　A　　　；A 各位循环右移一位

该指令的功能是将累加器 A 中各位均由高向低移动 1 位，A0 移入 A7。循环右移指令示意如图 4-24 所示。

<table>
<tr><td>—A7←A6←A5←A4←A3←A2←A1←A0←</td><td>→A7→A6→A5→A4→A3→A2→A1→A0</td></tr>
<tr><td>图 4-23　循环左移指令示意图</td><td>图 4-24　循环右移指令示意图</td></tr>
</table>

3）带进位循环左移指令为

RLC　A　　　；A 各位及进位循环左移一位

该指令的功能是将累加器 A 中各位均由低向高移动 1 位，A7 移入 Cy，Cy 移入 A0。带进位循环左移指令示意如图 4-25 所示。

4）带进位循环右移指令为

RRC　A　　　；A 带进位右移一位

该指令的功能是将累加器 A 中各位均由高向低移动 1 位，A0 移入 Cy，Cy 移入 A7。带进位循环右移指令示意如图 4-26 所示。

<table>
<tr><td>—Cy←A7←A6←A5←A4←A3←A2←A1←A0←</td><td>→Cy→A7→A6→A5→A4→A3→A2→A1→A0</td></tr>
<tr><td>图 4-25　带进位循环左移指令示意图</td><td>图 4-26　带进位循环右移指令示意图</td></tr>
</table>

4. 控制转移类指令

控制转移类指令共有 17 条，各控制转移类指令用如下助记符表示：LJMP、AJMP、SJMP、JMP、JZ、JNZ、CJNE、DJNE、LCALL、ACALL、RET、RETI 和 NOP。控制转移类指令也称跳转指令，可改变 PC 原顺序执行流向。可分无条件转移、条件转移和子程序调用及返回三种。

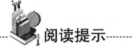
阅读提示

控制转移类指令通过修改 PC 的内容来控制程序的执行过程，用于提高程序的效率。这些指令除比较转移指令外，一般不影响标志位。

（1）无条件转移指令　无条件转移指令共 4 条，即长跳转指令 LJMP（Long Jump）、绝对跳转指令 AJMP（Absolute Jump）、短跳转指令 SJMP（Short Jump）和无条件跳转指

JMP（Jump）。

1）长跳转指令也称长转移指令，指令为

LJMP　addtr16　　　　　; addtr16→PC

LJMP 的功能是将程序跳转到 addtr16 处执行。由于 16 位目的地址（addtr16）的范围为 0000H ~ FFFFH，因此，LJMP 可以跳转至 64KB 程序存储器的任意位置。

2）绝对跳转指令也称绝对转移指令，指令为

AJMP　addtr11　　　　　; addtr11→PC10 ~ 0

AJMP 的功能是将操作数给定 11 位地址送入 PC，取代 PC 的低 11 位（$PC_{10 \sim 0}$），与 PC 的高 5 位（$PC_{15 \sim 11}$）一起构成 16 位目的地址，使程序跳转到该目的地址处执行。11 位目的地址（addtr11）的地址范围为 2KB，因此，AJMP 可以跳转至当前 PC 的同一个 2KB 区域内，向前或向后转移均可。

3）短跳转指令为

SJMP　rel　　　　　　　; rel + PC→PC

SJMP 的功能是将操作数给定的带符号 8 位地址 + PC 后形成新的目的地址，送入 PC，使程序跳转到该目的地址处执行。rel 的地址范围为 − 128 ~ 128，SJMP 执行时，先将 PC + 2，再加相对地址 rel，形成转移目标地址。

4）无条件跳转指令为

JMP　@A + DPTR　　　　　; A + DPTR→PC

JMP 的功能是将 DPTR 中的基址与 A 中的偏移量相加，形成新的目的地址，送入 PC，使程序跳转到该目的地址处执行。JMP 也称散转指令，执行后，不改变累加器 A 和 DPTR 的内容，也不影响标志位。

（2）条件转移指令　条件转移指令是只有当满足条件时，程序才跳转。条件转移指令有：累加器判零条件转移指令 JZ（Jump of Zero）、JNZ（Jump if Not Zero）、比较条件转移指令 CJNE（Compare，Jump if Not Equal）和减 1 条件转移指令 DJNZ（Decrement，Jump if Not Zero）。

1）累加器判零条件转移指令。累加器判零条件转移指令有 2 条，即

JZ　rel　　　　　　　　; 若 A = 0 则 PC + 2 + rel→PC

JNZ　rel　　　　　　　; 若 A = 0 则 PC + 2→PC

　　　　　　　　　　　; 若 A≠0 则 PC + 2 + rel→PC

对于 JZ 指令，若 A = 0，则程序跳转到偏移地址 rel 处执行。

对于 JNZ 指令，若 A≠0，则程序跳转到偏移地址 rel 处执行；若 A = 0，则程序顺序执行。

> 🔥 **请注意**：PC + 2 是因为 JZ 和 JNZ 指令为 2 字节指令，跳转是当前 PC + rel。因此，无论是跳转还顺序执行，下一条指令的地址码均应为 PC + 2。

2）比较条件转移指令有 4 条，即

CJNE　A, direct, rel　　　; A≠（direct），则 PC + 3 + rel→PC

CJNE　A, #data, rel　　　; A≠data，则 PC + 3 + rel→PC

CJNE Rn, #data, rel   ; (Rn) ≠ data, 则 PC + 3 + rel→PC

CJNE @Ri, #data, rel   ; ((Ri)) ≠ data, 则 PC + 3 + rel→PC

上述 4 条指令的功能是: 当比较结果为相等时, PC + 3→PC, 程序顺序执行。

第一条指令中, 累加器 A 与直接地址单元内容不一致时, 程序转移至 PC + 3 + rel 处执行, 且

A > (direct), 0→Cy; A < (direct), 1→Cy

第二条指令中, 累加器 A 的内容与立即数不一致时, 程序转移至 PC + 3 + rel 处执行, 且

A > data, 0→Cy; A < data, 1→Cy

第三条指令中, Rn 的内容与立即数不一致时, 程序转移至 PC + 3 + rel 处执行, 且

(Rn) > data, 0→Cy; (Rn) < data, 1→Cy

第四条指令中, Ri 中的地址存储单元内容与立即数不一致时, 程序转移至 PC + 3 + rel 处执行, 且

((Ri)) > data, 0→Cy; ((Ri)) < data, 1→Cy

> 🔥 **请注意**: PC + 3 是因为 CJNE 指令为 3 字节指令, PC + 3 是下一条指令地址码。

3) 减 1 条件转移指令有 2 条, 即

DJNZ Rn, rel   ; Rn − 1 ≠ 0, PC + 2 + rel→PC

DJNZ direct, rel   ; (direct) − 1 ≠ 0, PC + 3 + rel→PC

DJNZ 的功能为将操作数给定的内容减 1, 再判断其是否为 0, 若为 0, PC + 2 (2 字节指令) 或 + 3 (3 字节指令), 程序顺序进行; 若不为 0, 则程序跳转执行。

第一条指令工作寄存器 Rn − 1→Rn, Rn 若不为 0, 则 PC + 2, 再加相对地址 rel 后送 PC, 形成转移目标地址, 程序跳转至目标地址执行。

第二条指令直接地址单元 (direct) − 1→ (direct), 若 (direct) 不为 0, 则 PC + 3, 再加相对地址 rel 后送 PC, 形成转移目标地址, 程序跳转至目标地址执行。

(3) 子程序调用及返回指令 主程序通过调用指令调用子程序, 子程序执行完成后, 通过返回指令返回到主程序。

调用指令有 2 条: 长调用指令 LCALL (Long subroutine Call) 和短调用指令 ACALL (Absolute subroutine Call)。

返回指令也有 2 条: 子程序返回指令 RET (Return from subroutine)、中断返回指令 RETI (Return from Interruption)。

1) 长调用指令为

LCALL addr16   ; PC + 3→PC

; SP + 1→SP, (PC)$_{7 \sim 0}$→(SP)

; SP + 1→SP, (PC)$_{15 \sim 8}$→(SP)

; (addr16) →PC

该指令执行时先 PC + 3, 获得下一条指令首地址。然后分两次将首地址压入堆栈, 先低字节, 后高字节, 且 SP 内容加 2。最后将目标地址 addr16 送入 PC, 程序转向执行子

程序。

长调用指令中 addr16 为 16 位直接地址，其调用的地址范围为 64KB。

2）短调用指令为

ACALL addr11   ；PC + 2→PC

                      ；SP + 1→SP，$(PC)_{7\sim0}$→（SP）

                      ；SP + 1→SP，$(PC)_{15\sim8}$→（SP）

                      ；（addr11）→$PC_{10\sim0}$

该指令执行时先使 PC + 2，获得下一条指令首地址。然后分两次将首地址压入堆栈，先低字节后高字节，且 SP 内容加 2。最后将目标地址 addr11 送入 PC 的低 11 位，PC 高 5 位不变，形成新的 16 位地址，程序转向该地址执行子程序。

短调用指令中 addr11 为 11 位直接地址，其调用的地址范围为 2KB。

3）子程序返回指令为

RET   ；（SP）→ $(PC)_{15\sim8}$，SP – 1

             ；（SP）→ $(PC)_{7\sim0}$，SP – 1

该指令将堆栈顶部相邻两单元的内容分两次弹出送到 PC，且 SP 内容减 2。程序返回到 PC 值所指向的地址执行。SP 则指向栈顶。

> 🔥 **请注意**：RET 只能用在子程序的末尾。

4）中断返回指令为

RETI   ；（SP）→ $(PC)_{15\sim8}$，SP – 1

              ；（SP）→ $(PC)_{7\sim0}$，SP – 1

该指令将堆栈顶部相邻两单元的内容分两次弹出送到 PC，且 SP 内容减 2。程序返回到 PC 值所指向的地址（中断点）执行。SP 则指向栈顶。

> 🔥 **请注意**：RETI 只能用在中断服务程序的末尾。执行该指令在程序返回断点地址的同时，会将中断优先级状态信息清除，以保证其他中断请求能得到响应。

5）空操作指令。8051 单片机设有 1 条空操作指令，即

NOP   ；PC + 1→PC

该单字节、单周期指令在时间上消耗了 12 个时钟周期，而 CPU 不做任何工作，用于等待，使执行速度放慢。

5. 位操作指令

阅读提示

在自动控制应用中，通常只需要一位即可满足，若按字节进行操作，就会浪费其他 7 位存储空间。8051 单片机引入位处理机制，硬件结构中设有位处理器（布尔处理器），与之配套的则是位操作指令系统。

位操作类指令的助记符有: MOV、ANL、ORL、CPL、JC、JNC、JB、JNB、JBC、CLR 和 SETB。根据其功能不同, 位操作类指令可分为位传送、位逻辑运算、位转移控制、位置位与清零等4部分位操作类指令。

(1) 位传送指令   位传送指令的功能是实现位累加器 C (即 PSW 中的 Cy 位), 与其他位地址之间的数据传送。位传送指令共 2 条, 即

MOV   C, bit   ; (bit) $\rightarrow$ Cy

MOV   bit, C   ; Cy $\rightarrow$ (bit)

指令中 C 为进位位 Cy 的助记符, bit 为片内 RAM 中 20H ~ 2FH 的 128 个可寻址位和 SFR 中的可寻址位存储单元。

(2) 位逻辑运算指令   位逻辑运算指令共 6 条, 指令助记符与按字节操作的逻辑运算指令相同。这 6 条指令为

ANL   C, bit   ; C $\wedge$ (bit) $\rightarrow$ C

ANL   C, /bit   ; C $\wedge$ $\overline{(bit)}$ $\rightarrow$ C

ORL   C, bit   ; C $\vee$ (bit) $\rightarrow$ C

ORL   C, /bit   ; C $\vee$ $\overline{(bit)}$ $\rightarrow$ C

CPL   C   ; $\overline{C} \rightarrow$ C

CPL   bit,   ; $\overline{(bit)}$ $\rightarrow$ (bit)

第一条指令是将 Cy 的内容与直接位地址内容相与, 结果送入 Cy。

第二条指令是将 Cy 的内容与直接位地址内容取反后再相与, 结果送入 Cy。

第三条指令是将 Cy 的内容与直接位地址内容相或, 结果送入 Cy。

第四条指令是将 Cy 的内容与直接位地址内容取反后再相或, 结果送入 Cy。

第五、第六条指令是将 Cy、(bit) 内容取反。

(3) 位转移控制指令   位转移控制指令有 5 条, 均为条件转移, 分别为: JC (Jump if the Carry flag is set)、JNC (Jump if the Carry flag is not set)、JB (Jump if the Bit is set)、JNB (Jump if the Bit is not set) 和 JBC (Jump if the Bit is set and Clear the bit), 即

JC   rel   ; 若 C = 1, 则 PC + 2 + rel $\rightarrow$ PC

JNC   rel   ; 若 C = 0, 则 PC + 2 + rel $\rightarrow$ PC

JB   bit, rel   ; 若 (bit) = 1, 则 PC + 3 + rel $\rightarrow$ PC

JNB   bit, rel   ; 若 (bit) = 0, 则 PC + 3 + rel $\rightarrow$ PC

JBC   bit, rel   ; 若 (bit) = 1, 则 PC + 3 + rel $\rightarrow$ PC, 且 0 $\rightarrow$ (bit)

第一、第二条指令是当条件不满足 (Cy = 0 或 1) 时, 则 PC + 2 送 PC, 程序顺序执行。

第三、第四条指令是当 (bit) = 0 或 1 时, 则 PC + 3 送 PC, 程序顺序执行。

第五条与第三条指令的区别是, 在 (bit) = 1 时程序跳转执行外, (bit) 清零。

(4) 位置位与位清零指令

8051 单片机位操作的清零和置位指令各有两条: 位清零指令的助记符为 CLR, 源自英文 Clear, 位置位指令的助记符为 SETB, 源自英文 Set Bit。

1) 两条位清零指令为

CLR C   ; Cy $\leftarrow$ 0

CLR bit   ; (bit) $\leftarrow$ 0

指令的功能是将 Cy 或 bit 的内容清零。

2）两条位置位指令为

SETB C ; Cy←1

SETB bit ;（bit）←1

指令的功能是将 Cy 或 bit 的内容置 1。

四、汇编语言与程序设计简介

1. 汇编语言与机器语言

（1）机器与程序 这里的"机器"是指计算机的硬件，主要包括 CPU、ROM、RAM、I/O 接口、中断系统、定时器/计数器等。

程序是指能完成所设定的任务的指令集合，程序能使计算机有序工作，是计算机的"软件"。机器与程序的结合，才使得计算机能实现各种各样的控制功能。

（2）汇编语言 汇编语言是符号化的程序设计语言，是面向机器的程序设计语言。在汇编语言中，用助记符代替机器指令的操作码，用地址符号或标号代替指令或操作数的地址，是一种与硬件紧密相关的程序设计低级语言。

汇编语言以较容易识别的助记符和一定格式来表示每条指令，例如：汇编语言写成的"MOV A，#02"这条指令，是将立即数传送到累加器 A。

> 🔥 **请注意**：汇编语言是面向机器的语言，其作用是提高程序的可读性，也方便程序设计与调试，但不能被机器识别。

（3）机器语言 机器语言以二进制代码表示每条指令（称机器码），能直接被机器识别并执行。机器码的缺点是人工识别和记忆困难，例如，机器码"0111010000000010B"也是表示是将立即数传送到累加器 A。很显然，用机器语言编制的成百上千条这样的机器码，识别和记忆实在是太难了。

（4）汇编语言与机器语言的关系 汇编语言与机器语言的关系如图 4-27 所示。

用汇编语言编写的程序称为源程序，源程序需要转换成相应的二进制代码（机器语言）才能写入 ROM。将源程序转换为二进制代码（机器语言）的过程称之为"汇编"，机器语言表示的程序称之为目的程序。

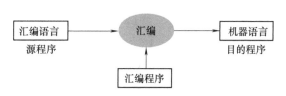

图 4-27 汇编语言与机器语言的关系

由程序员逐条将助记符表示的指令转换为机器码的过程称之为人工汇编。汇编程序则相当于一个"自动翻译机器"，是承担汇编任务的程序。

2. 汇编语言与高级语言

在汇编语言之后，又发展了多种高级语言，人们较为熟悉的就有 BASIC 语言、C 语言等。

（1）汇编语言的问题 汇编语言与机器语言有着——对应的关系，它是面向机器的低级语言。由于不同机器的指令系统也有所不同，因而汇编语言不具备通用性和可移植性。此外，程序设计者必须对计算机的硬件和软件资源有充分了解，这样才有可能设计出合理、高效的程序。

（2）高级语言的特点　高级语言是面向过程的语言，不依赖于机器，通用性和可移植性好，程序设计效率高。用高级语言设计程序，可以不用熟悉计算机的硬件结构和指令系统，设计者可把精力集中于熟悉语言的语法规则和程序的结构设计方面。高级语言是一种接近人们自然语言和常用数字表达式的计算机语言，高级语言给设计者编程提供了极大的方便。正因为如此，高级语言得到了迅速发展，并被广泛地应用。

相比于汇编语言，高级语言的不足是占用的计算机空间大，运行速度也相对较慢。

（3）汇编语言与高级语言的关系　在高级语言高度发展的今天，人们还离不开汇编语言，原因如下：

1）汇编语言仍是各种系统软件设计的基础语言。C语言虽也可编写系统程序，但要译成机器语言还必须用到汇编语言。

2）采用汇编语言编程，可以充分利用机器的硬件功能和结构，程序执行速度快。对于硬件资源不够充足、机器主频不是很高的单片机而言，汇编语言编程会更显其优势。

3）在计算机实时控制系统（如中断控制、直接控制端口等）中，高级语言不能适应时，就需要汇编语言来完成程序设计。

4）高级语言不支持的非标准过程也需要用汇编语言来补充。

3. 伪指令

阅读提示

伪指令是指示和控制汇编过程的命令。只对汇编程序起作用，不针对CPU，汇编后这些伪指令不产生机器码。

不同版本的汇编语言，伪指令的符号和含义会有所不同，但基本用法相同。8051单片机常用的伪指令有8种，助记符分别为：ORG、END、EQU、DATA、DB、DW、DS、BIT。

（1）起始伪指令　起始伪指令ORG，源自英文Origin，指令为

［标号］　　ORG　　16位地址或符号

该伪指令的功能是在汇编时，将该语句后的源程序所汇编成的目标代码放在16位地址或符号所指定的存储单元中。

请注意：ORG一般放在源程序开头，若程序中间再次使用ORG时，其地址参数必须大于前面的，否则汇编不能通过。

（2）结束伪指令　结束伪指令END，源自英文End，指令为

［标号］　　END　　［程序起始地址］

该伪指令的功能是在汇编时，告诉汇编程序源程序至此结束，停止汇编。END后可跟第一条指令的符号地址。

END在源程序最末尾，且一个程序中END只能出现一次。

（3）赋值伪指令　赋值伪指令EQU源自英文Equate，指令为

字符名称　EQU　表达式

该伪指令的功能是在汇编时，将右边表达式的内容赋给左边的字符名。赋值后，字符名称可以作为地址或数据在程序中使用。

EQU 赋值后，该字符名称在程序中不要再重复定义。且应先赋值，再使用，因而该指令放在程序开始的地方。

（4）数据地址赋值伪指令　数据地址赋值伪指令 DATA 源自英文 Data，指令为

字符名称　DATA　表达式

该伪指令的功能是将数据地址或代码地址赋给左边的字符名称。

> **请注意：** DATA 的作用与 EQU 类似，但 DATA 通常是定义数据的地址。DATA 可以先使用后定义，即该伪指令不一定要放在前面。

（5）定义字节伪指令　定义字节伪指令 DB 源自英文 Define Byte，指令为

［标号］　DB　8 位二进制数表

该伪指令的功能是在程序汇编时，将 8 位二进制数表存入以左边标号为起始地址的一个连续存储单元中。

8 位二进制数可以用二进制、十进制或十六进制表示，也可以是加引号的字符串，中间用逗号分隔。

（6）定义字伪指令　定义字伪指令 DW 源自英文 Define Word，指令为

［标号］　DW　16 位二进制数表

该伪指令的功能是在程序汇编时，将 16 位二进制数表存入以左边标号为起始地址的一个连续存储单元中。

DW 指令与 DB 指令用法相同，但每个 16 位二进制数要占据 2 个存储单元。数据的低 8 位存入高字节地址，数据的低 8 位存入低字节地址。

（7）定义存储空间伪指令　定义存储空间伪指令 DS 源自英文 Define Storage，指令为

［标号］　DS　表达式

该伪指令的功能是在程序汇编时，从标号所指示的地址开始，预留一定数量的内存单元。预留的空间大小由表达式确定。

DS 指令与 DB、DW 指令一样，只能用于 ROM，而不能用于 RAM。

（8）定义位伪指令　定义位伪指令 BIT 源自英文 Bit，指令为

字符名称　BIT　位地址

该伪指令的功能是在程序汇编时，将位地址赋给左边的字符名称。

定义位指令只能用于有位地址的位（片内 RAM 和 SFR 中），常用于位操作的程序。

4. 程序设计简介

 阅读提示

> 程序是指令的有序集合，好的程序不仅能完成规定的功能和任务，而且还应是执行速度快、占用内存少、条理清晰、阅读方便、便于移植、巧妙而实用的。

（1）程序设计的基本流程　程序设计的基本流程如图 4-28 所示。

图 4-28　程序设计的基本流程

1）分析问题。分析任务所要解决的问题，设计总体方案和算法，并抽象为数学模型，明确解题的方法与步骤。对较简单的问题，则无需建立模型等过程。

2）画流程图。根据程序设计基本思路画出流程图，将程序的执行过程图形化，以方便程序的编写、修改、调试和交流。对于较为简单的程序，也可以不画程序流程图，直接编写程序。

3）编写源程序。根据程序流程图中各部分的功能，写出具体的程序。要注意程序的可读性和正确性，适当添加注释。

阅读提示

添加注释是为了提高程序的可读性，以便于交流和程序调试等。

4）汇编调试。先对源程序进行汇编，汇编过程中对源程序进行修改。汇编完成后，输入数据进行程序测试，若不正确，再修改源程序，再汇编，再测试，直到获得正确结果。

（2）源程序汇编过程　源程序汇编有人工和机器两种方法，但现在人工汇编已很少采用，都是通过机器汇编。

1）人工汇编过程。由程序员根据 8051 的指令集将源程序的指令逐条翻译成机器码。其过程为：第一次汇编是通过查表，将各条指令逐一翻译成机器码，并以字节为单位顺序排列；第二次汇编则是将空出的地址标号或变量用所计算出的具体地址值或偏移量替代。

2）机器汇编过程。在计算机上（联机 8051 单片机仿真器）通过编译程序自动进行。其过程为：第一次扫描用于检查语法错误，确定符号名字，并建立所用符号名字表，与地址或数字对应；第二次扫描将符号地址转换成真值，利用操作码表将助记符转换为机器码。

（3）顺序程序示例　顺序程序的特点：程序运行时，按排列的顺序执行每条指令。每一条指令都要执行一次（有别于分支程序）也仅有一次（有别于循环程序）。

顺序程序设计举例：将两个无符号双字节数相加。设一个加数存放于片内 RAM 的 40H（高位字节），41H（低位字节），另一个加数存放于 50H（高位字节），51H（低位字节），和数存入 40H 和 41H 单元中。

顺序程序流程图如图 4-29 所示。

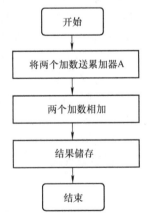

图 4-29　顺序程序流程图

根据程序流程编写的程序为

START：	CLR	C		；将 Cy 清零
	MOV	R0，	#41H	；将一个加数地址送数据指针 R0
	MOV	R1，	#51H	；将另一个加数地址送数据指针 R1
AD1：	MOV	A，@R0		；第一个加数低字节的内容送入累加器 A
	ADD	A，@R1		；两个低字节相加
	MOV	@R0，	A	；低字节的和存入被加数低字节中
	DEC	R0		；指向第一个加数高位字节
	DEC	R1		；指向第二个加数高位字节
	MOV	A，@R0		；第一个加数高位字节送入累加器 A
	ADDC	A，@R1		；两个高位字节带 Cy 相加
	MOV	@R0，A		；高位字节的和送第一个加数高位字节
	RET			

（4）分支程序示例　当有不同的条件而需要有不同的操作时，就要用分支程序来解决。分支程序的特点如图 4-30 所示。分支程序运行时，按不同的条件转向不同的处理程序。满足条件的执行一次，通过条件转移指令实现分支控制。

分支程序设计举例：x, y 均为 8 位二进制数，设 x 存入 R0，y 存入 R1，求解

$$y = \begin{cases} 1 & x > 0 \\ 0 & x = 0 \\ -1 & x < 0 \end{cases}$$

分支的一般方法，是用比较指令、数据操作指令、位检测指令等改变标志寄存器的标志位，然后用条件转移指令来判断分支。分支程序流程如图 4-31 所示。

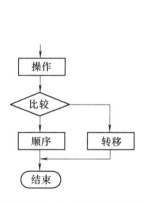

图 4-30　分支程序的特点

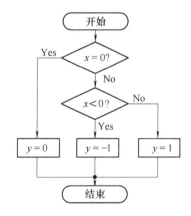

图 4-31　分支程序流程图

根据程序流程图编写的分支程序为

START：	CJNE	R0, #00H, SUL1	；R0 中的数与 00 比较，不相等则转移到 SUL1
	MOV	R1, #00H	；相等，　R1←0
	SJMP	SUL2	；转移到 SUL2
SUL1：	JC	NEG	；两数不等，若（R0）<0，转向 NEG

```
        MOV    R1，#01H        ；（R0）＞0，则 R1←01H
        SJMP   SUL2           ；转移到 SUL2
NEG：   MOV    R1，#0FFH       ；（R0）＜0，则 R1←0FFH
SUL2：RET                      ；子程序返回
```

（5）循环程序示例 当某个操作需要重复进行时，就需要用到循环程序来解决问题。循环程序的特点如图 4-32 所示。循环程序运行时，使某些操作重复进行。可使程序简化。重复操作部分程序（循环体）循环次数通过设置初值来确定。

循环程序设计举例：用 8051 单片机 P1 口控制 LED 信号灯循环闪烁，控制电路如图 4-33 所示。用 P1 口控制 8 个 LED 信号灯亮起和熄灭，P1 高电平（"1"）时 LED 信号灯熄灭，P1 低电平（"0"）时 LED 信号灯亮起。

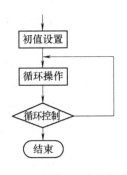

图 4-32　循环程序的特点

通过调用延时子程序来实现灯的亮灭间隔，程序流程如图 4-34 所示。

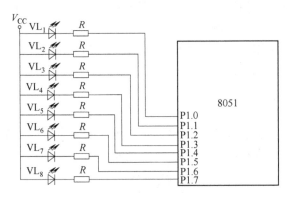

图 4-33　P1 口控制 LED 信号灯循环闪烁控制电路

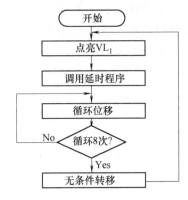

图 4-34　图 4-33 程序流程图

根据程序流程设计的程序为

```
START：    MOV    A，   #FEH ；将 VL1 亮数据送累加器 A（11111110）
           MOV    P1，  A    ；将累加器 A 中数据送 P1，VL1 亮
           MOV    R0，  #7H  ；将 R0 值 7，即循环次数
LOOP：     RL     A          ；将累加器 A 中数据左移一位
           MOV    P1，A      ；将移动后数据送 P1，VL2 亮 VL1 灭
           ACALL  DELAY      ；调用延时子程序，灯亮灭有间隔
           DJNZ   R0，LOOP   ；判断是否完成 7 次移动操作
           AJMP   START      ；若已 7 次移动，跳转到开始
DELAY：                      ；延时子程序的标号
                             延时子程序，可通过循环执行空操作程序（循环执行
                             空操）完成
           RET               ；延时子程序返回
```

第四节 单片机的中断

阅读提示

CPU 暂时中止其正在执行的程序,转去执行请求中断的外设或事件的服务程序,当处理完毕后再返回执行原被中断的程序。这一程序执行处理过程称之中断。

一、单片机中断的概述

1. 中断的定义

在日常生活中,经常有"中断"的事情,如图 4-35 所示。

如果将你的看书过程比喻为"CPU 执行主程序",有人向你请教解题就是中断请求,你转去帮人解题就是"CPU 响应中断请求",帮人解题过程就是"CPU 执行中断服务程序";在帮人解题过程中手机铃响就是"更高级的中断请求",你接听电话就是"CPU 响应高级中断请求",接听电话过程就是"CPU 执行高级中断服务程序"。接听电话结束继续帮人解题就是"CPU 返回低级中断服务",帮人解题结束后继续看书就是"CPU 返回主程序"。

单片机的中断过程可用图 4-36 表示。

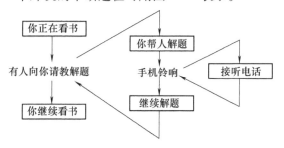

图 4-35 日常生活中的中断

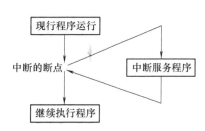

图 4-36 单片机的中断过程示意图

2. 中断的作用

单片机引入中断系统,可使单片机具有分时操作、实时控制和故障处理等功能。

(1)分时操作 只有当单片机控制的多个服务对象中的某个向 CPU 发出中断申请时,CPU 才转去向它服务。这样,单片机就可以同时为多个对象服务,从而提高了计算机的工作效率。

(2)实时控制 实时控制是单片机的重要功能,利用中断技术,各个服务对象在需要时即可向 CPU 发出中断申请,CPU 及时予以处理,从而实现了对多个对象的实时控制。

(3)故障处理 当系统出现突然断电、存储出错、运算溢出等故障时,系统会立即发出中断请求,由 CPU 及时做出必要的数据转移、储存等处理,以备故障排除后恢复原程序的执行,从而提高了系统的安全可靠性。

3. 中断的相关名词解释

(1)中断源与中断请求

1)中断源:能发出中断请求,引起中断的装置或事件即中断源。

2）中断请求：中断源向 CPU 提出的处理申请即中断请求，中断请求包含信号的产生、识别及消除，以确保中断的执行和恢复。

（2）中断响应、处理与返回

1）中断响应：CPU 暂时中断正在执行的程序，转去执行中断源服务程序。

2）中断处理：执行中断源服务程序的过程即为中断处理。

3）中断返回：执行完中断处理程序后，CPU 再回到原程序中断处继续执行。

（3）现场保护与恢复

1）现场保护：CPU 转去执行中断源服务程序时，除了单片机硬件自动将断点地址（PC 值）压入堆栈外，用户对工作寄存器、累加器、标志位等信息的保护也是现场保护，这些信息也都需要保存在堆栈中。

2）现场恢复：执行完中断处理程序后，恢复相关寄存器中断时的信息，最后执行 RE-TI，从堆栈中自动弹出断点地址到 PC，继续执行被中断的程序。

（4）中断优先与嵌套

1）中断优先级：单片机实时控制过程中，各中断源的处理有轻重缓急之分。因此，中断系统设置中断优先级，当有多个中断请求时，CPU 最先响应其中优先级最高的中断请求。

2）中断嵌套：CPU 执行中断服务程序中出现优先级更高的中断请求时，会中断当前程序，转去执行优先级中断服务，处理完该中断服务后，再返回低级中断服务程序。

二、单片机中断系统的硬件结构

1. 单片机中断系统的组成

 阅读提示

单片机中断系统主要由中断请求标志位（在中断相关的 TCON 、SCON 寄存器中）、中断允许寄存器（IE）、中断优级寄存器（IP）内部硬件查询电路组成，这些特殊功能寄存器均在片内 RAM 中。

8051 单片机中断系统硬件的构成如图 4-37 所示。

中断标志寄存器：用于锁存中断请求标志位，其中 TCON 由定时器控制，SCON 由串行口控制。

中断允许寄存器（IE）：用于控制 CPU 是否响应中断源的中断请求。

中断优先级寄存器（IP）：用于设置各中断源的优先级，每个中断源均可编程为高优先级中断或低优先级中断。

2. 中断源

8051 单片机共有 5 个中断源，其中 2 个为外部中断源（$\overline{INT0}$、$\overline{INT1}$），另 3 个为内部中断源（T0、T1、Tx/Rx）。

（1）外部中断源$\overline{INT0}$、$\overline{INT1}$　8051 单片机两个外部中断源$\overline{INT0}$、$\overline{INT1}$ 由 P3.2、P3.3 引入，用于接收由外部中断源发出的请求。

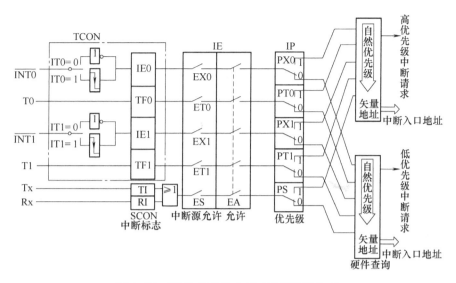

图 4-37　8051 单片机中断系统硬件的构成

 阅读提示

　　外部中断请求有电平触发方式和脉冲触发方式两种，用户可通过定时器控制寄存器 TCON 中的 IT0 和 IT1 位的状态进行设置。

　　（2）定时/计数器中断源 T0、T1　定时/计数器中断源 T0、T1 由片内定时/计数器溢出产生，8051 内部的两个 16 位定时/计数器对内部定时脉冲进行计数，或对 T0/T1 引脚上的外部脉冲进行计数，当计数器发生溢出时，表明定时时间已到或计数值已满，溢出信号就是向 CPU 发出的中断请求信号。

　　（3）串行口中断源 Tx/Rx　串行口中断源 Tx/Rx 由内部串行口产生，当串行口接收或发送串行数据时，串行口自动向 CPU 发出一个中断请求，CPU 响应中断请求后转入串行中断服务子程序，以实现串行数据的传送。

3. 中断优先级

　　8051 单片机设有两个中断优先级，可实现两级中断嵌套，每个中断源均可通过编程设置为高优先级或低优先级中断。两级中断优先级中断响应的基本原则如下：

　　1）CPU 在执行低优先级中断服务程序时，可被高优先级中断请求中断，CPU 转向执行高优先级中断服务程序，然后再返回执行低优先级中断服务程序。

　　2）CPU 在执行高优先级中断服务程序时，不会被低优先级中断请求中断。

　　3）CPU 在执行中断服务程序时，无论是高优先级还是低优先级，不会被同优先级的中断请求中断。

　　4）当 CPU 接收到两个同一级的中断请求时，CPU 则通过内部硬件查询电路，按自然优先级确定优先响应的中断请求。中断自然优先级的顺序见表 4-5。

表 4-5　中断自然优先级顺序

序号	中断源	自然优先顺序
1	外部中断源 INT0	最高
2	定时/计数器中断源 T0	次高
3	外部中断源 INT1	中
4	定时/计数器中断源 T1	次低
5	串行口中断源 Tx/Rx	最低

4. 中断控制寄存器

阅读提示

单片机通过对中断相关的特殊功能寄存器 TCON、SCON、IE 的设置实现中断控制。

（1）定时/计数器控制寄存器（TCON）　TCON 的字节地址为 88H，功能见表 4-6。

表 4-6　TCON 功能表

TCON	D7	D6	D5	D4	D3	D2	D1	D0
位名称	TF1	TR1	TF0	TR0	IE1	IT1	IE0	IT0
位地址	8FH	8EH	8DH	8CH	8BH	8AH	89H	88H
功能	用于定时/计数器控制				用于中断控制			

1）IT0（D0 位）：外部中断$\overline{INT0}$的触发方式控制位。IT0 = 1 时，P3.2 出现脉冲下降沿时中断请求有效；IT0 = 0 时，P3.2 出现低电平时中断请求有效。

2）IE0（D1 位）：外部中断$\overline{INT0}$的请求标志位。当 CPU 检测到外部中断请求时，IE0置 1；当 CPU 转去执行中断处理子程序时，由硬件自动清零（只适用边沿触发的）。

3）IT1（D2 位）：外部中断$\overline{INT1}$的触发方式控制位。IT1 = 1 时，P3.3 出现脉冲下降沿时中断请求有效；IT1 = 0 时，P3.3 出现低电平时中断请求有效。

4）IE1（D3 位）：外部中断$\overline{INT1}$的请求标志位。当 CPU 检测到外部中断请求时，IE1位置 1；当 CPU 转去执行中断处理子程序时，由硬件自动清零（只适用边沿触发的）。

5）TR0（D4 位）：定时/计数器 T0 的启动/停止标志位。由用户编程确定，TR0 = 1 时定时/计数器开始计数，TR0 = 0 时计数停止。

6）TF0（D5 位）：定时/计数器 T0 的中断溢出标志位。T0 做加 1 计数至最高位产生进位时计数溢出，由硬件置位 TR0 = 1，CPU 响应中断结束后，硬件置位 TR0 = 0。

7）TR1（D6 位）：定时/计数器 T1 的启动/停止标志位。由用户编程确定，TR1 = 1 时开始计数，TR1 = 0 时计数停止。

8）TF1（D7 位）：定时/计数器 T1 的中断溢出标志位。T1 做加 1 计数至最高位产生进位时计数溢出，由硬件置位 TR1 = 1，CPU 响应中断结束后，硬件置位 TR1 = 0。

（2）串行口控制寄存器（SCON）　SCON 的字节地址为 98H，与中断相关的是其中的两位，见表 4-7。

表4-7　SCON 功能表

SCON	D7	D6	D5	D4	D3	D2	D1	D0
位名称	SM0	SM1	SM2	REN	TB8	RB8	TI	RI
位地址	9FH	9EH	9DH	9CH	9BH	9AH	99H	98H
功能	用于串行通信						串行口中断控制	

1）RI（D0 位）：串行口接收中断标志位。当串行口接收到一帧数据时，硬件自动将 RI 置 1，CPU 响应中断后，RI 标志位并不清零，需由软件清零。

2）TI（D1 位）：串行口发送中断标志位。当串行口发送一帧数据时，硬件自动将 TI 置 1，CPU 响应中断后，TI 标志位并不清零，需由软件清零。

（3）中断允许控制寄存器（IE）　IE 控制各中断源的开放和屏蔽，字节地址为 A8H，其功能见表4-8。

表4-8　IE 功能表

IE	D7	D6	D5	D4	D3	D2	D1	D0
位名称	EA	—	—	ES	ET1	EX1	ET0	EX0
位地址	AFH	AEH	ADH	ACH	ABH	AAH	A9H	A8H
中断源	CPU	—	—	串行口	T1	$\overline{INT1}$	T0	$\overline{INT0}$

1）EX0（D0 位）：外部中断$\overline{INT0}$的中断允许控制位。EX0 = 1 时，$\overline{INT0}$开中断；EX0 = 0 时，$\overline{INT0}$关中断。

2）ET0（D1 位）：定时/计数器 T0 的中断允许控制位。ET0 = 1 时，T0 开中断；ET0 = 0 时，T0 关中断。

3）EX1（D2 位）：外部中断$\overline{INT1}$的中断允许控制位。EX1 = 1 时，$\overline{INT1}$开中断；EX1 = 0 时，$\overline{INT1}$关中断。

4）ET1（D3 位）：定时/计数器 T1 的中断允许控制位。ET1 = 1 时，T1 开中断；ET1 = 0 时，T1 关中断。

5）ES（D4 位）：串行口的中断允许控制位。ES = 1 时，串行口开中断；ES = 0 时，串行口关中断。

6）EA（D7 位）：CPU 的中断允许控制位。EA = 1 时，CPU 全开中断（总开关打开）；EA = 0 时，CPU 全关中断（总开关关闭）。

（4）中断优先级控制寄存器（IP）　IP 用来定义各中断源的中断优先级，字节地址为 B8H，IP 状态由用户编程时设定。IP 的功能见表4-9。

表4-9　IP 功能表

IP	D7	D6	D5	D4	D3	D2	D1	D0
位名称	—	—	—	PS	PT1	PX1	PT0	PX0
位地址	BFH	BEH	BDH	BCH	BBH	BAH	B9H	B8H
中断源	—	—	—	串行口	T1	$\overline{INT1}$	T0	$\overline{INT0}$

1）PX0（D0 位）：外部中断$\overline{INT0}$中断优先级控制位。PX0 = 1 时，$\overline{INT0}$为高优先级；PX0 = 0 时，$\overline{INT0}$为低优先级。

2）PT0（D1 位）：定时/计数器 T0 的中断优先级控制位。PT0 = 0 时，T0 为高中断优先级；PT0 = 0 时，T0 为低中断优先级。

3）PX1（D2 位）：外部中断$\overline{INT1}$中断优先级控制位。PX1 = 1 时，$\overline{INT1}$为高优先级；PX1 = 0 时，$\overline{INT1}$为低优先级。

4）PT1（D3 位）：定时/计数器 T1 的中断优先级控制位。PT1 = 1 时，T1 为高中断优先级；PT1 = 0 时，T1 为低中断优先级。

5）PS（D4 位）：串行口的中断优先级控制位。PS = 1 时，串行口为中断高优先级；PS = 0 时，串行口为中断低优先级。

三、单片机中断控制过程

单片机执行一次中断服务可将其分为中断请求、中断响应、中断处理、中断返回四个过程。单片机中断处理程序流程如图 4-38 所示。

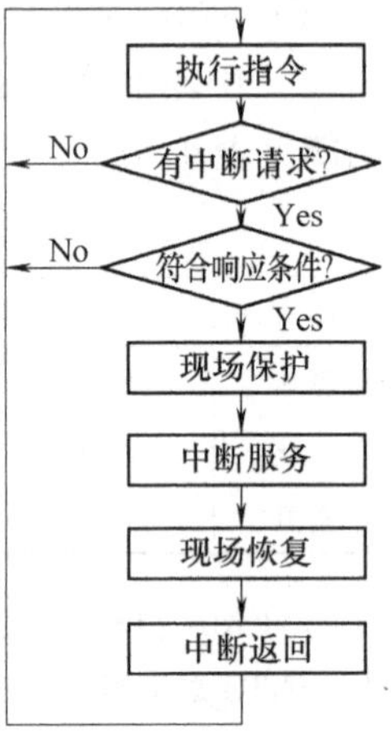

1. 中断请求的产生

外部中断请求信号通过采样获得，片内中断请求信号则是由置位产生。

（1）采样与置位

1）采样：针对外部中断请求信号，CPU 通过对 P3.2、P3.3 的采样结果来设置 TCON 中的中断响应标志位状态。

2）置位：对于片内的定时/计数器中断请求和串行口中断请求，则是直接将 TCON 和 SCON 相应的中断请求标志位置位。

（2）中断查询　单片机通过采样或置位，在 TCON 和 SCON 中锁存了中断标志位后，由 CPU 在每个机器周期的最后状态 S6 对锁存器进行查询，以确定有无中断请求。

图 4-38　单片机中断处理程序流程

CPU 按中断优先级的顺序对中断请求标志位进行查询，同级中断则按外 0、定 0、外 1、定 1、串行的顺序查询。当查询到有标志位为 1，则表明有中断请求发生，接着就从相邻的下一个机器周期的第 1 个状态 S1 开始进行中断响应。

2. 中断响应

（1）中断响应的条件　当满足以下条件时，CPU 就会响应中断源的中断请求。

1）有中断源发出中断请求。

2）中断总允许控制位 EA = 1，CPU 开放总中断。

3）申请中断的中断源的中断允许位为 1，即该中断没有被屏蔽。

4）无同级或更高级中断正在服务。

5）当前指令周期已经结束。

6）若现行指令为 RETI 或访问 IE 或 IP 指令时，读指令以及紧接着的另一条指令已执行完毕。

（2）中断响应过程　在满足中断响应条件的情况下，CPU 即响应中断其过程有 3 步。

1）将 IP 中相应的优先级控制位置 1，以阻断后面的同级和低级中断请求。

2）撤销该中断源的中断请求标志，以避免中断返回后重复响应该中断。

3）将断点地址保存后，程序转向执行中断服务子程序。

3. 中断处理

阅读提示

中断处理包括保护现场、执行中断服务程序和恢复现场。以使 CPU 中断执行当前的程序，转而执行中断服务程序后，能转回继续执行原中断的程序。

单片机中断处理过程如图 4-39 所示。

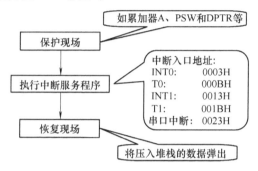

图 4-39 单片机中断处理过程

（1）保护现场 之前 CPU 只是保护了 PC 的值（断点程序地址），如果中断服务子程序中要用到公共存储空间（如 PSW、DPTR 等），则在执行中断服务程序前，也要将这些公共存储空间存储的内容加以保护（压入堆栈）。

（2）执行中断服务程序 如果中断服务子程序超出上述指定的空间时就需要安排 LJMP 指令将服务程序跳转到其他地址。

（3）恢复现场 恢复现场与保护现场相对，在返回主程序前需要将保护现场过程中压入堆栈的相关数据弹出，以确保程序能正确返回断点。

4. 中断返回

中断返回由中断返回指令 RETI 来实现。该指令的功能是把断点地址从堆栈中弹出，送回到 PC；通知中断系统已完成中断处理，并同时清除优先级状态。

中断返回的恢复断点地址、清除优先级状态通常是由 CPU 自动完成的。

四、中断的应用

阅读提示

中断系统实际上包括硬件和软件两部分，单片机中断系统的应用主要就是根据实际的中断需要，设计控制中断过程的中断应用程序。

中断的应用程序可分为中断初始化和中断服务主程序两部分。

中断的初始化包括设置 SP、定义中断优先级、定义外中断触发方式、开放中断和其他相关设置。

（1）设置 SP   保护断点 PC 地址和保护现场数据均要用到堆栈（RAM 中特定的存储空间），因根据所保护内容的多少设置适宜的堆栈深度。深度要求不高时可维持复位时状态，即 SP = 07H；如果需要保护的内容较多时，则堆栈要有一定深度，选 SP = 60H 或 50H。

> **阅读提示**
>
> SP = 07H 中的 "07H" 表示堆栈的栈底存储单元的地址为 000000111，该数值越大，堆栈的深度就越大，可保护的内容也就越多。

（2）定义中断优先级   根据中断源的轻重缓急，划分其优先级的高低。可用 MOV IP，#XX 或 SETB XX 指令来设置中断的优先级。

（3）定义外中断触发方式   对于外部中断源，还需设置中断触发方式。一般设置边沿触发方式，若外中断信号无法适应，必须采用电平触发方式时，则应在硬件电路上和中断服务程序中采取撤除中断请求状态的措施。

（4）开放中断   中断允许控制位和总允许要同时开放。可用 MOV IE，#XXH 指令设置，也可用 SETB EA 和 SETB XX 位操作指令设置。

（5）其他相关设置   除了上述中断初始化之外，还应安排好等待中断或中断发生前主程序应完成的操作内容。

第五节   单片机的定时/计数器

8051 单片机片内有两个 16 位定时/计数器 T0 和 T1，可用作定时器和计数器，定时/计数器在单片机中也是一个重要的部件。

一、定时/计数器概述

1. 单片机定时/计数器的作用与特点

（1）单片机定时/计数器的作用   定时/计数器即可以利用片内机器脉冲完成定时操作，又可进行片外脉冲信号的计数，单片机利用定时/计数器可实现的控制与测量功能主要有：定时控制、延时控制、频率测量、脉宽测量、信号发生器、信号检测、中断控制等。

（2）单片机定时/计数器的特点   单片机所用的实际上是可编程定时/计数器，其特点是：工作方式灵活多样、编程简单、使用方便、容易实现多种控制与测量功能。

> **阅读提示**
>
> 定时与计数功能均可用软件和硬件实现，纯软件实现的定时器的缺点是占用 CPU 资源；由硬件构成的定时器可不占 CPU 时间，但定时的控制不方便。

2. 单片机定时/计数器的组成与功能

（1）8051 单片机定时/计数器的组成   8051 单片机的定时/计数器由两个 16 位的计数

器 T0 和 T1 组成。其中 T0 计数器由 TH0 和 TL0 这两个 8 位计数器组成，而 TH1 和 TL1 这两个 8 位计数器则是组成 T1 计数器。

（2）8051 单片机定时/计数器的功能

1）计数器功能。定时/计数器 T0、T1 的基本功能是加 1 计数，最高计数值是 65536。用作计数器时，通常是对外部事件脉冲计数。

2）定时器功能。用作定时器时，针对内部机器脉冲计数，因为机器脉冲频率是固定的，机器脉冲周期为定值，所以通过计数机器脉冲的个数也就确定了时间。

3）可编程功能。定时的时间和计数值可由编程设定，方法是设定一个初值，计数器加 1 计满溢出，即可确定从初值到计满溢出的数值。通过调整计数初值，就可调整定时的时间和计数值。

二、定时/计数器的硬件结构

1. 定时/计数器的硬件构成

定时/计数器的硬件由定时/计数器、定时/计数控制寄存器（TCON）、工作方式控制寄存器（TMOD）及内部相关的电路构成。8051 单片机的定时/计数器的硬件结构如图 4-40 所示，各部件的作用如下：

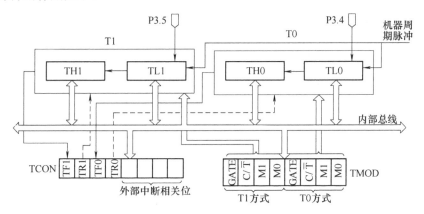

图 4-40 8051 单片机定时/计数器的硬件结构

（1）定时/计数器 T0 从 P3.4 输入外部脉冲信号时作计数器用；由内部机器周期脉冲作输入信号时作定时器用。

（2）定时/计数器 T1 从 P3.5 输入外部脉冲信号时作计数器用；由内部机器周期脉冲作输入信号时作定时器用。

（3）工作方式控制寄存器（TMOD） 它用于控制定时/计数器的工作方式，其中低 4 位控制 T0，高 4 位控制 T1。

（4）定时/计数器控制寄存器（TCON） 它用于定时/计数器的控制，控制 T1、T0 的启动、停止及设置溢出标志。

2. 定时/计数器的基本原理

T0 或 T1 工作在计数方式时，从外部引入脉冲信号，每个脉冲计数器加 1，当加到全 1 时，再输入 1 即溢出，计数器值 65536 减去初值即为计数值。

T0 或 T1 工作在定时方式时，引入片内机器周期脉冲信号，每个脉冲计数器加 1，当加到各位全为 1 时，再输入 1 即溢出，表示定时已到。输入机器脉冲数 × 周期即为定时时间。

3. 定时/计数器控制寄存器

（1）TCON　TCON 的低 4 位用于外部中断（$\overline{INT0}$、$\overline{INT1}$）控制，高 4 位用于定时/计数器控制（见表 4-10）。为方便阅读，TCON 高 4 位功能复述如下：

表 4-10　TCON 功能表

TCON	D7	D6	D5	D4	D3	D2	D1	D0
位名称	TF1	TR1	TF0	TR0	IE1	IT1	IE0	IT0
位地址	8FH	8EH	8DH	8CH	8BH	8AH	89H	88H
功能	T1 中断标志	T1 启/停控制	T0 中断标志	T0 启/停控制	用于中断控制			

1）TR0（D4 位）：定时/计数器 T0 的启动/停止标志位。由用户编程确定，TR0 = 1 时开始计数，TR0 = 0 时计数停止。

2）TF0（D5 位）：定时/计数器 T0 的中断溢出标志位。做加 1 计数至最高位产生进位时，计数溢出，由硬件置位 TR0 = 1，CPU 响应中断结束后，硬件置位 TR0 = 0。

3）TR1（D6 位）：定时/计数器 T1 的启动/停止标志位。由用户编程确定，TR1 = 1 时开始计数，TR1 = 0 时计数停止。

4）TF1（D7 位）：定时/计数器 T1 的中断溢出标志位。做加 1 计数至最高位产生进位时，计数溢出，由硬件置位 TR1 = 1，CPU 响应中断结束后，硬件置位 TR1 = 0。

（2）TMOD　TMOD 的低 4 位控制 T0，高 4 位控制 T1，不能位寻址，其功能见表 4-11。

表 4-11　TMOD 功能表

TMOD	D7	D6	D5	D4	D3	D2	D1	D0
位名称	GATE	$C/\overline{T}$	M1	M0	GATE	$C/\overline{T}$	M1	M0
功能	门控位	定时/计数方式选择	工作方式选择		门控位	定时/计数方式选择	工作方式选择	

1）M0、M1（D5 和 D4 位、D1 和 D0 位）是工作方式选择位，M1、M0 共同设置 T1 或 T0 的 4 种工作方式，见表 4-12。

表 4-12　M1、M0 共同设置 T1 或 T0 的 4 种工作方式

M1、M0	工作方式	说明
00	方式 0	13 位定时/计数器
01	方式 1	16 位定时/计数器
10	方式 2	8 位自动重装定时/计数器
11	方式 3	T0 分成两个独立的 8 位定时/计数器，T1 停止计数

2）$C/\overline{T}$（D2 或 D6 位）是定时/计数器方式选择位。该位 = 0 时为定时工作方式，对片内机器周期计数，T0、T1 作定时器用。该位 = 1 时为计数工作方式，对外入脉冲计数，下降沿有效，T0、T1 作计数器用。

3）GATE（D3 或 D7 位）是门控位。GATE = 0 时，可用软件方法将 TCON 中的 TR1 或 TR0 置 1，即可启动 T1 或 T0 工作；GATE = 1 时，除 TCON 中的 TR1 或 TR0 置 1 外，还需 $\overline{INT1}$ 或 $\overline{INT0}$ 为高电平才能启动 T1 或 T0 工作。

三、定时/计数器的工作方式

阅读提示

T0、T1 各工作方式操作相似，但 T1 无工作方式 3。

通过 TMOD 的 M1、M0 位，可设定定时/计数器 T1 和 T0 的 4 种工作方式。

1. 工作方式 0

M1M0 = 00 时，T0 为工作方式 0，由 TL0 低 5 位和 TH0 的 8 位构成 13 位定时/计数器，如图 4-41 所示。

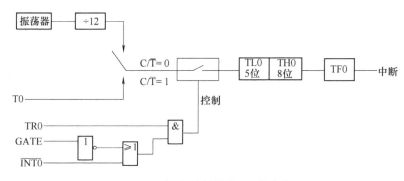

图 4-41　定时/计数器 T0 工作方式 0

TL0 低 5 位计数满时，不向 TL0 第 6 位进位，而是向 TH0 进位，13 位计满溢出，TF0 置 1。

13 位计数器最大计数值为 $2^{13} = 8192$，用作定时器时，如果振荡器时钟频率 $f_{osc} = 12MHz$，机器周期 = $1\mu s$，工作方式 0 最大的定时时间为 $8192\mu s$。

2. 工作方式 1

M1M0 = 01 时，T0 为工作方式 1，由 TL0 和 TH0 构成 16 位定时/计数器，如图 4-42 所示。

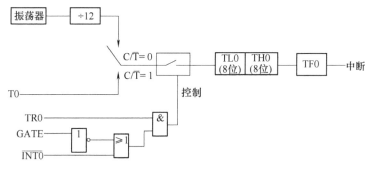

图 4-42　定时/计数器 T0 工作方式 1

当 16 位计满溢出时，TF0 置 1，16 位计数器最大计数值 $2^{16} = 65536$，在振荡器时钟频率 $f_{osc} = 12\text{MHz}$，机器周期 $= 1\mu s$ 的情况下，工作方式 1 最大的定时时间为 $65536\mu s$。

3. 工作方式 2

M1M0 = 10 时，T0 为工作方式 2，即能自动恢复原来初值（自动重装）的 8 位自动重装定时/计数器，如图 4-43 所示。

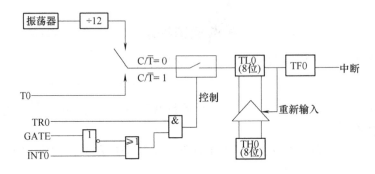

图 4-43　定时/计数器 T0 工作方式 2

TL0 计数满溢出，TF0 置 1 的同时，TH0 中的初值自动装入 TL0。工作方式 2 的优点是能自动恢复定时/计数初值，缺点是只是 TL0 用来计数，计数范围小（$2^8 = 256$），TH0 用于保存计数初值。

4. 工作方式 3

M1M0 = 11 时，T0 为工作方式 3，T0 被拆成两个独立的定时/计数器，如图 4-44 所示。

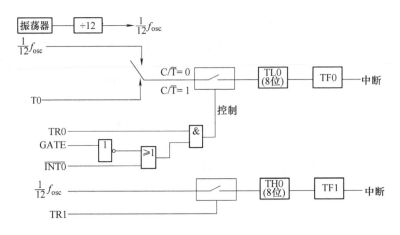

图 4-44　定时/计数器 T0 工作方式 3

T0 为工作方式 3 时，TL0 使用 T0 原有资源，可作为 8 位计数器，TH0 则只能作定时器使用。T0 为方式 3 时，而 T1 仍可设置为工作方式 0、1、2，如图 4-45 所示。

四、定时/计数器的应用

在使用定时/计数器前，需要对其进行初始化，以确保其工作在设想的状态。

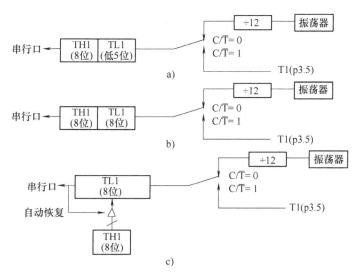

图4-45 T0 工作方式 3 时 T1 的 3 种工作方式

a）工作方式 0　b）工作方式 1　c）工作方式 2

阅读提示

> 定时/计数器的初始化，是指通过编程使定时/计数器在设想的状态下工作，以达到预期的目标。

1. 初始化的步骤

定时/计数器的初始化步骤如下：

1）根据实际任务确定定时/计数器工作方式、操作模式以及启动控制方式，然后将控制字写入 TMOD。

2）根据实际任务要求计算出定时/计数器的计数初值，并将初值写入相应的定时/计数器 T0 或 T1。

3）根据需要确定是否采用中断方式，并设置 IE 中的相关位。

4）根据前面设定的启动控制模式启动定时/计数器工作。

2. 定时/计数器初值的计算方法

计数方式下的初值 X 计算方法为

$$X = 2^n - N$$

式中　n——所选的计数器位数；

　　　N——要求的计数值。

定时方式下的初值 X 计算方法为

$$X = 2^n - T/T_c$$

式中　n——所选的计数器位数；

　　　T——要求的定时时间；

　　　T_c——单片机的机器周期。

3. 应用示例

1）用 P1.0 输出周期为 $200\mu s$ 的连续方波，设晶体振荡器频率为 $6MHz$。

输出 $200\mu s$ 的方波，可由 P1.0 上的电平每 $100\mu s$ 取反一次实现，可用 T0 来完成 $100\mu s$ 的延时。

由于需要重复定时，选用 T0 工作方式 2，$M1M0 = 10$；使用定时/计数器的定时功能，因而 $C/\overline{T} = 0$。定时/计数器 T1 不用，相关设置为 0。

晶体振荡器频率为 $6MHz$，一个机器周期为 $2\mu s$，初值 X 为

$$X = (2^8 - 100/2)\mu s = (256 - 50)\mu s = 206\mu s = 11001110B = 0CEH$$

查询方式的程序为

	MOV	IE, #00H	；禁止中断
	MOV	TMOD, #02H	；设置 T0 为工作方式 2
	MOV	TH0, #0CEH	；保存计数初值
	MOV	TL0, #0CEH	；设置计数初值
	SETB	TR0	；启动定时
LOOP：	JBC	TR0, LOOP1	；查询计数溢出
	AJMP	LOOP	
LOOP1：	CPL	P1.0	；输出方波
	AJMP	LOOP	；重复循环

2）8051 单片机只有两个外部中断源，不能满足实际需要时，将定时/计数器用作外部中断源。

阅读提示

将定时/计数器用作外部信号计数时，就相当于一个延缓了的中断。只需要将延缓缩短到最小，便成了即时中断。

定时/计数器用作外部中断的方法如下：

1）将定时/计数器设置为计数模式。该模式下定时/计数器连接外部设备，以便对外部中断源发出的中断请求（中断脉冲）做出响应。

2）设定定时/计数器为工作方式 2。定时/计数器为工作方式 2 时，是一个 8 位自动重装计数器，溢出（中断响应）后可自动"复位"，为下次中断请求做好准备。

3）将预设的计数初值设为满程。使计数器的"延缓"减至最小，即外部中断源向定时/计数器输入一个下降沿信号，定时/计数器就会溢出（响应中断）。

当外部信号由高电平跳变为低电平时，该定时/计数器即响应中断。

第六节　单片机的串行口

一、串行通信概述

1. 串行通信与并行通信

计算机中的通信是指不同的系统经由线路相互交换数据的过程。有并行通信和串行通

信两种形式，如图 4-46 所示。

（1）并行通信 并行通信（见图 4-46a）按字节传送，其特点是通信速度快，线路成本高。并行通信适用于机器内部的数据传输。8051 单片机有 4 个并行口（P0、P1、P2、P3）。

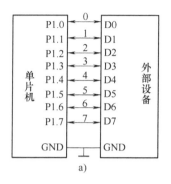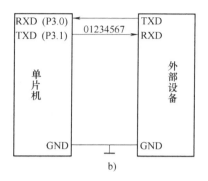

图 4-46 单片机通信方式

a）并行通信 b）串行通信

（2）串行通信 串行通信（见图 4-46b）按位传送，其特点是通信速度慢，线路成本低。串行通信适用于机器外部的数据传输。8051 单片机有 1 个可编程全双工串行口，利用 P3.0（RXD）和 P3.1（TXD）实现片内与片外的数据串行传送。

2. 串行通信的方式

串行通信中，为了把每个字节区别开来，在传送数据的信息流中添加了标记位。串行通信在信息的格式上有异步和同步两种，如图 4-47 所示。

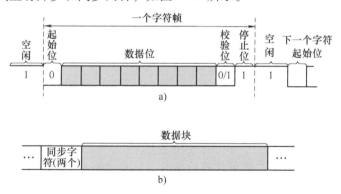

图 4-47 串行通信方式

a）异步通信方式 b）同步通信方式

（1）异步通信方式 异步通信方式如图 4-47a 所示，数据按帧传输，在一个字符帧中，包括起始位、数据位（占 5~8 位）、校验位（占 1 位，可以没有）和停止位（占 1~2 位）四部分。

起始位占 1 位，用逻辑值 "0" 表示数据的开始。该位使通信双方在传送数据位前协调同步。

数据位占 5~8 位，传送时低位在前，高位在后。

停止位占 1~2 位，用逻辑值 "1" 表示数据传送结束。

159

异步通信方式的特点是对硬件的要求不高，实现较为容易，为单片机所常用。由于异步通信方式在通信中加入的附加位较多，数据传送速度较低。

（2）同步通信方式　同步通信方式数据传送以帧为单位，帧由多个数据构成，每帧由两个同步字符作为起始位，以触发同步时钟开始发送或接收数据（见图4-47b）。同步数据块中在字符间不允许留空。

同步通信方式对硬件的要求较高，但数据传输速度快，适用于大数据量的传输。

阅读提示

异步通信面向字节传送，而同步通信面向数据块传送，在多字节数据间没有空隙，故数据传输速度快。

3. 串行通信制式

串行通信按其传送数据的方向，有单工、半双工和全双工三种制式，如图4-48所示。

单工制式发送端和接收端均固定，数据只能单向传输；半双工制式通信双方均可发送/接收数据，但不可同时接收和发送；全双工制式通信双方均可发送/接收数据，且可同时接收和发送数据。

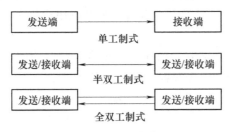

图4-48　串行通信制式

4. 串行通信的比特率

阅读提示

比特率是指每秒传送的二进制代码的位数（也称比特数），即：

1比特 =1 位/秒（1bit/s）

1比特即每秒传送1位二进制代码，那比特率的倒数就是每位二进制代码传输所需时间。由此可见，比特率也是衡量传输通道频宽的重要指标。

在串行通信中，数据位的发送和接收分别由发送时钟脉冲和接收时钟脉冲进行定时控制，因此，时钟频率高，比特率也高，通信速度就快。一般比特率取时钟频率的1/16或1/64。

二、单片机串行口的硬件结构

8051单片机串行口的硬件主要有定时/计数器T1、串行口缓冲器（SBUF）、输入移位寄存器、串行控制寄存器及发送/接收控制电路，如图 4-49 所示。

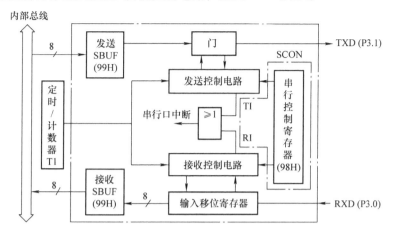

图 4-49   8051 单片机串行口的硬件

1. 串行口数据发送与接收过程

8051 单片机通过 P3.1、P3.0 接收和发送数据。

（1）串行口发送数据过程　CPU 通过内部总线将并行数据写入发送 SBUF，在发送控制电路的控制下，按设定好的比特率，每来一次移位脉冲，通过 TXD 向外输出一位。

一帧数据发送结束后，向 CPU 发出中断请求，TI 位置 1；CPU 响应中断后，开始准备发送下一帧数据。

（2）串行口接收数据过程　CPU 不停检测 RXD 上的信号，当信号中出现低电平时，在接收控制电路的控制下，按设定好的比特率，每来一次移位脉冲，读取外部设备发送的一位数据到输入移位寄存器。

一帧数据传输结束后，数据被存入接收 SBUF，同时向 CPU 发出中断请求，RI 位置 1；CPU 响应中断后，开始接收下一帧数据。

2. 串行口缓冲器（SBUF）

8051 单片机串行口在物理上有两个独立的 SBUF，可用于数据的发送和接收。两个 SBUF 使用同一个字节地址 99H，需要通过指令的读写来区分是对发送 SBUF 的操作还是对接收 SBUF 的操作。

3. 串行口控制寄存器（SCON）

SCON 可进行位寻址，字节地址为 98H。通过 SCON 可定义串行口的工作方式，控制串行口数据的发送和接收。SCON 的功能见表 4-13。

表 4-13   SCON 功能表

SCON	D7	D6	D5	D4	D3	D2	D1	D0
位名称	SM0	SM1	SM2	REN	TB8	RB8	TI	RI
位地址	9FH	9EH	9DH	9CH	9BH	9AH	99H	98H
功能	用于串行通信						串行口中断控制	

1）RB8（D2 位）：接收到的第 9 位数据位。在工作方式 0 中不用该位；在工作方式 2 或工作方式 3 中，RB8 为接收到的第 9 位数据；在工作方式 1 中，若（SM2）=0，RB8 则

为接收到的停止位。

2）TB8（D3 位）：要发送第 9 位数据位。在工作方式 2 或工作方式 3 中，TB8 为要发送的第 9 位数据，可根据需要由软件置 1 或 0。例如，可约定作为校验位，或在多机通信中作为区别地址帧或数据帧的标志位。

3）REN（D4 位）：允许/禁止串行接收控制位。由软件置 1 或 0。REN = 1 时，表示允许串行接收；REN = 0 时，则禁止串行接收。

4）SM2（D5 位）：多机通信控制位。用于工作方式 2 或工作方式 3。接收状态时，若 SM2 = 1 且 RB8 = 1，则 RI 置 1。

> 🔥 **请注意**：在工作方式 1 时，SM2 一定要为 0；在工作方式 1 时，SM2 = 1 且接收到有效停止位时，RI 才置 1。

5）SM0/SM1（D7/D6 位）：串行口工作方式选择位。SM0 和 SM1 确定串行口工作方式，见表 4-14。

表 4-14　SM0 和 SM1 确定串行口的工作方式

SM0、SM1	工作方式	功能	比特率
00	工作方式 0	8 位同步移位寄存器（用于 I/O 扩展）	$f_{osc}/12$
01	工作方式 1	10 位（8 + 2）异步收发方式	由定时/计数器 T1 控制
10	工作方式 2	11 位（9 + 2）异步收发方式	$f_{osc}/64$ 或 $f_{osc}/32$
11	工作方式 3	11 位（9 + 2）异步收发方式	由定时/计数器 T1 控制

SCON 控制寄存器中的串行口中断标志位功能复述如下：

1）RI（D0 位）：串行口接收中断标志位。当串行口接收到一帧数据时，硬件自动将 RI 置 1，CPU 响应中断后，RI 标志位并不清零，需由软件清零。

2）TI（D1 位）：串行口发送中断标志位。当串行口发送一帧数据时，硬件自动将 TI 置 1，CPU 响应中断后，TI 标志位并不清零，需由软件清零。

4. 电源控制寄存器（PCON）

PCON 为电源控制专用寄存器，其字节地址为 97H，不能位寻址，只有最高位 SMOD 与串行口工作有关。PCON 的功能见表 4-15。

表 4-15　PCON 功能表

PCON	D7	D6	D5	D4	D3	D2	D1	D0
位名称	SMOD	—	—	—	GF1	GF0	PD	IDL

SMOD（D7 位）：串行口的比特率倍增位。当 SMOD = 1 时，串行口方式 1、2、3 的比特率加倍；当 SMOD = 0 时，原设定的比特率不变。

三、单片机串行口的工作方式

通过 SCON 中的 SM0、SM1 位，或设定单片机串行口的 4 种工作方式，以满足单片机各种控制的需要。

1. 工作方式 0

M1M0 = 00 时，单片机串行口为外接移位寄存器工作方式（工作方式 0）逻辑电路如图 4-50 所示。

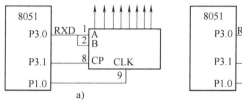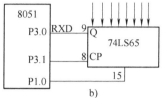

图 4-50　工作方式 0 逻辑电路

a）发送　b）接收

单片机串行口在此工作方式下，其比特率固定，为 $f_{osc}/12$。

发送数据时，数据从 RXD 串行输出，TXD 输出同步脉冲。当一个数据写入发送 SBUF 时，串行口将 8 位数据从低位到高位以 $f_{osc}/12$ 的固定比特率从 RXD 输出。8 位数据发送后由硬件将中断标志位 TI 置 "1"，请求中断。

> 🔥 **请注意**：CPU 响应中断后，TI 标志位并不清零，在下一次发送数据之前，必须用软件将 TI 清零。

接收数据时，TXD 输出同步脉冲，接收器通过 RXD 接收输入的数据。当接收完 8 位数据后，由硬件将中断标志位 RI 置 "1"，请求中断。

> 🔥 **请注意**：CPU 响应中断后，RI 标志位并不清零，在下一次接收数据之前，必须用软件将 RI 清零。

2. 工作方式 1

SM0SM1 = 01 时，串行口为 1 帧 10 位的异步通信方式（工作方式 1），比特率可变。在工作方式 1 下，字符帧格式为 1 帧 10 位，即 1 位起始位（0），8 位数据位，1 位停止位（1）。TXD 为数据发送端，BXD 为数据接收端，传送 1 帧数据的格式如图 4-51 所示。

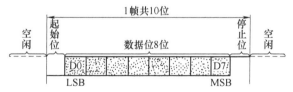

图 4-51　工作方式 1 的 1 帧数据格式

串行口发送数据时，CPU 执行一条写入 SBUF 指令后便启动了串行口发送，数据从 TXD 输出。一帧发送结束后由硬件将中断标志位 TI 置 1，CPU 响应中断。之后 TI 位由软件清零。

串行口接收数据时，置 REN 为 1，允许接收。当接收器对 RXD 状态进行采样时，如果检测到由 1 到 0 的负跳变时，则开始接收数据，在接收移位脉冲的控制下，将接收的数据移入输入移位寄存器。接收完一帧，必须同时满足以下两个条件，这次接收才真正有效。有效条件如下：

1）RI=0，即上一帧数据接收完成，上次发出的中断请求已被响应，SBUF 中的数据已被取走，说明接收 SBUF 已空。

2）SM2=0 或收到的停止位=1（停止位已进入 RB8）。

若上述两个条件同时满足，则置中断标志 RI=1，将收到的数据装入 SBUF。反之，收到的数据不能装入 SBUF，该帧数据将丢失。

3. 工作方式 2

SM0SM1=10 时，串行口为 11 位 1 帧可编程串行工作方式（工作方式 2）。1 帧数据由 11 位组成，1 位起始位，8 位普通数据，1 位可编程控制的数据（第 9 位）和 1 位停止位。传送 1 帧数据的格式如图 4-52 所示。

串行口发送数据时，先将数据的可编程位写入 TB8，CPU 执行写入 SBUF 指令后，立即启动发送器发送，发送一帧数据后，T1 置 1，再次向 CPU 申请中断。因此，在进入中断服务程序后，在发送完一帧数据之前，必须将 TI 清零。

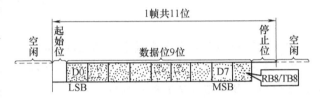

图 4-52　工作方式 2 的 1 帧数据格式

串行口接收数据时，REN=1，允许接收。与工作方式 1 的接收方式类似，接收完一帧数据，必须同时满足如同工作方式 1 中的两个条件，本次接收才真正有效。使 RI=1，将接收数据装入接收 SBUF，同时第 9 位装入 RB8。

4. 工作方式 3

SM0SM1=11 时，也是 11 位一帧可编程串行工作方式（工作方式 3），其通信过程与工作方式 2 完全相同，不同点仅在于比特率。工作方式 2 的比特率只有固定的两种，而工作方式 3 的比特率与工作方式 1 相同，可通过设置 T1 的初值来设定比特率。

5. 各种工作方式下的比特率设定

串行通信过程中，比特率反映了串行传输数据的速率。接收和发送的比特率必须一致，使用时通过软件进行设置。各种串行工作方式下，比特率的计算公式如下：

1）工作方式 0：比特率 $=f_{osc}/12$。

在工作方式 0 时，串行数据传输比特率固定不变，为振荡频率的 1/12。

2）工作方式 2：比特率 $=f_{osc}\times 2^{SMOD}/64$。

在工作方式 2 时有两种比特率，由 SMOD 确定：

当 SMOD=1 时，工作方式 2 的比特率为 $f_{osc}/32$；

当 SMOD=0 时，工作方式 2 的比特率为 $f_{osc}/64$。

3）工作方式 1、3：比特率 $=$ T1 的溢出率 $\times 2^{SMOD}/32$。

工作方式 1、3 的比特率均为可变，由 T1、SMOD 设定。串行口工作在工作方式 1、工作方式 3 时，通常是根据比特率来计算 T1 初值（一般 T1 工作在工作方式 2）。即 T1 用作比特率发生器，在确定所需的比特率后，再计算 T1 的定时初值。T1 的初值 X 计算方法为

$$X=2^8-\left[f_{osc}\times(2^{SMOD}/32)\times 比特率\times 12\right]$$

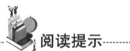

第五章
汽车电路的构成要素

第一节　汽车电路的组成与特点

一、汽车电路概述

现代汽车的电气设备和电子控制装置越来越多，但是最早的以蒸汽机为动力的汽车是没有任何电气设备的。汽车电气设备经历了从无到有，从辅助到主要的发展过程，并逐步地实现了电子化。

1. 汽车电气设备早期的发展过程

阅读提示

> 汽车电气设备经历了从无到有、从简单到繁多、从辅助到主要的发展过程，正是这些电气设备的使用，才使汽车的使用性能得以提高。

1769 年，第一辆以蒸汽机为动力的汽车诞生了（见图 5-1），车上无电气设备。这种汽车车速很低，操作也很不方便，当时只是作为一种时髦，其实用意义还不如马车。

1886 年，第一辆以内燃机为动力的汽车诞生了（见图 5-2），它所采用的四冲程汽油机用火花塞点火，电源由发电机提供。自此，汽车就有了电气设备。由于此时的发电机产生的能量有限，因而这种点火装置只适用于单缸或双缸发动机，在汽车上早已被淘汰。

图 5-1　最早的蒸汽机汽车

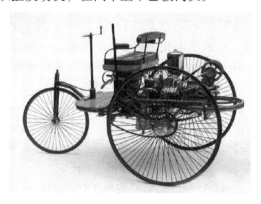

图 5-2　第一辆内燃机汽车

1908 年，蓄电池点火装置开始应用于汽车，这种点火装置以蓄电池或性能更好的发电机为电源，能适应多缸发动机的点火能量要求。蓄电池点火装置的应用，使多缸汽油发动机得以迅速发展。同年美国人在汽车上安装了车速表，使汽车驾驶人能随时掌握当前的车速，这对提高汽车行车安全起到了很大的作用。

1909 年，电喇叭开始在汽车上使用，使汽车的行驶速度、行车安全性都得以提高。此前，由于汽车发动机功率增大而且噪声降低，当行驶于车水马龙的路段时，必须鸣锣开道或让驾驶人降低汽车行驶速度，以确保汽车行驶安全。汽车上使用了电喇叭后，汽车的行驶速度和行车的安全性都得到了提高。

1911 年，汽车上开始使用电灯照明，这无疑有效地提高了汽车夜间行车的速度与安全性。1896 年开始，为了能在夜间行车，汽车上采用了油灯照明；1907 年，汽车采用了照明度和防风性能较好的电石灯照明；一直到 1911 年，汽车上开始使用电灯照明了，这使汽车夜间行车的速度和安全性都得到了提高。

1912 年，在汽车上开始使用电起动机，而此前汽车发动机起动要靠人力，起动很不方便，这也限制了一部分人的使用。电起动机的使用，使汽车发动机的起动变得十分方便，因而汽车的使用也更加广泛了。

1920 年，通过灯的闪光发出转向信号的转向信号灯开始应用于汽车，而此前是通过手势或手形灯罩加灯泡的方式发出转向信号，这些转向信号很不醒目。能发出闪光信号的转向信号灯在汽车上使用后，使汽车行驶速度和安全性均得到了进一步的提高。

1924 年，电动刮水器开始在汽车上使用，这使汽车在雨天也可以正常行驶。

1931 年，汽油机点火系统中开始使用真空、离心点火提前调节装置，使汽油发动机的点火时间可根据发动机转速和负荷的变化自动调整，这又使汽车发动机的性能得到了很大的提高。

除了上述典型时间节点上汽车电气设备的应用，汽车上还陆续地装备了电流表、燃油表、发动机温度表等各种汽车仪表，电动车门、电动车窗等各种电动装置也逐渐在汽车上普及。所有这些均说明了汽车电气设备经历了从无到有、从简到繁、从辅助到主要这样一个发展过程。

2. 汽车电气设备的电子化

阅读提示

> 汽车电气设备的电子化是指一些传统汽车电气设备进行了电子化的改造与替换，消除了传统电气设备一些不可避免的缺陷，不但提高了汽车电气设备的性能，还使汽车整车的技术性能也得到了提高。

（1）发电机的电子化　用硅整流发电机替代直流发电机，彻底解决了直流发电机电刷与换向器之间的换向火花问题。硅整流发电机的比功率大，故障率低，在 20 世纪 80 年代以后，已全面替代了直流发电机。

（2）触点式电器的电子化　触点式调节器、触点式闪光器、触点式电喇叭等传统电器的最大问题是工作时触点要不断地开闭，因此触点的火花不可避免。触点火花容易烧蚀触点，从而导致这些电器的工作可靠性较差。这些触点式电器的电子化，解决了触点火花问题，因而工作的可靠性有了很大的提高。在现代汽车上，电子调节器已经普及，电子闪光器、电子喇叭等在汽车上的应用也十分广泛。

（3）传统点火装置的电子化　传统点火装置依靠断电器触点的开闭来通断点火线圈一次回路，使二次侧产生高压。工作时，触点火花所带来的问题是故障率高、点火能量低，这不仅影响汽车的使用性能，还会使得汽车的油耗高，排气污染严重。无触点的电子点火装置利用晶体管的导通和截止来代替触点的开闭，彻底解决了传统点火系统的触点所带来的一切问题，使现代汽车点火系统的工作可靠性有了很大的提高，并使汽车的油耗和排气污染都有明显的降低。

始于20世纪50年代的传统电器的电子化，使这些电器的工作可靠有了很大的提高，从而提高了汽车的使用性能，而电子点火装置的使用，不仅提高了汽车整车的使用性能，对降低汽车油耗和减少排气污染也起到了至关重要的作用。

3. 汽车电子控制技术的应用

 阅读提示

　　汽车电子控制技术的应用，在降低汽车油耗、减少排气污染、提高汽车安全性和提升汽车舒适性等方面都起到了无可替代的作用，因而汽车电子技术得到了迅速的发展。

（1）应用于汽车发动机的电子控制技术　应用于汽车发动机的电子控制技术主要有燃油喷射控制、点火控制、发动机怠速控制、燃油箱燃油蒸发排放控制、排气再循环控制、配气相位可变控制、进气谐波增压控制等。这些电子控制技术的应用，使得汽车发动机的动力性和经济性均有明显的提高，而排气污染则有明显的降低。在现代汽车上，燃油喷射控制系统、点火控制系统、发动机怠速控制装置、燃油箱燃油蒸发排放控制装置等电子控制技术已基本普及，其他的发动机电子控制技术在许多汽车上的应用也十分普遍。

（2）应用于汽车底盘的电子控制技术　应用于汽车底盘的电子控制技术主要有防抱死制动系统（ABS）、防滑转控制系统（ASR）、动力转向电子控制系统（EPS）、自动变速器电子控制系统、电子控制悬架系统等。此外，汽车辅助制动系统（EBA）、电子制动力分析系统（EBD）、电子驻车制动系统（EPB）、汽车稳定性控制系统（ESP）等在汽车上的应用也日益增多。这些电子控制技术的应用，使汽车行驶的安全性和乘坐的舒适性有了很大的提高。

（3）应用于汽车车身的电子控制技术　应用于汽车车身的电子控制技术主要有汽车巡航控制系统（CCS）、安全气囊装置（SRS）、汽车自动空调、电子仪表系统、电子防盗系统及自适应前照灯等。这些电子控制技术的应用，对汽车安全性和舒适性的提高也起到了至关重要的作用。

最早的汽车电子控制技术采用模拟控制电路，由于模拟电子控制装置工作的可靠性较差、控制的精度较低、控制的功能扩展难度很大等问题，使得这种模拟电子控制技术发展极为缓慢。20世纪70年代末期，以微型计算机为控制核心的各种电子控制系统在汽车节能减排，以及提高汽车安全性与舒适性等方面起到了无可替代的作用，因而得到了迅速发展。

4. 汽车电器与电子控制技术的未来发展

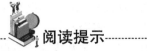

人类在未来对汽车动力性、经济性、安全性、舒适性的要求必然越来越高，未来汽车电子控制技术的应用将更加广泛，并向着信息化、智能化的方向发展。

（1）机械装置的电动化和电控化　机械装置实现电动化和电控化仍然是汽车电子控制技术发展的一个重要特征。例如：电子节气门、电动水泵、线控动力转向系统、电磁感应式制动系统等，其中，电子节气门、电动水泵已经开始在一些汽车上得到了实际应用。这些电动装置及电控技术的应用，使汽车的动力性、制动安全性、操作稳定性等均会有更进一步地提高。

（2）各电子控制系统实现集中控制　由于汽车上的电子控制技术应用越来越多，各电子控制系统实现集中控制也是汽车电子控制技术进一步发展的特征之一。用一个电子控制器实现多项控制功能，可使控制系统信息资源共享，各系统的协调控制更容易，控制的精度也更高。现在汽车上已经有部分集中控制的电子控制系统，例如发动机集中控制实现了对发动机各个电子控制系统的集中协调控制；汽车动力控制系统实现了发动机与自动变速器的集中协调控制；车距自动控制系统实现了发动机控制、防滑转控制、防抱死控制等的集中协调控制，未来还将实现汽车整车各电子控制系统的集中协调控制。

（3）向着信息化和智能化的方向发展　高度信息化和智能化是汽车电子控制技术未来发展的趋势。计算机网络技术、无线通信技术、全球定位系统（GPS）以及电子仪表等将更加广泛地应用于汽车，使得汽车不仅是机电一体化的高科技产品，更是高度信息化的交通工具，汽车的使用价值将会更高，公共交通也会更加顺畅，具有自动驾驶功能的智能型汽车将是未来汽车发展的方向。

二、汽车电路的基本组成

汽车的电气设备和电子控制装置可分为车载电源和用电设备两大部分。车载电源由蓄电池和发电机（以及与发电机配合的调节器）组成，而汽车用电设备按其使用功能的不同，可大致分为起动系统、照明系统、信号系统、仪表系统、点火系统、辅助电器、电子控制系统等，汽车电路的组成如图5-3所示。

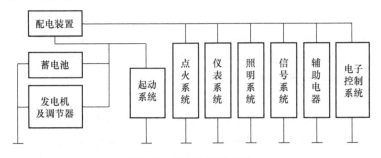

图5-3　汽车电路的组成

1. 车载电源

车载电源有蓄电池和发电机及调节器（见图5-4），蓄电池与发电机并联。蓄电池主要用作起动电源，且在发动机不工作或发电机输出电能不足时向用电设备供电。发电机则是在发动机工作时由发动机带动发电，向用电设备供电，并向蓄电池充电。

车载电源通过配电装置向各用电设备供电，配电装置也称接线盒，通常包括线路保护装置（易熔线、熔断器等）、控制装置（开关、继电器等）及线路插接器等。有的汽车将配电装置集中在一处，有的汽车则是根据电路的分布情况，布置两个或两个以上的接线盒。

发电机   调节器

图 5-4 发电机及调节器

2. 起动系统

汽车起动系统用于起动发动机，其主要组成部件是起动机（见图5-5）。大部分汽车的起动电路中都设置起动继电器，有的则是配备了带有驱动保护功能的组合继电器（见图5-6）。当需要起动发动机时，驾驶人通过操作起动开关使起动电路通电工作，起动机运转，驱动发动机转动。

图 5-5 起动机   图 5-6 组合继电器

3. 照明系统

汽车照明系统由各灯开关和照明灯组成，用于汽车在夜间或能见度较低的阴雨天、雾天行驶时的道路照明和车内照明，用于道路照明的前照灯（见图5-7）是照明系统的重要部件。在一些汽车上，其照明系统还配有远光和近光自动变光、前照灯延时关灯、灯开关未关警告等控制装置。近几年又出现了自适应前照灯系统，通常设有如下功能：

1）在汽车转向时，前照灯可随动转向，以解决汽车转弯时的转向一侧照明盲区问题。

2）前照灯根据环境的照明情况自动亮起或

图 5-7 汽车前照灯

熄灭。

3）在车辆的负载变化时，可自动调整前照灯垂直方向的照射角度，以防止眩目或照明距离太短。

4）根据汽车行驶的速度和光照的环境自动调节照明的距离和范围。

4. 信号系统

汽车信号系统包括声响信号装置和灯光信号装置，用于向汽车附近的行人和其他车辆的驾驶人发出警告，以确保行车安全。电喇叭是汽车的声响信号装置，其电路由电喇叭、按钮、喇叭继电器（有的汽车无喇叭继电器）组成。电喇叭有盆形、螺旋形（也称蜗牛形）和筒形等不同的形式，图5-8所示的是汽车上使用最为广泛的盆形电喇叭。在一些载货汽车上，还装有倒车蜂鸣器。灯光信号包括转向信号灯、制动灯、示廓灯、停车灯等。转向信号电路由闪光器、转向开关和转向灯组成，其他灯光信号电路主要由各自的灯具和相应的控制开关组成。

图5-8 盆形电喇叭
1—喇叭继电器 2—电喇叭

5. 仪表系统

汽车仪表系统包括各指示仪表和各指示/警告灯两大部分，用于向驾驶人反映汽车的行驶状况和发动机的工作状况等，以指导驾驶人正确地驾驶车辆，确保行车安全，并能帮助驾驶人及时地发现汽车发动机出现的异常情况。传统的仪表有电流表、机油压力表、发动机温度表、车速里程表、燃油表等，每一个仪表电路均由各自的指示表和与其相配的传感器组成。在轿车上通常不装电流表，而是装备发动机转速表。汽车仪表有彼此互相独立的和组合的两种形式，

图5-9 汽车组合式仪表一例

图5-9所示的是现代汽车上广泛使用的组合式仪表。现代汽车上使用的指示/警告灯有很多，一般安装在仪表板上，各指示/警告灯电路由各指示/警告灯具和控制开关组成。汽车上部分指示/警告灯的符号如图5-10所示。

6. 点火系统

使用汽油发动机的汽车都必须配备点火系统，用于适时地向发动机燃烧室提供电火花，点燃可燃混合气，使汽油发动机能正常运转。点火系统主要由点火开关、点火线圈、分电器、火花塞、高压导线等组成，传统触点式点火系统如图5-11所示。这种触点式点火系统通过触点的开闭来通断点火线圈一次侧，使二次侧产生高压，进而使火花塞电极跳火。传统触点式点火系统在现代汽车上已经不再使用，现代汽车上普遍采用的是由控制器控制的电子点火系统，它用晶体管的导通和截止替代触点式点火系统的触点开合，通过点火信号发生器（曲轴位置传感器）触发晶体管的导通与截止。采用电子高压配电方式的电子点火系统则无分电器。

7. 辅助电器与电子控制系统

除上述电气系统以外,汽车用电设备还有很多,通常把它们划归为辅助电器和电子控制系统两大部分。

（1）辅助电器 辅助电器是指除起动系统、照明系统、信号系统、仪表系统、点火系统以外的汽车电气设备,它包括风窗玻璃刮水器/洗涤器、电动玻璃升降器、电动天窗调节器、电动车门/中央门锁控制装置、电动座椅调节装置、电动后视镜装置、音响系统、点烟器等。其主要功能是提高车辆的安全性、舒适性和使用的方便性。根据汽车档次高低的不同,辅助电器配置也有所不同。

（2）汽车电子控制系统 汽车电子控制系统由相应的传感器、控制器和执行器组成（见图5-12）。用于降低油耗和排污、提高汽车的安全性和舒适性。燃油喷射、点火、怠速等发动机控制系统,防抱死制动控制系统及安全气囊控制系统等电子控制系统在现代汽车上已很普及,巡航控制、电子控制悬架、自适应前照灯等其他电子控制装置也在不同档次的汽车上有较多的应用。

发动机故障灯

EPC
(发动机功率控制)

发动机系统
故障指示灯

安全气囊警告灯

安全气囊警告灯

ABS(防抱
死制动系统)

点火警告灯

充电指示灯

机油压力警告灯

车身稳定控
制系统关闭指示灯

车身稳定控
制系统指示灯

机油油位过
低警告灯

安全带指示灯

燃油液位低警告灯

制动系统警告灯

图 5-10 汽车部分指示/警告灯符号

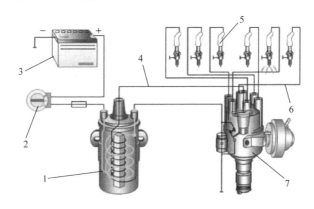

图 5-11 传统触点式点火系统

1—点火线圈 2—点火开关 3—蓄电池 4—中央高压导线 5—火花塞 6—高压分线 7—分电器

图 5-12 汽车电子控制系统的组成

三、汽车电路的特点

汽车电路由于其特殊的工作环境和条件，有着自身的特点，充分了解汽车电路的特点，对看懂汽车电路图、更好地理解汽车电路的工作原理、进行汽车电路的故障检修等均会有很大的帮助。

1. 低压

汽车电路的特点之一是汽车电路采用低压，历史上有 6V、12V、24V 三种额定电压，如今汽车电路已不再采用 6V 电压，普遍采用的是 12V 电压。一些重型柴油汽车则采用 24V 电压，另一些重型柴油汽车则只是其起动柴油发动机的起动机采用 24V 电源，而其他用电设备仍为 12V 电压，通过电源转换开关实现 12V/24V 电压的变换。

汽车电路采用低压的优点主要有：

1）用电安全，汽车电路无触电的安全隐患。

2）蓄电池串联的单格数量较少，这使得用作汽车电源之一的蓄电池的结构较为简单。

汽车电路采用低压的不足有：

1）发电机的电压低，其极限功率较小，这对汽车电器与电子控制系统不断增加的现代汽车来说，发电机的极限功率小就会成为汽车电源的一个短板。

阅读提示

发电机的输出功率为其端电压与输出电流的乘积，而发电机输出电流有一个最大电流极限值。因此，发电机的电压低，就限制了其最大的输出功率。

2）电压低，电流就相对较大，导线的直径相对较大，汽车线路的线束所占的体积也相应增大。

3）电流相对较大，这使线路的能耗也较大，信号传输的可靠性则相对较低。

正因为低压有这些不足，人们很早就已开始酝酿提高汽车电系的电压，将汽车电路的电压提高到 36V 或 42V。但由于提高汽车电系电压涉及许多的问题，至今尚未实施。

2. 直流

汽车电路的第二个特点是汽车电路为直流电路，采用直流电的主要原因是电源之一的蓄电池是直流电源，蓄电池电能消耗后也必须用发电机输出的直流电充电。此外，串励直流电动机的起动转矩大，起动安全可靠，这也是汽车电气系统一直都采用直流电的原因之一。

3. 并联

汽车电路另一个特点是汽车上的两个车载电源——蓄电池和发电机并联，这种连接方式以及发电机的外特性（端电压随输出电流的变化规律）保证了车载电源如下的工作方式：

1）起动时，由蓄电池提供起动机及点火系统（汽油机）所需的电能，使发动机能顺利起动。

2）发动机工作时，由发电机向用电设备供电，并对蓄电池充电，使蓄电池恢复充足电的状态，以使下次起动时蓄电池电能充足。

3）当发动机不工作时，自动转由蓄电池向用电设备提供电能。

4）当发动机低速运转，且有较大功率的电气设备启用时，由于发电机的端电压较低，蓄电池会自动协助发电机供电。

5）发动机正常工作，同时启用的电气设备较多，其功率超出了发电机的最大输出功率时，由于发电机的电压随输出电流的增加而下降较多，蓄电池会自动协助发电机供电，以满足用电设备的供电需求。

汽车电路中所有的用电设备也与电源并联，每条电路中，有的串联了继电器触点，有的串联了手动或自动开关，大多数电路中还串联了熔断器等多个电气部件，因而有多个连接点。

阅读提示

　　汽车电路中的线路连接点较多，看起来比较复杂，但发电机与蓄电池，以及各个用电设备与电源、用电设备之间均为并联关系，牢记这一点，对识读汽车电路图、分析汽车电路原理及查寻汽车电路故障均会有很大的帮助。

4. 单线与负极搭铁

单线与负极搭铁也是汽车电路的一个特点。发电机与蓄电池只用一根导线将两个正极相连，发电机的负极连接于发动机机体，蓄电池的负极则和车身或车架相连接，汽车上的各个用电设备也只是用一根导线与电源的正极相连，通过发动机的机体、车身及车架等金属与发电机和蓄电池的负极相连，形成负极回路。

采用单线制具有线路清晰、用线少、安装检修方便等优点。不过有一些乘用车上的部分区域和电路采用双线制，这些用电设备的负极通常是用导线连接到一个公共接地点或连接到一根公共接地线上。

阅读提示

　　利用发动机、车身及车架等金属体作为汽车电路的公共回路称之为搭铁，现代汽车均采用负极搭铁，即发电机和蓄电池的负极连接发动机、车身及车架等金属体。

发动机机体、车身及车架就是汽车电路的"公共负极电缆"，清楚这一点，将有助于提高汽车电路图的识读能力，并可提高汽车电路故障分析与故障诊断的实际工作能力。

第二节　汽车电路的基础电气元件

在汽车电路中，除了电源和用电设备（电路负载）之外，还包括了导线、开关、继电器及熔断器等基础电气元件。这些电路基础电气元件起到了电路的连接、控制及保护等作用。本节对汽车电路基础电气元件的作用、规定和表示方法等逐一进行介绍，这些内容也是汽车电工需要掌握的基础知识。

一、导线

1. 导线的截面积

汽车电路的导线均采用多股铜线，导线的粗细（截面积）通常是根据所接用电设备电流的大小来确定的，但为了保证导线有足够的机械强度，规定导线的截面积最小不能小于 $0.5mm^2$。各种汽车低压导线标称截面积允许的载流值见表5-1。

表5-1　汽车低压导线标称截面积允许的载流值

导线标称截面积/mm²	1.0	1.5	2.5	3.0	4.0	6.0	10	13
导线允许载流值/A	11	14	20	22	25	35	50	60

> 🔥 **请注意**：导线标称截面积是根据规定换算方法得到的截面积值，它既不是线芯的几何截面积，也不是各股铜线几何截面积之和。

汽车主要线路导线的标称截面积（12V）推荐值见表5-2。在汽车电路检修过程中，根据导线的粗细，可大致分辨其属于哪一类线路。

表5-2　汽车主要线路导线标称截面积（12V）推荐值

标称截面积/mm²	适用的电路
0.5	尾灯、顶灯、仪表灯、指示灯、牌照灯、燃油表、水温表、油压表、电子钟等电路
0.8	转向灯、制动灯、停车灯、点火线圈一次绕组等电路
1.0	前照灯、电喇叭（3A以下）等电路
1.5	前照灯、电喇叭（3A以上）等电路
1.5~4.0	其他5A以上电路
4.0~6.0	柴油汽车电热塞电路
6.0~25	电源电路
16~95	起动电路

2. 导线的颜色

为了线路配线和电路检修的方便，汽车电路所有线路的导线均采用不同的颜色。各国对汽车上不同电路的导线颜色都有不同的规定。例如，我国要求截面积 $4.0mm^2$ 以上的导线采用单色，截面积 $4.0mm^2$ 以下的导线采用双色。双色导线是以某种颜色为主色，在主色基础上加条状辅助色。国产汽车电路各条线路导线主色的规定见表5-3。

表5-3　导线主色的规定

导线主色	电路系统的名称
红	电源系统
白	点火系统、起动系统
蓝	前照灯、雾灯等车外照明系统
绿	灯光信号系统
黄	车内照明系统
棕	仪表、警报系统、电喇叭
紫	收音机、电子钟、点烟器等辅助电器
灰	各种辅助电动机及电气操作系统
黑	搭铁

阅读提示

导线配色的基本原则是，在同一电气系统中，其双色线的主色与单色线的颜色相同；电路分支导线的辅色则应按允许的颜色选配。

不同国家对汽车电路导线的配色不完全一致，表5-4为日本汽车各电气系统允许的导线颜色搭配。

表5-4 日本汽车各电气系统导线主、辅颜色的搭配

电气系统	导线配色		
	导线的基色	或选的基色	导线可配的辅色（条纹颜色）
起动与点火系统	黑	—	白、黄、红、浅蓝
电源（充电系统）	白	黄	黑、红、浅蓝
照明电路	红	—	黑、白、绿、浅蓝
信号电路	绿	浅绿、棕	黑、白、红、浅蓝、黄
仪表电路	黄	—	黑、白、红、绿、浅蓝
辅助电器	浅蓝	红、黄、棕	黑、白、红、绿、黄
搭铁	黑	—	—

掌握汽车电路导线颜色的规律，对汽车电路图的识读和汽车电路的故障检修均会有很大的帮助。对于汽车电工来说，在学习与工作中，注意收集整理不同国家导线颜色的配色规律是很具实际意义的。

由于汽车电路用线比较多，为配线和识别的方便，一些汽车往往还在导线的接头处套有某种颜色的套管。在电路图中则相应地标出导线套管的颜色。例如，日本汽车用英文字母组成的色码标注导线与套管颜色的方式如下：

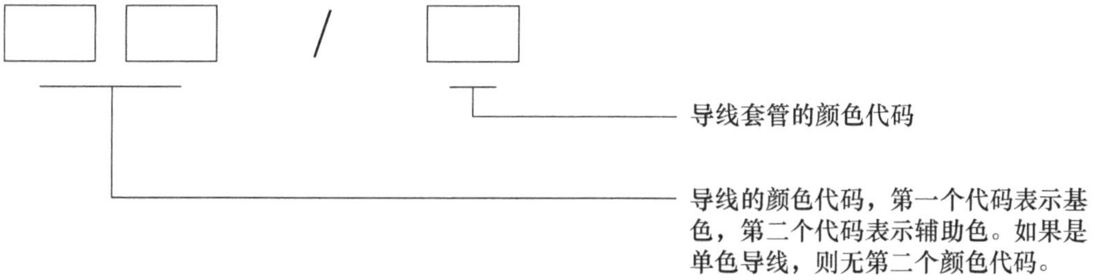

导线套管的颜色代码

导线的颜色代码，第一个代码表示基色，第二个代码表示辅助色。如果是单色导线，则无第二个颜色代码。

3. 导线颜色的标注

为了汽车电路图识读和汽车电路故障检修的方便，在导线的接线端和电路图上，通常标有导线颜色代码。

阅读提示

国际标准组织（ISO）规定的导线颜色代码采用各颜色的英文字母，我国及英国、日本、德国、法国等所采用的导线颜色代码均为英文字母，有些国家则采用本国母语字母作为导线颜色代码。

部分国家汽车线路的导线颜色代码见表5-5。

表5-5　部分国家汽车线路的导线颜色代码

颜色	英国代码	日本代码	德国代码	法国代码	颜色	英国代码	日本代码	德国代码	法国代码
黑	B	B	SW	N	灰	Gr	Gr	gr	G
白	W	W	WS	B	紫	V	V	li	Mv
红	R	R	RO	R	橙	O	O	—	Or
绿	G	G	gn	V	粉	—	P	—	Ro
黄	Y	Y	ge	J	浅蓝	—	L	hb	—
棕	Br	Br	br	M	浅绿	—	Lg	—	—
蓝	Bl	—	—	Bl					

汽车电路图中双色线的标注方法是主色在前，辅色在后。比如"BW"，表示该导线的主色是黑色，辅色为白色。

> 🔥 **请注意**：双色线也有在主、辅色代码之间加"/"或"–"的标注方法，例如：黑色为主色，白色为辅色的标注除了用"BW"外，也有用"B/W"和"B – W"标注的。

在一些汽车电路图中，还标出了导线的截面积。比如"1.5Y"表示该条线路的导线截面积为 $1.5\mathrm{mm}^2$，导线颜色为黄色。

二、熔断器与易熔线

在汽车电气系统的各条电路中，通常串联有熔断器或易熔线，用于汽车电路的安全保护。当所保护的电路过载或短路时，串联在该条电路中的熔断器或易熔线便会因电流过大而发热并熔断，以迅速切断电路，从而避免了线路和用电设备被烧毁。

🔧 阅读提示

> 汽车电路中串联熔断器或易熔线，其作用类似于家庭用的低压断路器，起保护作用，但汽车用熔断器或易熔线的保护原理与家庭使用的熔断器一样，是通过自身的熔断来断开通路，达到线路保护的目的。

1. 熔断器

熔断器起保护作用的元件是其内部的熔丝，汽车电路中所使用的熔断器通常是将熔丝固定在可插式塑料片上（插片式）或封装在玻璃管内（管式）以及做成片状（片式），熔断器常见的结构形式如图5-13所示。

一般情况下，当所保护的线路的电流过大（通过熔丝的电流达到额定电流的1.35倍）时，熔断器中的熔丝会在60s内熔断；当通过熔丝的电流达到额定电流的1.5倍时，20A以下的熔丝会在15s内熔断，30A的熔丝会在30s以内熔断。

汽车各电气系统电路大都采用熔断器作为线路过载保护，因此汽车电气线路中的熔断

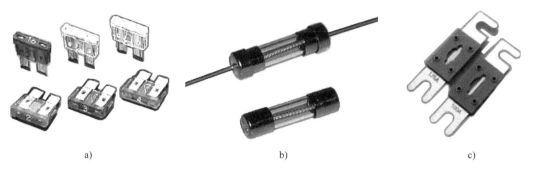

图5-13　熔断器结构形式
a）插片式　b）管式　c）片式

器有好多个。一辆汽车的熔断器通常集中安装在一个或几个接线盒（也称熔断器盒）中。在接线盒中通常还装有各种用途的继电器，如图5-14所示。为便于故障查寻、检修及部件的更换，通常将各个熔断器编号，并按顺序排列，有的汽车上还将各熔断器涂以不同的颜色，以方便查找。

**阅读提示**

　　将熔断器集中安装，并将各种继电器也一起安装在接线盒内，可以使汽车电气线路清晰，方便线路故障查寻。由于汽车各电路均通过接线盒连接电源，因而接线盒也被称为电源盒。

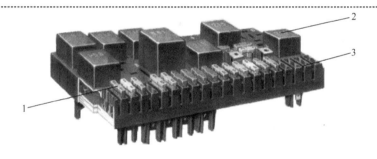

图5-14　接线盒
1—熔断器　2—继电器　3—熔断器插座

2. 易熔线

　　易熔线的作用及保护的动作与熔断器相似，但易熔线所保护线路的工作电流较大，通常被用来保护车载电源。

　　易熔线由多股熔丝绞合而成，其线外包有耐热性能好的绝缘护套。与普通低压导线相比，易熔线更为柔软，长度为50～200mm，易熔线的外形如图5-15所示。

　　易熔线通常以棕、绿、红、黑四种颜

图5-15　易熔线外形

色来表示其不同规格，不同规格的易熔线及其特性见表 5-6。

表 5-6　易熔线的规格

颜色	截面积/mm²	构成	1m 长的易熔线电阻值/Ω	连续通电电流/A	5s 内熔断的电流/A
棕色	0.3	φ0.32×5 股	0.0475	13	约 150
绿色	0.5	φ0.32×7 股	0.0325	20	约 200
红色	0.85	φ0.32×11 股	0.0205	25	约 250
黑色	1.25	φ0.5×7 股	0.0141	33	约 300

易熔线通常连接在线路的起始端，比如和熔断器一起集中安装在接线盒内，或连接于蓄电池正接线柱附近（见图 5-16）。

> 请注意：易熔线不能包扎在线束内，也不得被其他物件包裹！

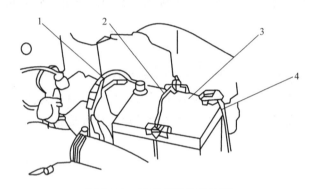

图 5-16　易熔线的安装位置

1—易熔线　2—蓄电池固定支架　3—蓄电池　4—蓄电池负极电缆

3. 熔断器和易熔线的表示方法

在汽车电路图中，熔断器和易熔线的表示方法如图 5-17 所示。不过一些国外汽车公司的汽车电路图中，熔断器和易熔线的表示方法会有所不同。

熔断器　　　　　　　易熔线

图 5-17　熔断器和易熔线的表示方法

三、插接器

1. 插接器的作用

插接器由插头和插座两部分组成，用于电气设备与线路之间的连接，以及线路与线路之间的连接。与老式的单线接线柱连接方式相比，插接器连接方式具有接线方便迅速、线束结构简单紧凑、避免接线错误等优点，已被现代汽车普遍采用。

2. 插接器的结构与识别

在汽车电路中，不同位置所用插接器的连接端子数目、外形尺寸和形状均不相同，几种常见的汽车电路插接器如图 5-18 所示。

插接器线路连接端子数量最少只有 1 个，多的可达数十个端子。为保证连接可靠，一些插接器还设有锁止装置，且大多数插接器具有良好的密封性，以防止油污、水及灰尘等

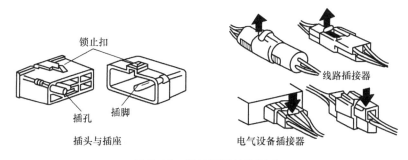

图5-18 插接器的结构形式

进入而使端子锈蚀。

用于电气设备和导线连接的插接器，通常将设备侧称之为插座，线束侧称之为插头；连接两条线束的插接器，通常将插孔侧称之为插座，插脚侧称之为插头。

🔥**请注意**：在拆开插接器时，应该先松开锁止扣，千万不能在未松开锁止扣的情况下硬拉导线！

3. 插接器的表示方法

不同国家、不同汽车公司的汽车电路图上，插接器的图形符号不尽相同，但方格中的数字都是代表插接器各端子号。插接器在汽车电路图中的表示方法示例如图5-19所示。通常用涂黑的表示插头，不涂黑的表示插座；有倒角的表示插脚为柱状，直角的表示插脚为片状。

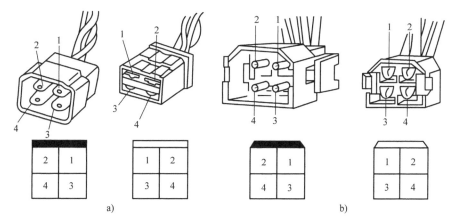

图5-19 插接器在汽车电路图中的表示方法示例

a）片状插脚的插头与插座 b）柱状插脚的插头与插座

四、开关

1. 开关的作用与类型

开关也是汽车电路的基础电气元件，起着通/断电路的控制作用。现代汽车在其复杂的汽车电路中用到了很多开关，现以不同的分类方法将汽车电路中所用的各种开关进行分类。

（1）按开关控制方式的不同分类　按开关控制方式的不同，有手动操作式和自动控制式两种开关。

1）手动操作式开关由驾驶人直接用手或用脚操作开关的"开"与"关"，例如起动开关、点火开关、车灯开关、刮水器开关、转向开关、喇叭开关等。手动开关按其操作的方式分，又有旋转式、推拉式和按压式等不同的形式。

2）自动控制式开关并不由驾驶人直接操作，而是在汽车运行时，由某种物理量使其动作。例如：机油压力过低警告电路中的压力开关是在发动机机油压力降至低限时动作（接通）的；冷却液温度过高警告电路中的温度开关则是在发动机冷却液温度升至高限时动作（接通）的；倒车信号及照明电路中的倒档开关是在变速杆在倒档位置时接通的等。

阅读提示

> 由于自动控制式开关是根据压力、温度、机械位置等物理量而动作，因而这些开关通常也被称作传感器。

（2）按开关的通断状态分类　按开关的通断状态，汽车电路中的开关可分为动合（常开）式开关、动断（常闭）式开关两种类型。

1）动合式开关。开关在电路不工作时处于断开状态，当需要该电路工作时，使开关闭合，接通其控制的电路。汽车电路中绝大多数开关均为动合式开关。

2）动断式开关。开关的初始状态为闭合，汽车电路中的一些压力开关通常采用动断式结构。例如机油压力开关在无机油压力时开关触点处于闭合状态，当发动机工作，机油压力正常时，开关触点在压力的作用下断开，使机油压力警告灯熄灭。

（3）按开关的功能分类　按开关的功能，汽车电路中的开关可分为单功能开关、复合开关及组合开关等。

1）单功能开关。开关内部只有一个开关触点，通常只控制一条电路。

2）复合开关。开关的内部有两个或两个以上的触点，控制多条电路，开关的动作也有两档或两档以上。汽车上的点火开关和车灯开关都是复合开关。

点火开关通常设有辅助电器档、点火档、起动档等，分别控制辅助电器电路、点火系统电路及起动电路等。点火开关与电路的连接方式有接线柱式和插接器式两种，如图 5-20 所示。

插接器式　　　　　　　　　　　接线柱式

图 5-20　点火开关

一些汽车的车灯开关设有两档，一档接通示廓灯和仪表照明灯等，二档则同时接通前照灯。有的汽车的车灯开关设有前照灯手动档、前照灯自动档，可分别接通前照灯电路和前照灯自动控制电路。

3）组合开关。组合开关是将两种或两种以上的开关集装在一起，可使开关的操作更加方便。现代汽车上组合开关的使用已很普遍。组合开关一例如图 5-21 所示。

图 5-21　汽车电路组合开关一例

该组合开关组合了前后雾灯开关（中间的旋钮式开关控制）、前照灯开关（右侧旋钮式开关控制）和前照灯变光开关（拨杆式开关控制）。

2. 开关功能的识别

 阅读提示

开关功能的识别是指熟悉复合开关和组合开关其在各种状态下的功能和其控制电路的通断情况，开关功能的识别能力对理解汽车电路原理及故障诊断是极为重要的。

单功能开关只控制一条电路，只要知道开关的初始状态和所控制的电路，就知道了开关的功能，很容易识别。但是，对于复合开关和组合开关来说，由于其控制的电路比较多，要认清开关在各状态下其线路连接端子和电路通断关系就要复杂一些。

在汽车电路图中，复合开关和组合开关的功能及电路连接情况通常用开关原理图和开关功能图（开关档位图）来表示的，因此，识读开关原理图和开关档位图是了解开关功能和电路连接情况的重要途径。

（1）开关原理图　开关原理图用于表示复合开关各档位电路通断情况以及所控制的电路，图 5-22 所示的是点火开关的原理图。

点火开关原理图中右侧图形表示此开关为旋转式 3 档钥匙开关。虚线中间向下的三角形及数字表示开关在 0、Ⅰ、Ⅱ 位为定位，Ⅲ位不能定位，即将开关旋转至Ⅲ位松开时，能自动回到Ⅱ位。

图 5-22 左侧表示开关的通断功能：0 位为 OFF 位，点火开关不接通任何控制电路；Ⅰ位为辅助档，点火开关旋转至Ⅰ位时，辅助电器（如音响设备、电动车窗等）电源电路接通；Ⅱ位为点火档，点火开关接通点火系统、仪表系统、汽车电子控制系统等的电源电路。Ⅲ位为起动档，点火开关接通起动机继电器线圈、点火系统电路等。

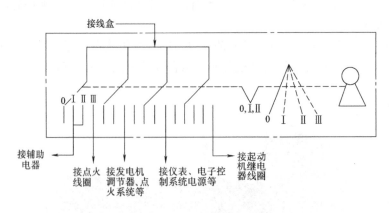

图 5-22　点火开关原理图

（2）开关档位图　开关档位图可标示开关的连接端子和各档位的各连接端子的连接情况，用以直观地表示复合开关和组合开关通断电路的功能。某点火开关的开关档位图如图 5-23 所示。

该开关档位图表示了点火开关有 4 个连接端子：

1）1 号（BAT）端子为电源端子，连接蓄电池与发电机的正极。

2）2 号（IG）为点火端子，连接点火电路、仪表电路、发电机励磁电路及电子控制装置电源电路等。

3）3 号（ACC）端子为辅助电器端子，连接收放机、电动车窗等辅助电器的控制开关。

4）4 号（ST）为起动端子，连接起动电路。

端子号 开关档位	1 (BAT)	2 (IG)	3 (ACC)	4 (ST)
LOCK(−I)				
OFF(0)	○			
ACC(I)	○————		————○	
ON(II)	○————	———○	———○	
ST(III)	○————	———○		————○

○————○ 表示连接。

图 5-23　某点火开关的开关档位图

在点火开关的开关档位图中还表示了点火开关有 5 个档位：

1）"LOCK" 位是转向盘锁止档，从 OFF 位逆转至该位，可锁止转向盘。

2）"OFF" 位是点火开关的断开位，点火开关在该位时，2、3、4 号端子与 1 号接线端子均为断开状态。

3）"ACC" 位是辅助电器档（从 OFF 位顺转 1 位），点火开关在该档位时 1、3 号端子相连，使辅助电器电路接通电源。

4）"ON" 位是点火档（从 OFF 位顺转 2 位），点火开关在该档位时 1、2、3 号端子相连接，使点火电路、仪表电路等接通电源。

5）"ST" 位是起动档（从 OFF 位顺转 3 位），点火开关在该档位时 1、2、4 号端子相连接，使点火电路、起动电路接通电源。

五、继电器

继电器在汽车电路中应用十分广泛，它也属于汽车电路的基础电气元件。

1. 继电器的基本组成

 阅读提示

> 继电器的基本组成要素是线圈与触点，通过其线圈的通断电控制触点的开闭，用于间接控制汽车电路的通断，其中继电器线圈所连接的电路为控制电路，继电器触点所连接的电路为被控电路。

继电器的基本组成如图 5-24 所示，主要部件包括绕在铁心上的线圈、触点、弹簧、磁轭、衔铁等。触点串联在被控电路中，弹簧使触点保持在断开或闭合状态，当继电器线圈通电时，产生的电磁力吸动衔铁，带动触点接通或断开被控电路。

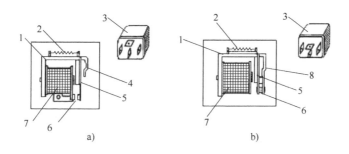

图 5-24　继电器的基本组成

a）动合型　b）动断型

1—磁轭　2—弹簧　3—封装的继电器　4—限位片　5—衔铁　6—触点　7—线圈　8—固定触点支架

汽车电路中所用的各种继电器均封装在绝缘材料内，通过其插脚插入继电器插座的方式与相应的电路连接。汽车用继电器外形如图 5-25 所示。

2. 继电器的类型

汽车电路中使用继电器的地方很多，其种类也较多，按继电器触点的工作状态的不同，可将其分为动合、动断和混合三种类型。汽车电路中使用的继电器主要形式如图 5-26 所示。

（1）动合继电器　动合继电器（见图 5-26a）在继电器线圈未通电时，继电器的触点在其弹簧力作用下保持在张开位置；当通过手动开关、传感器或相应的控制电路使继电器线圈通电时，继电器线圈产生磁力吸引衔铁而使触点闭合，接通触点串联的被控电路。

图 5-25　汽车用继电器的外形

除了一个动合触点和一个线圈的基本型外，动合继电器还有两个触点一个线圈和一个触点两个线圈等其他的结构形式。单线圈两个触点的继电器用于同时控制两条互相独立的

电路，而单触点两个线圈的继电器则有两种工作方式：一种是两个线圈中只要有一个线圈通电触点就动作；另一种是两个线圈都通电时才能使触点动作。

（2）动断继电器　动断继电器（见图5-26b）在继电器线圈未通电时，继电器的触点在其弹簧力作用下保持在闭合位置，当继电器线圈通电时，线圈磁力使触点张开，断开触点串联的电路。

动断继电器也有单触点双线圈和双触点单线圈等不同的形式，单触点双线圈也有两种工作方式：一种是只要一个线圈通电就可使继电器触点动作，另一种也是要通过两个线圈的磁力共同作用才能使触点张开。

（3）混合继电器　混合继电器（图5-26c）是指既有动合触点，又有动断触点的双触点或多触点继电器，当继电器线圈通电时，继电器触点动作：动合触点闭合，动断触点张开，以接通和断开相应的电路。

混合继电器也有双线圈的结构形式，汽车电路中的双线圈混合继电器大致有两种，一种是两线圈同时通电时触点才动作，另一种是只要有一个线圈通电触点就动作。

汽车电路中所用继电器除了上述各种类型外，还有一些特殊用途的继电器，例如电容式闪光器，它由动断触点继电器加一个电容器构成，通电后触点可自行按某一频率开闭。

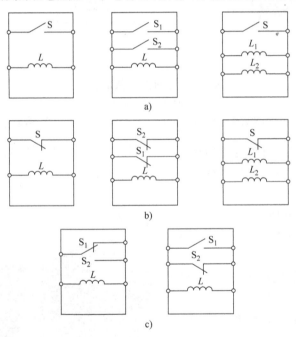

图5-26　汽车电路中使用的继电器主要形式

a）动合继电器　b）动断继电器　c）混合继电器

继电器的表示方法除了图5-26这种常见的表示方法外，还有一些其他的表示方法。

3. 继电器的用途

汽车电路中继电器主要的用途是保护和控制。

（1）继电器的保护作用　一些汽车电路的工作电流较大，如果直接用开关控制，开关内部触点在通断电时会因电流较大而产生较强的火花，使触点容易被烧坏。

阅读提示

　　一些汽车电路采用继电器间接控制方式，使开关只控制电流小的继电器线圈电路的通断，而电流较大的电路由继电器触点的动作来控制其通断，使得开关的工作电流减小，起到了保护开关触点的作用。

　　用继电器实现间接控制，可用来保护开关，如图5-27所示。

　　该继电器线圈由喇叭按钮触点控制，而继电器触点串联在工作电流较大的电喇叭电路中。需要电喇叭工作时，驾驶人按下喇叭按钮，喇叭继电器线圈通电，产生的电磁力吸合触点，使电喇叭通电工作。由于喇叭按钮触点只控制继电器线圈电路的通断，只通过继电器线圈的较小电流，使喇叭按钮触点不容易烧坏，其使用寿命得以延长。

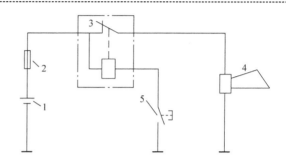

图5-27　用继电器保护开关

1—蓄电池　2—熔断器　3—喇叭继电器

4—电喇叭　5—喇叭按钮

　　继电器在汽车电路中用作保护开关触点的应用实例还有很多，例如起动继电器、前照灯继电器、空调继电器、冷却风扇继电器等。

　　（2）继电器的控制作用　用继电器实现自动控制的电路如图5-28所示。

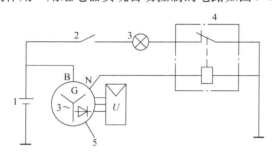

图5-28　用继电器实现自动控制的电路

1—蓄电池　2—点火开关　3—充电指示灯　4—继电器　5—发电机

B—发电机电枢（输出）接线柱　N—发电机中性点接线柱

阅读提示

　　一些汽车电路采用继电器间接控制方式的目的是实现某种自动控制：以被控对象的某一物理量为控制参量，通过传感器和控制器将其转换为继电器线圈的电流，再由继电器触点的动作实现相应的自动控制。

该继电器控制电路用于自动控制充电指示灯的亮起和熄灭，以向驾驶人提示充电系统工作是否正常。将继电器线圈连接于发电机的中性点接线柱 N（其电压是发电机端电压 U_B 的 1/2），继电器的动断触点串联在充电指示灯电路中。

当发电机正常发电时，其中性点电压使继电器线圈通电而产生电磁力，将触点张开，充电指示灯断电而自动熄灭，指示充电系统正常工作。当发电机出现了故障时，由于发电机中性点电压降低或消失，导致继电器线圈电流减小或断流，使得继电器触点在弹簧力作用下闭合，充电指示灯亮起，指示充电系统有故障。

图 5-28 所示的继电器控制电路以发电机的中性点电压为控制参量，通过继电器实现了充电指示灯的自动控制。

阅读提示

一些汽车发电机有中性点接线柱 N，该接线柱在发电机内部连接于电枢绕组的中性点（星形联结），其电压是发电机输出端子 B 电压（U_B）的 1/2。发电机中性点电压的作用就是使继电器线圈"感知"发电机的电压。

4. 继电器的安装位置

汽车电路中使用的各继电器通常集中安装在专门的一个盒子内，且这里通常还装有熔断器，因此这个盒子通常称为接线盒。一些汽车电路图提供了各个继电器位置图，从图中可了解到各继电器的具体位置和继电器各端子的排列情况，以方便故障查寻。继电器的安装示例如图 5-29 所示。

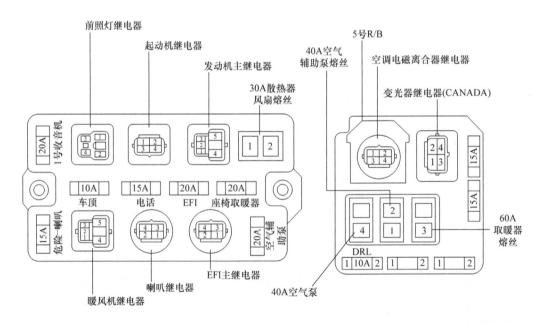

图 5-29　继电器的安装示例

第六章
汽车电路图的类型与识图要点

第一节　汽车电路图的类型与特点

阅读提示

　　汽车电路图是熟悉汽车电路、进行电路故障分析的重要工具，了解各种类型的汽车电路图的特点，对提高汽车电路图的识图能力十分重要。

一、汽车电路图的作用与类型

1. 汽车电路图的作用

　　汽车电路图主要用于显示汽车各电气系统的电路连接关系，表达汽车电路的组成及工作原理，同时还可标示各电器、线束等在汽车上的具体位置。汽车电路图不仅可帮助读者了解并熟悉汽车电路的构成和工作原理，还可方便汽车检修人员准确地进行汽车电气系统故障分析和故障诊断操作。

2. 汽车电路图的类型

　　不同国家、不同的汽车公司、不同的车型，其汽车电路图的风格各异，但各种汽车电路图总体上可将其分为汽车电路原理图、汽车电路线路图、汽车电路线束图三大类。各种类型的汽车电路图都各有其表达信息的重点，且相互间具有互补性。因此，在一些汽车专业书籍和汽车维修资料中，有的将汽车电路用两种或两种以上的电路图来表示，以帮助汽车使用与维修人员深入了解汽车电气系统的构成和电路特点，并给汽车电气系统故障检修提供方便。

二、汽车电路原理图的特点

1. 汽车电路原理图

　　用符号表示汽车电气元件，并用简化了的线条连接各电气元件和电源的汽车电路图称为汽车电路原理图。汽车电路原理图的主要功能就是表达汽车电路原理，有全车汽车电路原理图和分系统的局部电路原理图。局部电路原理图和多系统的汽车电路原理图各如图 6-1、图 6-2 所示。

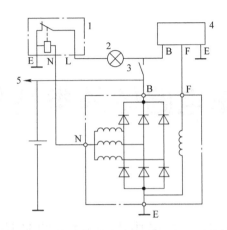

图 6-1　带充电指示灯继电器的电源电路原理图（局部电路原理图）
1—充电指示灯继电器　2—充电指示灯　3—点火开关　4—电压调节器　5—接用电设备

从图 6-1 中可知，汽车电路原理图将各种电器、各条线路等都进行了相应的简化，以简单、清晰的方式表示电路的串并联结构。因此，汽车电路原理图是了解汽车电路作用及工作原理最有效的工具之一。通过分析比较，总结汽车电路原理图的特点主要如下几点。

（1）电气元件的表示简单明了　汽车电路原理图中，各种电气元件通常是用规定的符号表示，一些电气设备的符号还包含了该电气设备的功能与基本结构信息。例如，图 6-1 中的充电指示灯继电器符号，它表示了该继电器是动断触点的继电器；又如，图 6-2 中所示的发电机符号，从中可获得三相交流、星形联结及外接电压调节器等发电机结构信息。

（2）电路串并联关系清晰明了　汽车电路原理图中，通常将汽车电路的电源线与搭铁线上下布局，各条电路也做了简化，使得电路较少迂回曲折，并使各条电路中的电路基础电气元件及电器的串并联关系清晰化，读者很容易识读。

（3）各系统电路相对集中　局部电路原理图通常表达某个汽车电气系统的电路原理，而全车电路原理图通常按系统布置，使各电气系统的电路互不干扰，方便了汽车电路原理分析。

2. 汽车电路原理图的识图注意事项

为能轻松而又准确地看懂汽车电路原理图，应该注意以下几点：

（1）充分了解电路图中符号的含义　我国对汽车电路中要表达的各种电器、电路的基础电气元件均给出了规定的符号，在识读汽车电路原理图前必须熟悉这些符号。不同国家和地区的不同的汽车生产厂家，其汽车电路图中汽车电器的符号和电路的简化方式又有不同的形式，因此，还应熟悉不同国家或地区的各种不同的电路图符号的含义，以免识图困难或理解错误。

（2）熟悉电路图中的特殊表示方法　一些电路较多的电路原理图中，为了能使原理图清晰，避免图中有过多的交叉而增加识读的难度，通常采取某些特殊的表示方式，常见的有：

1）将同一个电气装置分成两处，比如，同一个继电器其线圈和触点在电路原理图中画在不同的位置（见图 6-3）。

2）将一条电路中间一段不画，并在两断处用同一个符号（通常用字母）表示它们的

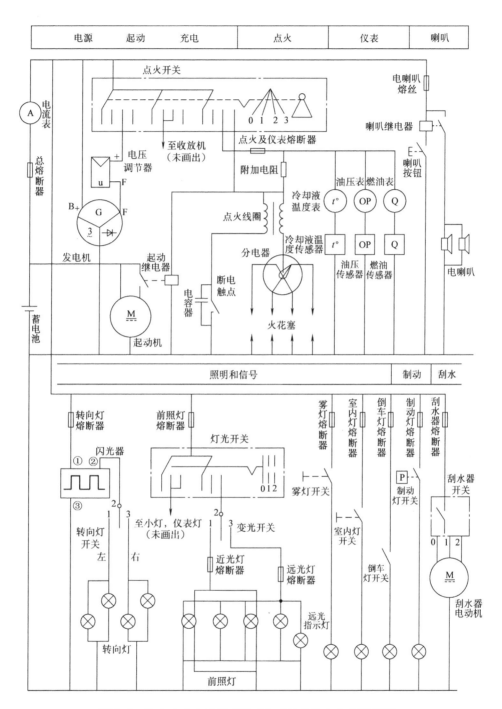

图 6-2 汽车全车电路原理图（多系统的汽车电路原理图）

连接关系。

3）某条电路与整个电路图的电源线或搭铁线不连接，而是单独画出该条电路的电源端子或搭铁端子。

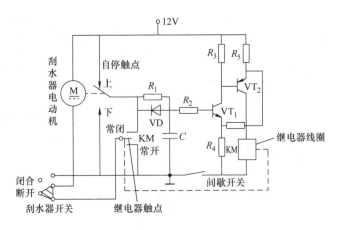

图 6-3　继电器触点与线圈分开表示

阅读提示

> 　　这些汽车电路原理图的特殊处理方法都是为了使电路原理图更加清晰明了，识图更加方便。在识读汽车电路原理图时，必须熟悉这些电路的特殊表示方法，否则将会造成汽车电路原理图识读的困难。

　　（3）熟悉汽车电路原理图中的标记　在一些汽车电路原理图上，通常还标有导线的颜色与规格、插接器的颜色、端子编号或代码、接线柱标记等，这些都是为了方便查找电器和线路在汽车上的实际位置，有助于电路原理分析和故障查寻。熟悉汽车电路原理图中的这些标记，汽车电路原理图的阅读也会变得容易。

三、汽车电路线路图的特点

　　汽车电路线路图用于表示汽车电系线路的实际连接关系和线路的分布情况，有分布图和接线图两种形式。

1. 线路分布图的特点

　　汽车电路线路分布图将汽车电路中各个电气设备按其实际位置布置，各条线路的布置和连接也与汽车电路的实际情况相一致，电气元件通常也是用实体相似的图形表示。一张典型的线路分布图如图 6-4 所示。

　　从线路分布图可以了解汽车电路中各个电气设备及线路的大致布置情况，以及每条导线的实际连接情况。但是，线路分布图中的线路过于密集，且纵横交错，用作线路寻查和电路原理分析就不太有用了。因此，汽车电路已很少用线路分布图来表示了。尤其是全车电路线路图，现代汽车电气设备与较早的汽车相比已是成倍增加，再加上各电子控制装置，其电路已很难用线路分布图表示了。

2. 线路接线图的特点

　　线路接线图表示了各电器与电源之间的实际连接关系，但各电器的位置和线路的布置等则都做了简化。一张典型的线路接线图如图 6-5 所示。

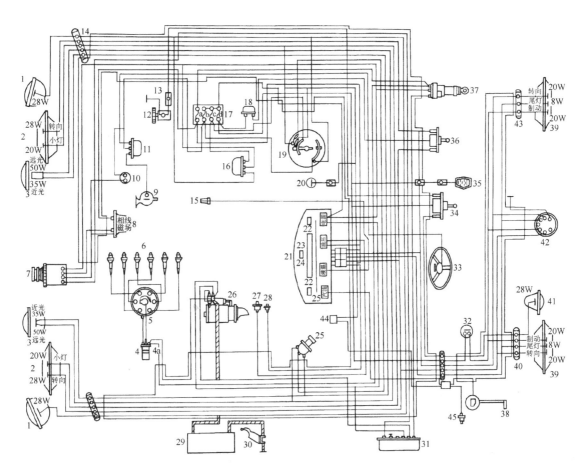

图 6-4　东风 EQ1090 线路分布图

1—前侧灯　2—组合前灯　3—前照灯　4—点火线圈　4a—附加电阻线　5—分电器　6—火花塞　7—发电机
8—发电机调节器　9—电喇叭　10—工作灯插座　11—喇叭继电器　12—暖风电动机　13—接线管　14、40、43—接线板
15—水温传感器　16—灯光继电器　17—熔断器　18—闪光器　19—车灯开关　20—发动机罩下灯　21—仪表板
22—左右转向指示灯　23—机油低压警告灯　24—车速里程表　25—变光开关　26—起动机　27—机油压力传感器
28—低油压警报开关　29—蓄电池　30—电源开关　31—起动组合继电器　32—制动灯开关　33—喇叭按钮
34—后灯和暖风电动机开关　35—驾驶室顶灯　36—转向开关　37—点火开关　38—燃油液面传感器
39—组合尾灯　41—后灯　42—挂车灯插座　44—低气压蜂鸣器　45—低气报警开关

　　线路接线图反映线路的实际连接关系，但图面线路没有了线路分布图的纵横交错，线路寻找比较方便，线路接线图通常还被当作汽车电路原理图使用。虽然线路接线图用作分析电路原理不如汽车电路原理图简单明了，但特别适合用作故障查找，因此，现代汽车维修资料中通常提供汽车电路的线路接线图。

　　3. 汽车电路线路图的识图注意事项

　　汽车电路线路图既可用于电路原理分析，也可用于线路故障分析，在阅读汽车电路线路图时应注意如下几个事项：

　　（1）看清各电气元件的串并联关系　由于汽车电路线路图表示了汽车电路中所有的线路连接点，因而电路中各电气元件的串并联关系看起来并不十分清晰。必要时，可根据汽

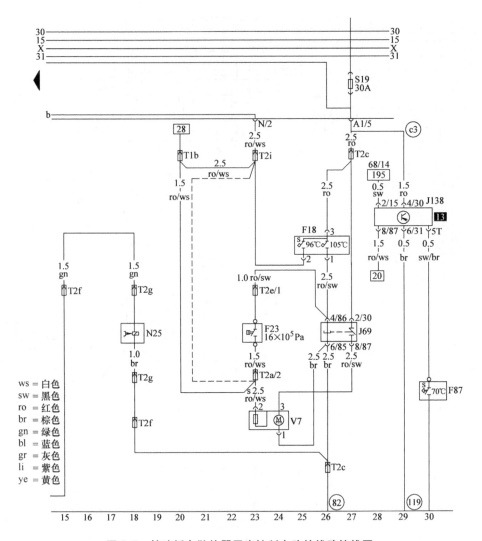

图6-5 捷达轿车散热器风扇控制电路的线路接线图

F18—散热器风扇热敏开关   F23—高压开关   J69—风扇二档继电器

J138—风扇控制单元   N25—空调电磁离合器   T1b—单孔插接器   T2c—双孔插接器

T2e、T2f、T2g、T2i—双孔插接器   V7—散热器风扇   F87—风扇起动温度开关

车电路线路图画出汽车电路原理图，明确电路中各电气元件的串并联关系，以方便电路原理分析和线路故障查寻。

（2）充分了解图中符号的含义   汽车电路线路图中的各种电气元件及电路的基础元器件也是用符号表示的，但不同的汽车生产厂家规定的符号有不同的形式，因此，还应熟悉各种不同的电路图符号的含义。

（3）熟悉线路插接器的表示方法   汽车电路线路图中，通常将各条线路的颜色、插接器的颜色及端子号都明确标注，熟悉这些标注，结合汽车电路导线配色的特点，将有助于线路查寻和故障分析。

四、汽车电路线束图的特点

在汽车电路中，将线路走向一致，布置在一起的导线包扎在一起，可形成线束。线束的包扎对导线起到保护作用，并可使汽车电路的实际线路变得简明。汽车电路线束图用于表示汽车电路线束的结构与布置，以及各电气设备的具体布置。根据所表示的侧重点不同，汽车电路线束图可大致分为线束结构图、线束定位图和线束布线图三种。

1. 线束结构图的特点

线束结构图用来表示电路线束的结构，典型的线束结构图如图6-6所示。

线束结构图完整地表示了该条线束的结构尺寸、分支情况及连接端子的分布情况等，对线路的连接、线束的修复有很大的帮助。

由于现代汽车电路线束已从原来的整车电路线束转为分散的多条小型线束，导线出现了断路故障通常采用更换线束的方式修复，而连接也采用插接器的方式，因此，线束结构图的作用已显得无关紧要。一些汽车维修资料中，线束结构图通常只有线束备件号而没有结构尺寸信息，或不提供线束结构图。

2. 线束定位图的特点

线束定位图用于表达一条或几条电路线束的走向、连接点及线束固定等信息。典型的线束定位图如图6-7所示。

从线束定位图中可知，汽车维修资料提供线束定位图，就是为了适应现代汽车线束采用更换方式修复的变化，利用线束定位图，主要是方便汽车电路线束的更换。

3. 线束布线图的特点

线束布线图用于表达某个电路系统的线束及所连接电气部件的分布情况。典型的线束布线图如图6-8所示。

从线束布线图可知，线束布线图直观、清晰地反映了汽车线束的布置和线束所连接电气元件的具体位置。一些线束布线图还给出了各插接器端子的排列情况，给查找汽车电器和线路故障提供了方便。

> **电路图特点小结：** 汽车电路原理图表达电路原理清晰明了，汽车电路线路图表示线路实际走向、电气元件的大致位置及线路的实际连接关系，汽车电路线束图表示了线束的结构与插接器在车上的定位及走向等信息。了解各种汽车电路图的特点，对轻松地识读汽车电路图，深入解理汽车电路原理，进而对提高汽车电气元件与电子控制装置的检修水平有极大的帮助。

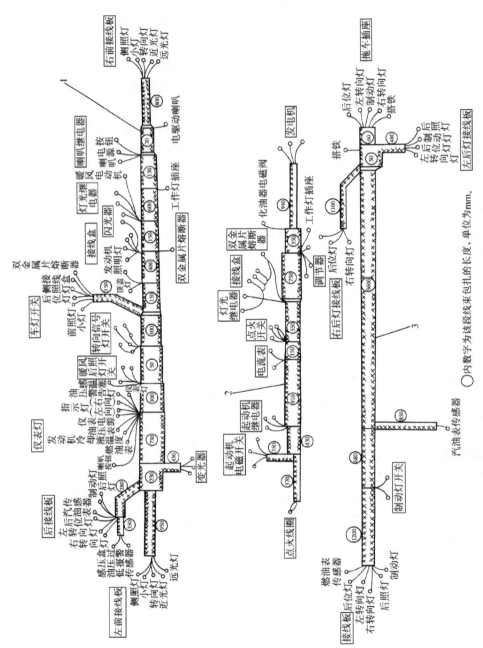

图 6-6 东风 EQ1090 汽车电路线束结构图

1—驾驶室线束 2—电源点火、起动线束 3—车架线束

○内数字为该段线束包扎的长度，单位为 mm。

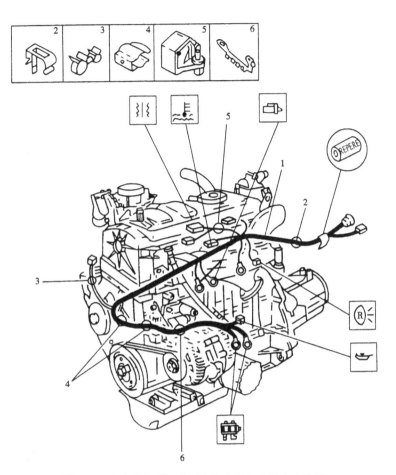

图 6-7　富康轿车 TU5JP/K 发动机电路线束定位图
1—发动机电路线束　2、4、5—卡子　3—支架　6—支承夹

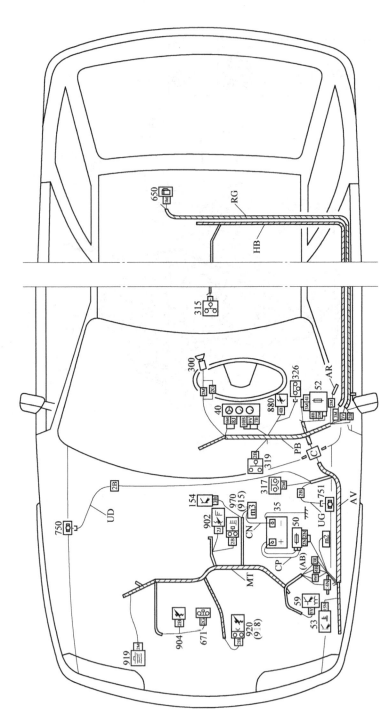

图 6-8 富康 988 轿车仪表系统线束布线图

35—蓄电池 40—仪表板 50—发动机盖下接线盒 52—驾驶室内接线盒 53—冷却液温度控制盒 300—点火开关 315—驻车制动灯开关
317—液面开关 319—制动灯开关 326—阻风门开关 650—燃油表传感器 671—机油压力传感器 750—左前制动摩擦片
751—右前制动摩擦片 880—仪表照明变阻器 915、919—冷却液温度传感器 59、154、904、918、920、970—未装备

196

第二节 汽车电路图的识图要点

阅读提示

　　无论是学习汽车电路原理还是对新车型的汽车电路进行故障检修，都离不开阅读汽车电路图。熟悉了各类汽车电路的特点后，再掌握如下汽车电路图识图要点，汽车电路的识读就会变得十分轻松顺畅。

一、时刻牢记汽车电路的基本特点

阅读提示

　　汽车电路的基本特点是低压、单线、并联、负极搭铁。牢记这些基本特点，对识读汽车电路图十分重要。

　　当汽车电路图所要表达的汽车电路较多时，会让人感到电路很复杂，难于看清楚。如果在识图中牢记汽车电路的基本特点，看起来较为复杂的汽车电路就不会感到有困难。根据汽车电路的基本特点，在阅读汽车电路图时应始终明确如下几点。

1. 汽车电气系统采用单线连接

　　汽车电源中，发电机电枢接线柱与蓄电池正极用一根导线相连接，而用电设备的电源正极通常用蓄电池正极或起动机电磁开关上的电源接线柱连接，汽车电路中的用电设备与电源正极之间都是通过一根导线连接的，而电源负极（电路回路）是通过搭铁形成的（除电器安装位置不导电或导电不可靠及一些电子控制装置外）。

　　请注意：要牢记汽车电气设备与电源之间的连接均为单线！如果某用电设备的电源连接端子通过连接导线还与其他用电设备相连接，则说明其他用电设备与该用电设备共用了电源线。

2. 各用电设备之间均为并联关系

　　用电设备与电源之间可能串联有熔断器、开关或继电器等，但无论某个用电设备有多少个与之有连接关系的用电设备，各个用电设备之间仍然是并联关系。如果两个或两个以上的用电设备均通过某个熔断器再连接到电源的正极，则说明这两个或两个以上的用电设备使用同一个保护电器；如果两个用电设备均通过某继电器触点（或开关触点）再连接到电源的正极，则说明这两个用电设备的电路受同一个继电器（或开关）控制。

3. 搭铁端是电源的负极

　　汽车电路中的电气设备通过其壳体连接发动机机体、车身或车架等金属，进而连接电源（蓄电池和发电机）的负极，即通过搭铁连接电源的负极，而有一些电器和电子装置除了有连接电源正极的导线外，通常还有连接搭铁（电源负极）的导线，也就是说，这些电器或电子装置壳体本身不搭铁，而是通过导线搭铁。如果这些电器或电子装置的负极连接导线均连接到某根导线，则这根导线就是这些电器或电子装置的公共搭铁线。

二、充分了解电路图的特点与规定

阅读提示

各种汽车电路图的特点不同，而不同汽车公司汽车电路图的表示方法也会有所不同，充分了解这些汽车电路图的特点和表示方法的不同，对识读这些汽车电路图至关重要。

1. 充分利用不同汽车电路图的特点

汽车电路原理图、线路图及各种线束图均有其不同的特点。一些汽车资料会同时提供两种或两种以上的汽车电路图，要充分利用各种电路图的特点，将其优势互补，以提高识图能力，方便汽车电路故障查寻。

2. 熟悉汽车电路的不同表示方法

汽车电路图的符号虽有相关的国际标准，但不同的汽车公司仍习惯于按自己的风格绘制汽车电路图。因此，在阅读这些汽车电路图以前，必须对该电路图所具有的特点、各电气元件的表示方法、导线与接线柱的标注方法及含义等都有十分的了解，这样才能读懂各种不同风格的汽车电路图。

三、熟悉电器及基本电路的结构与工作原理

阅读提示

熟悉汽车电器和电子控制装置的结构类型与工作原理，充分了解汽车电路的各种不同形式，是读懂汽车电路图的基础。

1. 熟悉汽车电器和电子控制装置的结构原理

汽车电路中各个电器和电子控制装置部件是组成汽车电路的核心要素，熟悉各电器和电子控制装置的结构与基本工作原理，是分析电气系统的电路原理、理解线路的连接关系及进行电路故障诊断的关键。例如，要了解汽车电源电路的原理，首先必须得清楚蓄电池的结构与工作原理、发电机的结构与工作原理、电压调节器的作用与工作原理、充电指示灯继电器的作用原理。这样，在分析电源电路工作原理时，就不会感到困难。

2. 熟悉汽车各个系统的基本电路及类型

汽车电路中的一些电气系统均有几种基本的电路结构形式，例如，起动电路有起动开关直接控制、带起动继电器、具有驱动保护功能等不同的结构形式；充电电路有充电指示灯继电器控制、九管整流发电机控制等不同的电路结构。充分了解这些电路的基本组成、工作原理及特点，在阅读各种车型的电路图时，就不会感到有难度了。

四、熟悉各种开关及继电器的功能与状态

阅读提示

汽车电路的识图过程中，熟悉开关及继电器的功能，以及不同状态下的电路通断电情况也是识图的关键。

1. 充分了解开关或继电器的功能

一些复合开关具有多个档位和多个触点，在读图时，首选要充分了解开关各个档位的作用及各个触点所连接的电路；继电器触点所连接的是被控电路，继电器线圈所连接的是控制电路，熟悉这两条电路的相互关系，就能更好地理解继电器的功能，以及电路工作原理。

2. 熟悉开关和继电器不同状态下的电路情况

在进行汽车电路原理与故障分析时，需要充分了解开关或继电器在不同状态下的电路通路情况。在汽车电路图中，开关和继电器都是以初始状态表示，除了要清楚初始状态下开关或继电器触点的开合情况和受控电路的通断情况外，还要十分清楚对开关进行了操作、继电器线圈通电以后，其触点开合的变化情况及受控电路的通断情况。

五、分清相互关联电路的关系

阅读提示

实现某电路功能的汽车电路中有多条支路的，分清各支路的相互关系可使理解汽车电路的工作原理、分析电路故障原因变得十分轻松。

在汽车电路中，某个系统的电路可能会有多个电器和多条支路，各个电器和电路之间存在着某种关联，当某一电路出现故障时，会影响到其他电路的工作。了解这些电路相互之间的关系，对理解汽车电路原理和电路故障分析都有很大的帮助。

1. 并联关系

例如，转向信号电路中同一侧的前后转向灯电路是一种并联关系，它们受同一个闪光器控制，当某个转向灯或其电路出现了断路或短路故障时，就会因回路的等效电阻改变而使闪光频率改变。清楚转向灯电路的这种并联关系，当出现单边转向灯闪光频率异常时，就会立即联想到该侧的转向灯电路有故障。

2. 控制与被控制关系

继电器线圈电路与继电器触点所连接的电路之间是控制与被控制的关系，清楚这一点，在分析触点所连接的电路为什么不能正常工作时，除了想到该电路、该电路电器及继电器触点本身的故障可能性外，就一定不会忘记继电器线圈电路（包括线路、继电器线圈及控制开关等）也可能是故障原因之一，故障诊断时就会思路清晰，不会遗漏可能的故障原因。

3. 控制目标关联关系

汽车电子控制系统的传感器电路和执行器电路都连接电子控制器，一个是为实现某种控制目标而提供被控对象状态参数的传感器电路，另一个是实施控制的执行器电路，二者通过控制器相关联。传感器电路的异常会对执行器电路的工作造成直接的影响。因此，某执行器不工作或工作异常，除执行器本身的原因外，故障的原因还应该包括所有相关的传感器及其电路。

六、熟练掌握回路分析法

 阅读提示

> 回路分析法是根据电流的流向，从电源的正极出发，经电路的保护电器、开关、用电设备再回到电源的负极的流经通路来分析电路的通路，继而了解汽车电路原理、分析电路故障原因。回路分析法是汽车电工必须熟练掌握的基本技能。

一个具有某种功能的汽车电路都是由电源、保险装置（熔断器或易熔线）、控制装置（开关或继电器触点）、用电设备及相应的线路组成。因此。通过回路分析的方法，可帮助我们分析电路原理和电路故障原因。

（1）在识图中熟练运用回路分析法　在通过汽车电路图分析电路原理时，可用回路分析法来分析电路的通路情况。一般采用顺序分析法，即从电源的正极开始，经熔断器（有的电路可能无）、开关（或继电器触点）、用电设备到搭铁（或搭铁线），再回到电源的负极。

> **专家经纶**：在电路图上表示的电路较多时，也可采用逆向法，即从用电设备的正极开始，经开关（或继电器触点）、熔断器（有的话），到电源的正极。

（2）在汽车电路故障分析与诊断中运用回路分析　熟悉回路分析方法，不仅对理解电路原理有用，对电路故障的分析和查寻也很重要。例如某用电设备不工作，可通过回路分析法判断该电路是短路故障还是断路故障。在确定汽车电路为断路故障后，可在该汽车电路的回路中，从最靠近电源正极处开始，通过逐点检查各连接点的电压来寻找断路之处。在确定汽车电路为短路故障后，可在该汽车电路的回路中，从电源正极最远处开始，通过各连接点逐点断开法（或电压检测法）来寻找短路之处。

> **名词解释：**
> **逐点断开法**：从用电设备的电源开始，逆向（用电设备至电源正极）逐点断开连接，如果某连接点断开后短路消失，则该连接点后面的线路或电器有短路故障。
> **电压检测法**：从用电设备的电源开始，逆向（用电设备至电源正极）逐点检测电压，如果某连接点检测的电压为零，则该连接点后面的线路或电器有短路故障。

第七章
典型车系汽车电路图的特点分析

本章介绍典型车系及几种知名品牌的汽车电路图的特点及电路符号的含义，以方便读者识读这些汽车的电路图。其他车系的电路图符号及特点与本章所介绍的典型车系完全相同或相近，熟悉本章所介绍的各车系汽车电路图的特点与表达方式后，识读各种车系的汽车电路图就不会感到困难。

阅读提示

汽车电路图总体上有原理图、线路图和线束图三类，但各大汽车公司及知名品牌的汽车，其提供的汽车维修资料中，汽车电路图都有各自习惯的表达方法。要看懂这些汽车维修资料，就必须充分了解其电路图的特点和电路符号的含义。

第一节　大众车系汽车电路图

无论是一汽大众生产的系列轿车，还是上汽的桑塔纳、帕萨特、Polo 等车型，这些汽车的中文维修资料中，电路图都沿用了德国大众公司的汽车电路图绘图标准。

一、大众车系汽车电路图符号

大众车系汽车电路图的一些符号的画法及所表示的含义与我国所用的电路图符号相同或相似，另一些则有其独特的表示方法，需要加以辨别并熟记，以便于识读该车系汽车电路图。大众车系汽车电路图中的电路符号及含义如图 7-1 所示。

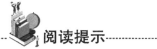
阅读提示

大众车系电路图符号虽然与我国、日本、美国等汽车电路符号有所不同，但一些电路图符号包含了电器的功能或结构特点。因此，熟悉这些电器的结构与功能以后，这些电路图符号也就很容易熟记了。

图 7-1 大众车系汽车电路图中的电路符号及含义

二、大众车系汽车电路图的特点与标注

大众车系汽车电路图的表示方法示例如图 7-2 所示。

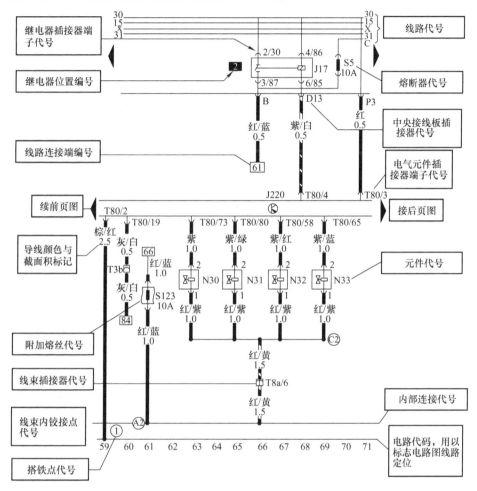

图 7-2 大众车系汽车电路图的表示方法示例

①—搭铁点，在发动机 ECU 旁的车身处　A2—正极接线，在发动机线束内

T8a—发动机线束与发动机右线束插接器　C2—在发动机右线束内　S123—熔断器　N30—第一气缸喷油器

N31—第二气缸喷油器　N32—第三气缸喷油器　N33—第四气缸喷油器　J17—燃油泵继电器

J220—Motronic 发动机 ECU　S5—燃油泵熔断器

大众车系汽车电路图通常以图 7-2 所示的线路连接图的形式表示，这种图较适用于线路故障查寻，但分析电路原理相对要难一点。

1. 大众车系汽车电路图的特点

图 7-2 中通过字框对大众车系电路图的符号含义做了说明。大众车系汽车电路图有如下特点。

（1）用不同的线条表示不同的连接　在大众车系汽车电路图中，用粗实线表示连接导线，并且都标明导线的颜色和截面积；用细实线表示电气元件的内部连接（非导线连接）。

（2）用符号和代号表示电气元件　图中的电气元件都是用规定的符号画出，并用字母或字母加数字组成的代号来表示，例如用 N31 表示第二气缸喷油器，用 J17 表示燃油泵继电器，用 S5 表示燃油泵熔断器。

（3）采用断线代号以减少电路图中交叉线　为避免电路图中有太多的线路交叉而影响识图，图 7-2 中将一条交叉较多的线路中间断开，断点用小线框中的连接端编号标注，以标明导线的连接，例如：图 7-2 中的 61 、 66 、 84 等，与他处电路图中有相同连接端编号的导线相连。

（4）汽车电气系统线路铰接点和搭铁点清晰　在电路图中标示出了线路搭铁点代号① 和铰接点的代号Ⓐ2，并在图注中说明搭铁点和铰接点的位置。

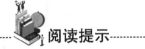

阅读提示

大众车系电路图有着较为突出的特点，熟悉并牢记这些特点，对于识读大众车系电路图会有事半功倍的作用。

2. 大众车系汽车电路图的标注说明

大众车系汽车电路图的标注用了特定的代号和编号，其含义说明如下：

（1）继电器插接器端子代号　继电器插接器端子代号用于表示继电器插接器连接端子的端子号及接线柱标记。例如图 7-2 中 "2/30" "3/87" "4/86" "6/85" 分别表示了继电器插接器的 2、3、4、6 号端子，连接的接线柱标记为 30、87、86、85。

德国大众各电气元件的接线柱标记都列入了德国工业标准（DIN72552），德国汽车电路图上的接点标记与导线的颜色见表 7-1。

（2）继电器位置编号　继电器位置编号是一个方框黑底白字的数字，用于表示该继电器在接线盒中的位置。例如图 7-2 中的 "**2**" 表示该继电器在接线盒中的 2 号位置。该继电器的名称和作用等信息则可通过电气元件代号得到。

（3）线路连接端编号

线路连接端编号是一个方框中的数字，表示电路图中的线路从该处中断，方框中的数字表示该断开点接续的导线。接续的导线也是一个方框中同样的数字，可能在本页图中，也可能在另页图中。

（4）导线颜色与截面积标记　导线的颜色通常用代码标记，各代码的含义为：ws——白色；sw——黑色；ro——红色；br——棕色；gn——绿色；bl——蓝色；gr——灰色；ge——黄色；li——紫色。

一些大众车系汽车的图书资料中，电路图导线的颜色直接用汉字标记。双色线的两种颜色用 "/" 分隔。比如 "棕/红" 表示导线的底色是棕色，条纹为红色。

颜色标记上方或下方的数字表示导线的截面积，单位为 mm^2。

（5）附加熔断器代号　图 7-2 中的附加熔断器代号 "S123" 是表示在中央接线板上的第 123 号 10A 熔断器。

（6）线束插接器代号　该代号表示了连接的两线束、插接器的端子数和连接的端子号，可从图注或电气元件说明表中查到该代号所代表的插接器所连接的线束。例如图 7-2 的

"T8a/6"中，"T8a"是连接发动机线束和发动机右线束的线束插接器，该连接线路为 8 端子插接器的 6 号端子。

（7）铰接点代号　该代号表示了线路在此处有一个铰接点，铰接点所在的线束可从图注中查得，例如图 7-2 中的"A2"表示是正极接线，在发动机线束内。

（8）搭铁点代号　该代号表示该搭铁点的位置，可以从图注或说明表中查得搭铁点在车身上的具体位置。例如图 7-2 中的"①"表示了搭铁点在发动机 ECU 旁的车身上。

（9）线路代号　该代号表示特定的线路，例如"30"表示直接来自蓄电池正极的电源线；"15"表示点火开关在点火或起动位置时通电的小容量电源线；"X"表示点火开关在点火或起动位置时的大容量电源线；"31"表示搭铁线；图 7-2 中的"C"则表示是中央接线板中的内部线。

（10）熔断器代号　该代号表示熔断器的作用、位置及额定电流等。图 7-2 中"S5"表示是燃油泵电路的熔断器，它在接线盒的 5 号位置；10A 则表示该熔断器的额定电流为 10A。

（11）中央接线板插接器代号　该代号表示中央接线板的多端子或单端子插接器、端子号和导线的位置。例如图 7-2 中的"D13"表示该导线由 D 插接器的 13 号端子连接。

（12）电气元件插接器端子代号　该代号表示电气元件插接器的端子数、连接的端子号等。例如图 7-2 中的"T80/3"表示该电气元件连接线束的插接器有 80 个端子，该导线连接的是 3 号端子。

（13）电气元件代号　大众车系汽车电路图中的电气元件均用字母和数字组成的代号表示，并通过图注或列表说明各电气元件代号所代表的电气元件。图 7-2 中各电气元件代号的含义见其图注。

（14）内部连接代号　该代号表示该导线与其他页电路图中标注相同字母的内部连接是相连的。

德国汽车电路图上的接点标记与导线颜色以及导线连接的起点和终点见表 7-1。

表 7-1　德国汽车电路图上的接点标记与导线颜色以及导线连接的起点和终点

起点	接点标记	导线颜色	终点	接点标记	说明
点火线圈	1	绿	分电器	1	低压电
短路保护开关	2		磁电机	2	磁电机点火
点火线圈	4	黑	分电器	4	高压电
起动开关	15	黑	点火线圈 熔断器 固定的负载	—	接入蓄电池正极
			预热起动开关		
点火线圈串联电阻输出端	15a	黑	高压电容点火装置的输入端，晶体管点火装置控制器	15	
起动机	16		点火线圈		起动时接通串联电阻
预热起动开关	17	黑	预热塞控制器	—	起动
	19				预热

（续）

起点	接点标记	导线颜色	终点	接点标记	说明
蓄电池正极	30	黑	起动机 灯光开关 起动开关	—	接点30直接连接蓄电池正极
灯光开关		红	熔断器		
			起动开关	30	
蓄电池负极		黑			导线
		—			搭铁金属片
分电器	31	棕	车身（搭铁）		通过搭铁线直接连接蓄电池负极
	31b				搭铁线经过开关或继电器
电动机	32				搭铁线
	33				干线接线
	33a				限位开关
	33b				并励磁场
	33f				
	33g 33h				不同的转速
	33L				左转向
	33R				右转向
转向信号闪光继电器输入端	49	蓝	起动开关	15	电源正极
转向信号闪光继电器输出端	49a	黑/白/绿	转向信号开关	49a	脉冲电流
	C		转向信号指示灯		
	C2		第二个转向信号指示灯		挂车
转向信号开关	L	黑/白	左转向灯		
	R	黑/绿	右转向灯		
起动开关	50	黑/红	起动机		直接控制起动机
刮水器开关	53	黑/浅紫	永磁电动机	53	刮水器动作
	53a	黑/浅紫		53a	限位开关
	53b	棕（黄）	并励直流电动机	53b	
刮水器清洗开关	53c		挡风玻璃清洗泵		电动机
刮水器开关	53e	蓝	刮水器电动机		制动绕组
	53i				最高转速
制动灯开关	54	黑/黄	制动灯		
雾灯	55		继电器	88a	
灯光开关	56	白/黑	前照灯变光开关	56	前照灯灯光

（续）

起点	接点标记	导线颜色	终点	接点标记	说明
前照灯变光开关熔断器	56a	白	熔断器	56a	前照灯远光
		浅蓝/白	前照灯（远光指示）		
前照灯变光开关	56b		熔断器	56b	前照灯近光
熔断器		黄	前照灯		
前照灯闪光继电器触点	56d				
灯光开关	57a		停车灯开关	83	
左停车灯	57L		停车灯开关	83L	
右停车灯	57R			83R	
灯光开关	58	灰	熔断器	58	
熔断器	—	灰/黑	侧灯、尾灯和示廓灯（左）	58L	
	—	灰/红	侧灯、尾灯和示廓灯（右）	58R	
三相交流发电机	61	浅蓝	充电指示		
	B+		蓄电池正极	+	
	B−		蓄电池负极	−	
具有分置整流器的三相交流发电机	J		整流器	J	励磁绕组正极
	K			K	励磁绕组负极
	Mp			Mp	中性点接头
	U V W			U V W	三相接头
油压开关		浅蓝/绿	油压指示灯		
燃油传感器		浅蓝/黑	油量指示灯		
熔断器		黑/红	制动灯		
		红	钟表、收音机、内部照明		
继电器线圈	85	负极			绕组输出
	86				绕组输入
继电器触点	87				动断触点输入
	87a				动断触点输出
	88				动合触点输入
	88a				动合触点输出

第二节　奔驰车系汽车电路图

奔驰车系汽车在国内也具有一定的保有量，虽然它也是德系汽车，但奔驰车系汽车的维修资料中的汽车电路图有其自身的特点。

一、奔驰车系汽车电路图符号

奔驰车系汽车电路图符号许多与大众车系汽车电路图符号相同或相似，如图 7-3 所示，请注意比较区别。

	手动开关	8	熔断器
	手动按键开关	1.8Ω	电阻
	自动开关		二极管
	压簧自动开关		电子器件
	压力开关		电磁阀
	温度开关		电磁线圈
	常开触点		点火线圈
	常闭触点		火花塞
	蓄电池		指示仪表
	发电机		加热器加热电阻
	起动机		电位计
	直流电动机		可变电阻
			平插头
			圆插头
			螺钉连接
			焊接点
			插接板

图 7-3　奔驰车系汽车电路图符号

二、奔驰车系汽车电路图的特点与标注

典型奔驰车系汽车电路图如图 7-4 所示。

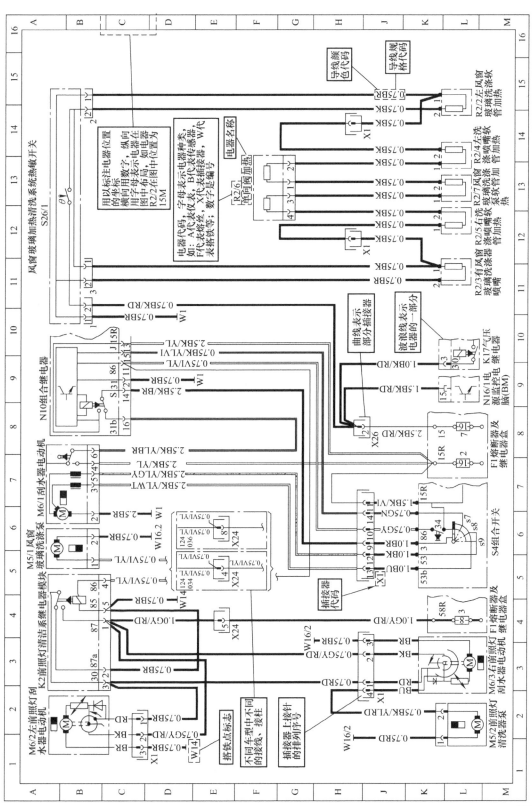

图 7-4　典型奔驰车系汽车电路图

209

> **阅读提示**
>
> 　　奔驰车系汽车电路图的表示方法与大众车系汽车不同，其电路图的布置与标注都有着自身的特点，充分了解奔驰车系汽车电路图的特点，对识读奔驰车系汽车电路图十分重要。

1. 奔驰车系汽车电路图的特点

从典型奔驰车系汽车电路图可知，其电路图具有如下特点：

（1）电路图采用横纵坐标　电路图四边采用横纵坐标，可方便地确定电气元件在电路图中的位置，其中横坐标用数字，纵坐标采用字母。

（2）电气元件采用代码加文字的标注方式　电路图中的电气元件符号采用代码和文字标注，代码前部的字母表示电气元件的种类，各字母表示的电气元件见表 7-2。代码后面的数字代表编号，一般电气元件代码下面用文字注明电气元件的名称，插接器、搭铁仅有代码，不用文字注明。

（3）用曲线和波浪线表示部分电气元件　在电路图中用曲线表示是部分插接器，用波浪线（点画线）表示是电气元件的一部分。

表 7-2　奔驰车系汽车电路图各字母表示的电气元件

字母	表示的电气元件种类	字母	表示的电气元件种类	字母	表示的电气元件种类
A	仪表	H	电喇叭、扬声器	S	开关
B	传感器	K	断电器	T	点火线圈
C	电容	L	转速、速度传感器	W	搭铁点
E	灯	M	电动机	X	插接器
F	接线盒	N	电控单元	Y	电磁阀
G	蓄电池、发电机	R	电阻、火花塞	Z	连接套

2. 奔驰车系汽车电路图的标注说明

（1）插接器端子的标注　插接器用字母"X"及后面的数字组成的代码表示，而在各端子旁用数字标示该端子在插接器的排列序号。

（2）导线颜色与截面积标记　导线的颜色早期大都采用两位大写英文缩写代码标记，见表 7-3，而近些年来，则采用了小写的德文缩写作为导线颜色代码。导线颜色代码分别为：ws——白色；sw——黑色；ro——红色；br——棕色；gn——绿色；bl——蓝色；gr——灰色；ge——黄色；li——紫色。

表 7-3　奔驰车系汽车电路图导线颜色代码

颜色代码	表示的导线颜色	颜色代码	表示的导线颜色	颜色代码	表示的导线颜色
BK（bk）	黑色	GN（gn）	绿色	WT（wt）	白色
BR（br）	棕色	BU（bu）	蓝色	PK（pk）	粉红色
RD（rd）	红色	VI（vi）	紫色		
YL（yl）	黄色	GR（gr）	灰色		

对于双色线或三色线，则用"VI/YL"和"BK/YL RD"表示。导线的截面积则在导线颜色代码前用数字表示，如1.25BD/YL，表示导线标称截面积为1.25mm²，导线颜色为红/黄色。

（3）搭铁点代号 在线端画一小横线，表示该处搭铁，并标注搭铁点代号。搭铁点代号由字母"W"和字母后面的数字编号组成。

（4）电气元件代号 电路图中各电气元件用字母和数字组成的代号表示，并用文字说明各电气元件的名称。

第三节 宝马车系汽车电路图

宝马车系汽车在国内也有生产，有一定的保有量。宝马汽车电路图与其他德系车也有所不同。

一、宝马车系汽车电路图符号

宝马车系汽车电路图符号与奔驰车系汽车电路图符号有很多相同或相似，但电路图的表示方式却不同。宝马车系汽车电路图符号如图7-5所示。

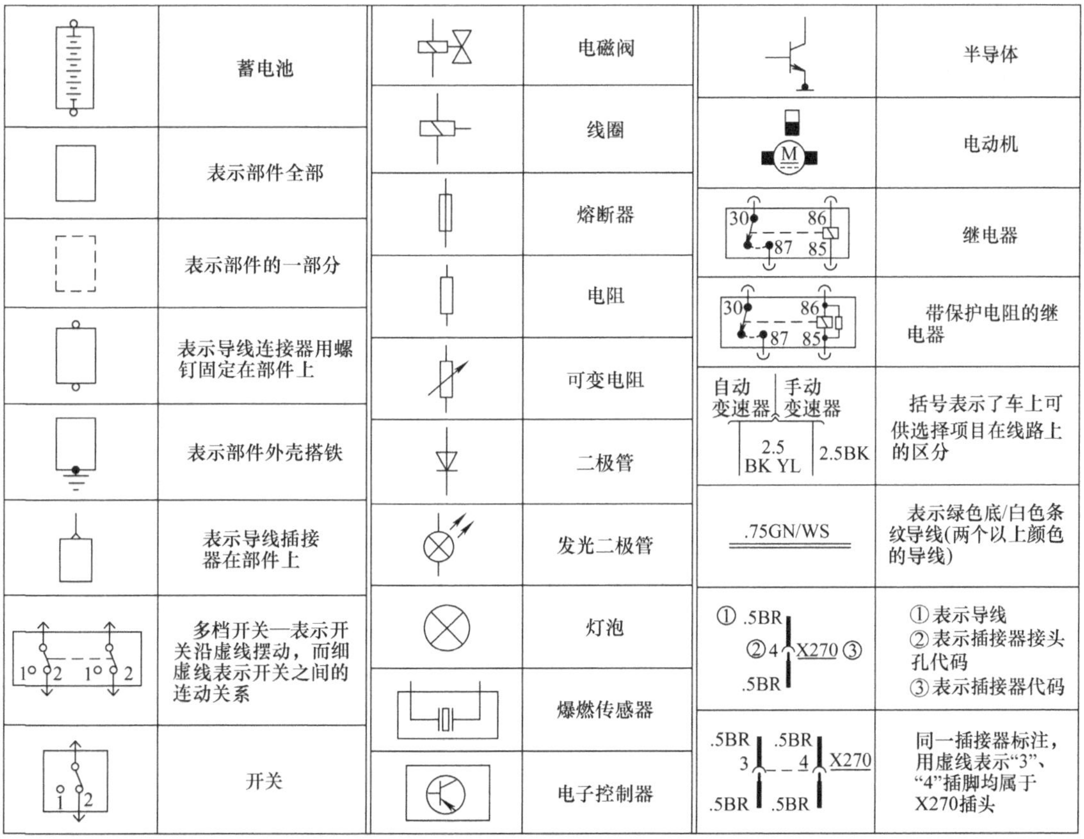

符号	说明	符号	说明	符号	说明
	蓄电池		电磁阀		半导体
	表示部件全部		线圈		电动机
	表示部件的一部分		熔断器		继电器
	表示导线连接器用螺钉固定在部件上		电阻		带保护电阻的继电器
	表示部件外壳搭铁		可变电阻	自动变速器 / 手动变速器 2.5 BK YL / 2.5BK	括号表示了车上可供选择项在线路上的区分
	表示导线插接器在部件上		二极管	.75GN/WS	表示绿色底/白色条纹导线(两个以上颜色的导线)
	多档开关—表示开关沿虚线摆动，而细虚线表示开关之间的连动关系		发光二极管	① .5BR ② 4 X270 ③ .5BR	①表示导线 ②表示插接器接头孔代码 ③表示插接器代号
	开关		灯泡	.5BR .5BR 3 4 X270 .5BR .5BR	同一插接器标注，用虚线表示"3"、"4"插脚均属于X270插头
			爆燃传感器		
			电子控制器		

图7-5 宝马车系汽车电路图符号

二、宝马车系汽车电路图的特点与标注

宝马车系汽车电路图的特点与标注方法如图7-6所示。

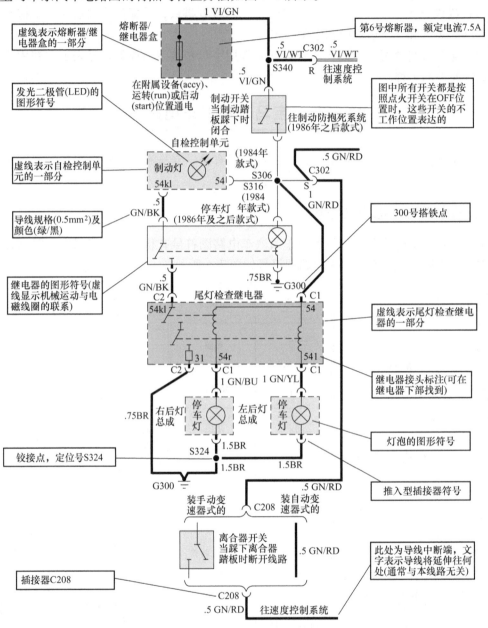

图7-6　宝马车系汽车电路图的特点与标注方法

💧 **请注意**：宝马车系汽车电路图的表示方法与其他德系汽车又有所不同，有着自身的特点，充分了解宝马车系汽车电路图的特点，清晰地认识到它与其他德系汽车电路图的异同点，将有助于汽车电路图识读能力的提高。

1．宝马车系汽车电路图特点

相比于大众车系和奔驰车系汽车电路图，宝马车系汽车电路图具有如下特点。

（1）电路图中的电气元件采用文字标注 电路图中的各电气元件用文字标注，并用虚线表示线框内给出的是电气元件的一部分，使电路图识读更方便。

（2）电路图中线路的断点采用文字标注 电路图中线路的断点直接用文字表明导线通往何处，或源自何处，也给电路图阅读提供了方便。

（3）铰接点及搭铁处标注清晰 铰接点及线路搭铁处分别用字母"S"及"G"加相应的数字编号所组成的代码表示，标示清晰。

2．宝马车系汽车电路图的标注说明

（1）熔断器的标注 熔断器直接用文字标注，文字后数字表示该熔断器在接线盒中的排列序号，用虚线框表示接线盒的一部分。

（2）开关状态说明 电路图中的开关均为不工作时的状态，用文字说明开关动作的条件及动作以后的状态。

（3）插接器的标示 无论是电气元件、线路插接器还是线间插接器，均用"C"加数字作为插接器的代码，标示在各插接器的端子处。

（4）导线颜色与截面积标注 宝马车系汽车电路图中也是采用代码标注导线的颜色，导线颜色代码见表7-4。在导线颜色代码前的数字表示该导线的标称截面积。

表7-4 宝马车系汽车电路图导线颜色代码

颜色代码	表示的导线颜色	颜色代码	表示的导线颜色	颜色代码	表示的导线颜色
BL	蓝色	RD	红色	SW	黑色
BR	棕色	GR	灰色	VI	紫色
GE	黄色	OR	橙色	WS	白色
GN	绿色	RS	粉红色		

第四节　雪铁龙车系汽车电路图

雪铁龙车系汽车在其中文汽车维修资料中，电路图都沿用法国雪铁龙汽车公司的规定画法，电路图的表达方式与德系车、日系车及我国的汽车电路图有较大的不同。

一、雪铁龙车系汽车电路图符号

雪铁龙车系汽车电路图中的电路连接和电气元件都有规定的画法，部分与其他车系相同或相似，但也有些则与众不同。雪铁龙车系汽车电路图的符号如图7-7所示。

二、雪铁龙车系汽车电路图的特点与标注

雪铁龙车系汽车的中文维修资料中，其汽车电路图与其他车系汽车电路图的不同点较多，汽车电路图的标注方法如图7-8所示。

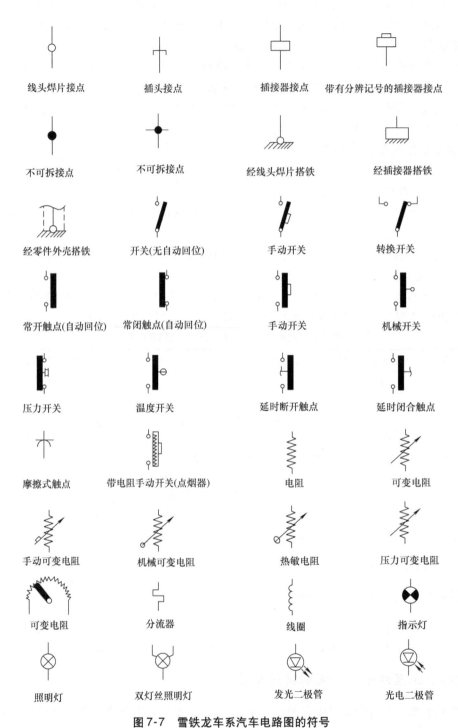

线头焊片接点	插头接点	插接器接点	带有分辨记号的插接器接点
不可拆接点	不可拆接点	经线头焊片搭铁	经插接器搭铁
经零件外壳搭铁	开关(无自动回位)	手动开关	转换开关
常开触点(自动回位)	常闭触点(自动回位)	手动开关	机械开关
压力开关	温度开关	延时断开触点	延时闭合触点
摩擦式触点	带电阻手动开关(点烟器)	电阻	可变电阻
手动可变电阻	机械可变电阻	热敏电阻	压力可变电阻
可变电阻	分流器	线圈	指示灯
照明灯	双灯丝照明灯	发光二极管	光电二极管

图 7-7　雪铁龙车系汽车电路图的符号

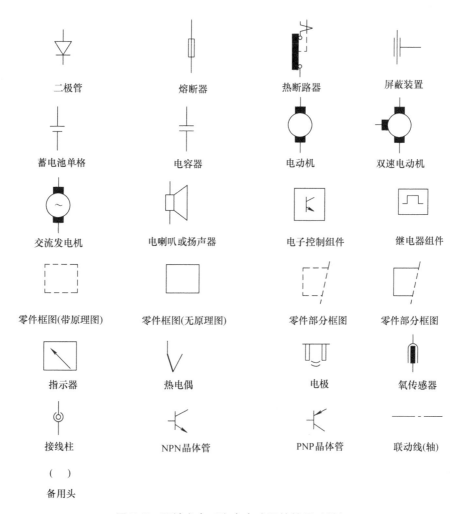

二极管　　　　熔断器　　　　热断路器　　　　屏蔽装置

蓄电池单格　　　电容器　　　　电动机　　　　双速电动机

交流发电机　　电喇叭或扬声器　　电子控制组件　　继电器组件

零件框图(带原理图)　零件框图(无原理图)　零件部分框图　零件部分框图

指示器　　　　热电偶　　　　电极　　　　氧传感器

接线柱　　　NPN晶体管　　　PNP晶体管　　联动线(轴)

（　）
备用头

图 7-7　雪铁龙车系汽车电路图的符号（续）

阅读提示

　　雪铁龙车系汽车电路图无论是电路图符号还是标注方法都与其他车系有较多的不同点。熟记雪铁龙车系汽车电路图的这些特点，识读雪铁龙车系汽车电路图就不会有困难。

1. 雪铁龙车系汽车电路图的特点
雪铁龙车系汽车电路图的特点如下：

（1）提供不同类型的汽车电路图　在雪铁龙车系的维修资料中通常同时提供电路原理图和线路分布图，有的还提供线束定位图，且电路原理图和线路分布图用相同的标识。

（2）标明导线所在的线束　电路原理图中的导线除了标注其颜色以外，还标明该导线所在的线束。

（3）标明插接器和插头护套的颜色　电路原理图和线路分布图中还标注插接器和插头

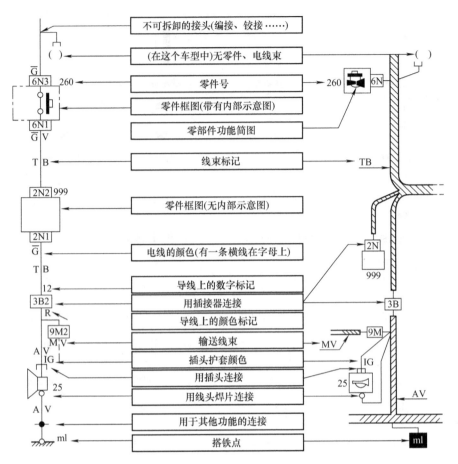

图7-8 雪铁龙车系汽车电路图的标注方法

护套的颜色，可方便线路的查找。

（4）标明搭铁点的位置 在线路布置图中直观地标示了搭铁点位置。

2. 雪铁龙车系汽车电路图的标注说明

阅读提示

雪铁龙车系汽车电路图的标注很有特色，掌握这些标注的特色，不仅是识读雪铁龙车系汽车电路所必须的，对汽车电路故障分析与故障检修也有极大的帮助。

雪铁龙车系汽车电路图标注的说明如下：

（1）零件号 雪铁龙车系汽车电路原理图和线路分布图中各电气元件均用数字编号，可通过图注或零件清单表查得该数字编号所表示的电气元件。

（2）线束标记 在汽车电路图中各导线都标明其所在线束的代号，给寻找线路的方位和走向提供方便。各线束代号见表7-5。

（3）导线颜色标记 汽车电路图中用法文字母作为颜色代码，标明各导线的颜色，导线的颜色代码见表7-6。

表7-5 线束代号

线束代号	线束名称	线束代号	线束名称	线束代号	线束名称
AV	前部	MT	发动机（和电控喷油系统）	PP	乘客侧门
CN	蓄电池负极电缆	MV	电风扇	RD	右后部
CP	蓄电池正极电缆	PB	仪表板	RG	左后部
EF	行李舱照明灯	PC	驾驶人侧门	RL	侧转向灯
FR	尾灯	PD	右后门	UD	右制动衬片磨损指示器
GC	空调	PG	左后门	UG	左制动衬片磨损指示器
HB	驾驶室	PL	顶灯		

表7-6 导线的颜色代码

颜色代码	导线颜色	颜色代码	导线颜色
N	黑色	Bl	湖蓝色
M	栗色	Mv	深紫色
R	大红色	Vi	紫罗兰色
Ro	粉红色	G	灰色
Or	橙色	B	白色
J	柠檬黄色	Lc	透明
V	翠绿色		

导线代码标注在该电路的左边，双色线则将表示两种颜色的代码分别标注在该电路的两侧，左侧代码表示导线底色，右侧代码表示导线条纹颜色。

有的导线颜色代码字母上方加了一条横线，用于区别线束代码。

（4）插接器标记 雪铁龙车系汽车电路中各种插接器在电路图中均用线框表示，通过标注字母和数字来表示插接器的类型或颜色、插接器的端子数和该端子的排列顺序等。不同类型的插接器的标记方法如图7-9所示。

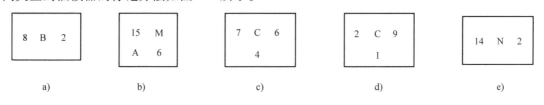

图7-9 插接器的标记方法

a）单排插接器 b）双排插接器 c）前围板插接器（1） d）前围板插接器（2） e）14脚圆插接器

1）单排插接器只有一排插脚或插孔，插接器及各端子在电路图中的表示示例如图7-9a所示，标注说明如下：

① 左边的数字表示插接器端子数，此例"8"表示该插脚器有8个端子。

② 中间的字母表示插接器颜色，此例"B"表示该插接器为白色。

③ 右边的数字表示端子的排列顺序，此例"2"表示是该插接器中的第2号端子。

2）双排插接器有两排插脚或插孔，插接器及各端子在电路图中的表示示例如图 7-9b 所示，标注说明如下：

① 上排数字表示插接器端子数，此例"15"表示该插脚器有 15 个端子。

② 上排字母表示插接器颜色，此例"M"表示该插接器为栗色。

③ 下排字母表示插接器端子的列数，此例"A"表示是该插接器中的 A 列。

④ 下排数字表示该端子的排列顺序，此例"6"表示是 A 列中的第 6 号端子。

3）前围板插接器位于风窗玻璃左下侧的车身内，用于前部线束和仪表板线束的连接。它共有 62 个插孔，如图 7-10 所示，由八个 7 脚接线板和两个 2 脚接线板与之连接。前围板插接器及各插脚在电路图中的表示示例如图 7-9c、d 所示。

图 7-9c 说明如下：

① 上排左边数字表示插接器端子数，此例"7"表示该插接器有 7 个端子。

② 上排中间字母"C"表示是前围板插接器。

③ 上排右边数字表示组数，此例"6"表示是第 6 组插接器。

④ 下数字表示该端子排列顺序，此例"4"表示是该插接器的第 4 号端子。

图 7-9d 说明如下：

① 上排左边数字表示插接器端子数，此例"2"表示该插脚器有 2 个端子。

② 上排中间字母"C"表示是前围板插接器。

③ 上排右边数字表示组数，此例"9"表示是第 9 组插接器。

下排数字表示该端子排列顺序，此例"1"表示是该插接器的第 1 号端子。

4）14 脚圆插接器。该插接器位于发动机舱盖下左侧的接线盒内，用于前部 AV 线束与发动机 MT 线束的连接，呈黑色，插接器及各插脚在电路图的表示方法如图 7-9e 所示，说明如下：

① 左边的数字 14 表示是 14 脚插接器。

② 中间的字母 N 表示插接器为黑色。

③ 右边的数字表示该端子的排列顺序，此例"2"表示是该插接器中的第 2 号端子。

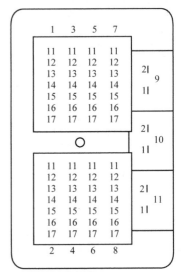

图 7-10　前围板插孔插接器排列

第五节　丰田车系汽车电路图

丰田车系汽车是我国进口汽车中数量最多的，国内合资生产的丰田车系汽车也有很多，例如夏利 2000、威姿、威驰、卡罗拉、凯美瑞、汉兰达、雷克萨斯等，丰田车系汽车在国内有较高的市场占有率。这些车型的中文维修资料都源自丰田公司原厂资料，其电气元件与电子控制系统电路图通常都保留了丰田原厂资料汽车电路图的绘图风格。

一、丰田车系汽车电路图符号

丰田车系汽车电路图的符号也有与其他车系汽车电路图不同的地方，该车系汽车所用的汽车电路图符号及含义如图 7-11 所示。

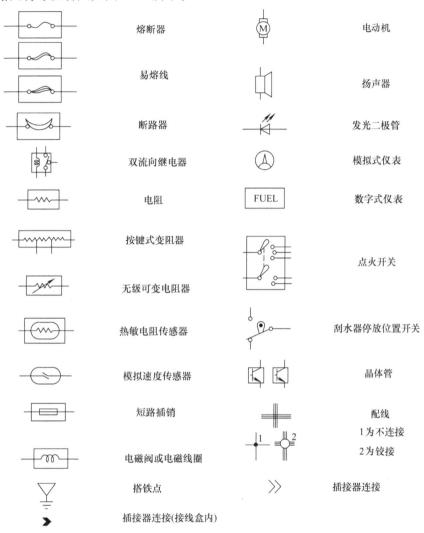

	熔断器		电动机
	易熔线		扬声器
	断路器		发光二极管
	双流向继电器		模拟式仪表
	电阻	FUEL	数字式仪表
	按键式变阻器		点火开关
	无级可变电阻器		
	热敏电阻传感器		刮水器停放位置开关
	模拟速度传感器		晶体管
	短路插销		配线 1 为不连接 2 为铰接
	电磁阀或电磁线圈		
	搭铁点		插接器连接
	插接器连接(接线盒内)		

图 7-11 丰田车系汽车电路图符号及含义

二、丰田车系汽车电路图的特点与标注

阅读提示

丰田车系汽车电路图也有别于其他车系，其标注也有自身的特点。要顺利识读丰田车系各型汽车电路图，就应熟悉丰田车系汽车电路图的特点。

1. 丰田车系汽车电路图的特点

丰田车系汽车电路图的表示方法示例如图 7-12 所示。丰田车系汽车电路图的特点如下：

（1）电路图中的电气元件用文字标注　丰田车系汽车电路图中的电气元件通常不用代码标注，而是用文字直接标注，给识图带来便捷。

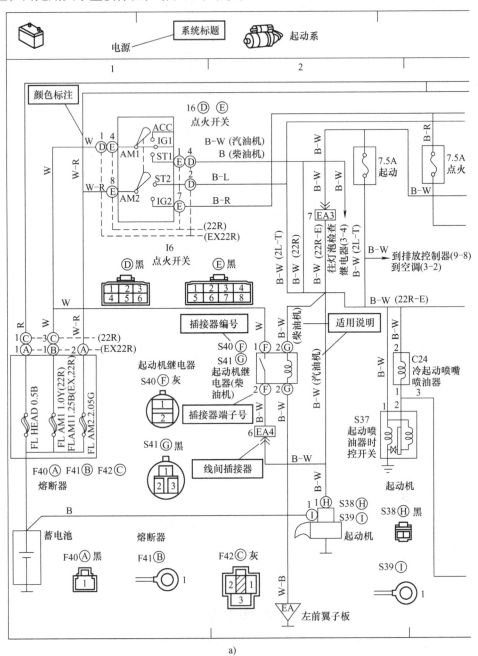

a)

图 7-12　丰田车系汽车电路图的表示方法示例

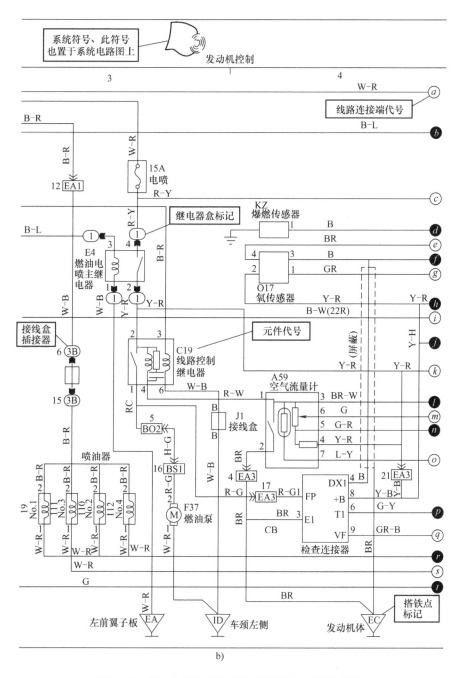

b)

图 7-12 丰田车系汽车电路图的表示方法示例（续）

（2）整车电路图按系统布置并予以标示 对整车电路图，图中各电气系统电路按横向逐个布置，并在电路图的上方标出各系统电路的区域和代表该电路系统的符号或/及文字说明，使电路的阅读比较清晰、方便。

（3）线路搭铁点标示明确 电路图中绘出了搭铁点，并标注代号与文字说明，读者可直观地从电路图中了解线路搭铁点。

（4）电气元件端子标示清楚　汽车电路图中，有的还直接标出线路插接器的端子排列和各端子的使用情况，这给识图和电路故障查寻提供了方便。

2. 丰田车系汽车电路图的标注说明

丰田车系汽车电路图的标注说明如下：

（1）系统标题和系统符号　系统标题是在电路图上方用刻线划分的区域内，用文字和系统符号表示下方电路系统的名称。各系统符号如图 7-13 所示。

图 7-13　丰田车系汽车电路图中各系统符号

（2）导线颜色标注　导线颜色用代码标注在该线路的旁边，各颜色代码见表7-7。双色线用代表两种颜色的代码中间加"－"表示。比如："W－R"表示导线的底色是白色，条纹为红色。

表7-7　丰田车系汽车电路图导线颜色代码

颜色代码	导线颜色	颜色代码	导线颜色
B	黑色	G	绿色
L	蓝色	O	橙色
R	红色	W	白色
BR	棕色	GR	灰色
LG	浅绿色	P	粉红色
V	紫色	Y	黄色

（3）插接器编号　插接器编号表示与电气元件连接的插接器，S40和S41表示与起动继电器连接的插接器。插接器的端子排列情况列于图中的某个位置，或在其他图中表示。通常还标有插接器的颜色，其中未标注的为乳白色。

（4）插接器端子编号　用数字表示插接器端子号，可从插接器端子排列图中找到该端子的具体位置。插座各端子的编号从左到右排列，插头端子的编号则相反，如图7-14所示。

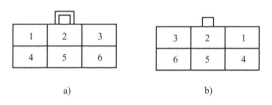

图7-14　插接器端子编号
a）插座各端子编号　　b）插头各端子编号

（5）线间插接器标记　用符号"＞＞"表示导线与导线之间用插接器连接。线框中间的字母和数字为插接器代号，线框外的数字表示连接该导线的插接器端子号。

插接器代号中的第一个字母表示了插接器的位置。E指发动机室，I为仪表板及周围区域，B为车身及周围区域。

（6）适用说明　用"（　　）"中的文字说明该线路、电气元件或连接所适用的发动机、车型或技术条件。

（7）接线盒标记　用带黑影的"＞＞"符号表示导线从接线盒插接，圆线框中间的数字和字母为插接器代号，其中数字表示该插接器所在接线盒编号，圆线框外的数字表示该导线连接插接器的端子号。

（8）继电器盒标记　用带黑影的"＞＞"符号表示导线从继电器盒插接，圆线框中间的数字表示继电器盒号码，圆线框外的数字表示继电器端子号。

（9）线路连接端代号　为减少电路图中的交叉，电路图中交叉较多的导线也采用截断的方法，断点用圆圈表示，并用圆圈内的字母表示该线路与下一页标有相同字母的导线相连接。

（10）电气元件代号　用字母或字母加数字表示电气元件，通常在该电气元件代号旁注有电气元件的中文名称，无中文注释的，可根据电气元件代号从相关的表中查得该电气元件代号所代表的电气元件。

（11）搭铁点标记　用符号"▽"表示搭铁点位置，符号中间的字母为搭铁点代号，代号中的第一个字母表示了搭铁点位置：E 指发动机室，I 为仪表板及周围区域，B 为车身及周围区域。电路图中通常在搭铁标记旁用文字说明搭铁点的具体位置。

三、丰田车系汽车电路图的补充说明

1. 丰田车系汽车局部电路图

丰田车系汽车的检修资料中通常还提供某电气装置的局部电路图，在局部电路图中，其标注的方法与全车电路图是一致的，只是局部电路图中电气元件的连接关系表达得更细致，这也给汽车电路故障的查找提供了方便。

丰田车系汽车局部电路图如图 7-15 所示，这是丰田某车型牵引力控制系统的 TRC OFF 指示灯和 TRC 开关电路。该电路图表达了 TRC OFF 指示灯电路和 TRC 开关电路所有的连接关系：ABS 和 TRC ECU 的连接端子标示了插接器"A19"、连接端子"8"、"12"外，还标注了端子代号"WT""CSW"；适用于左转向盘车型"LHD"和右转向盘车型"RHD"的线路和插接器及端子号均在图上予以标注。

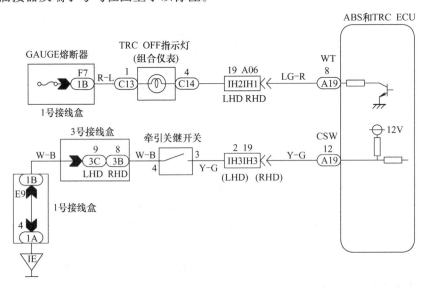

图 7-15　丰田车系汽车局部电路图

2. 多插孔插接器的标注方法

一些插接器有多个插孔区，在电路图中用字母来代表各插孔区，每个插孔区各自编号。丰田车系汽车电路图中具有多个插孔区的插接器如图 7-16 所示。

图 7-16 表示了汽车电路中 1 号接线盒的 1B 插接器有 A～F 个插孔区，各区的端子排列均各自编号，互不影响。因此，在电路图中，必须有插孔区代号和数字才能表示具体的端子。例如，图 7-16 中的"F7"是表示 1 号接线盒"1B"插接器 F 区 7 号端子；"E9"表示 1 号接线盒"1B"插接器 E 区 9 号端子；"A06"则表示"1B"插接器 A 区 6 号端子。单插

口插接器不分区，因此只需用数字表示端子号。

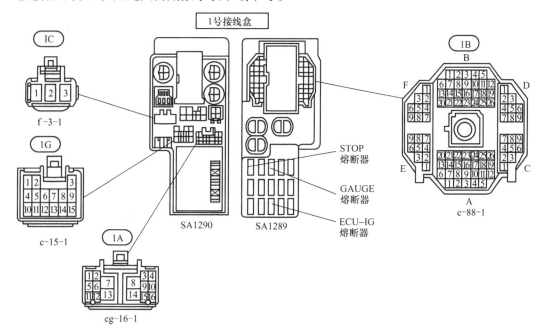

图 7-16　具有多个插孔区的插接器

第六节　本田车系汽车电路图

相比于丰田车系汽车，我国进口的本田车系汽车虽然不多，但自 1999 年广汽生产的本田雅阁轿车面市以来，各型本田车系汽车在国内也占有较大的保有量。本田车系汽车电路图与丰田车系汽车的有所不同。

一、本田车系汽车电路图符号

本田车系汽车电路图符号与其他车系也有些不同之处，其电路图符号及含义如图 7-17 所示，读者可对照比较相同与不同之处。

二、本田车系汽车电路图的特点与标注

阅读提示

本田车系汽车电路图的符号与标注与丰田车系汽车电路图有些区别，请注意比较与区别。

1. 本田车系汽车电路图的特点

本田车系汽车电路图如图 7-18 所示。

本田车系汽车电路特点如下：

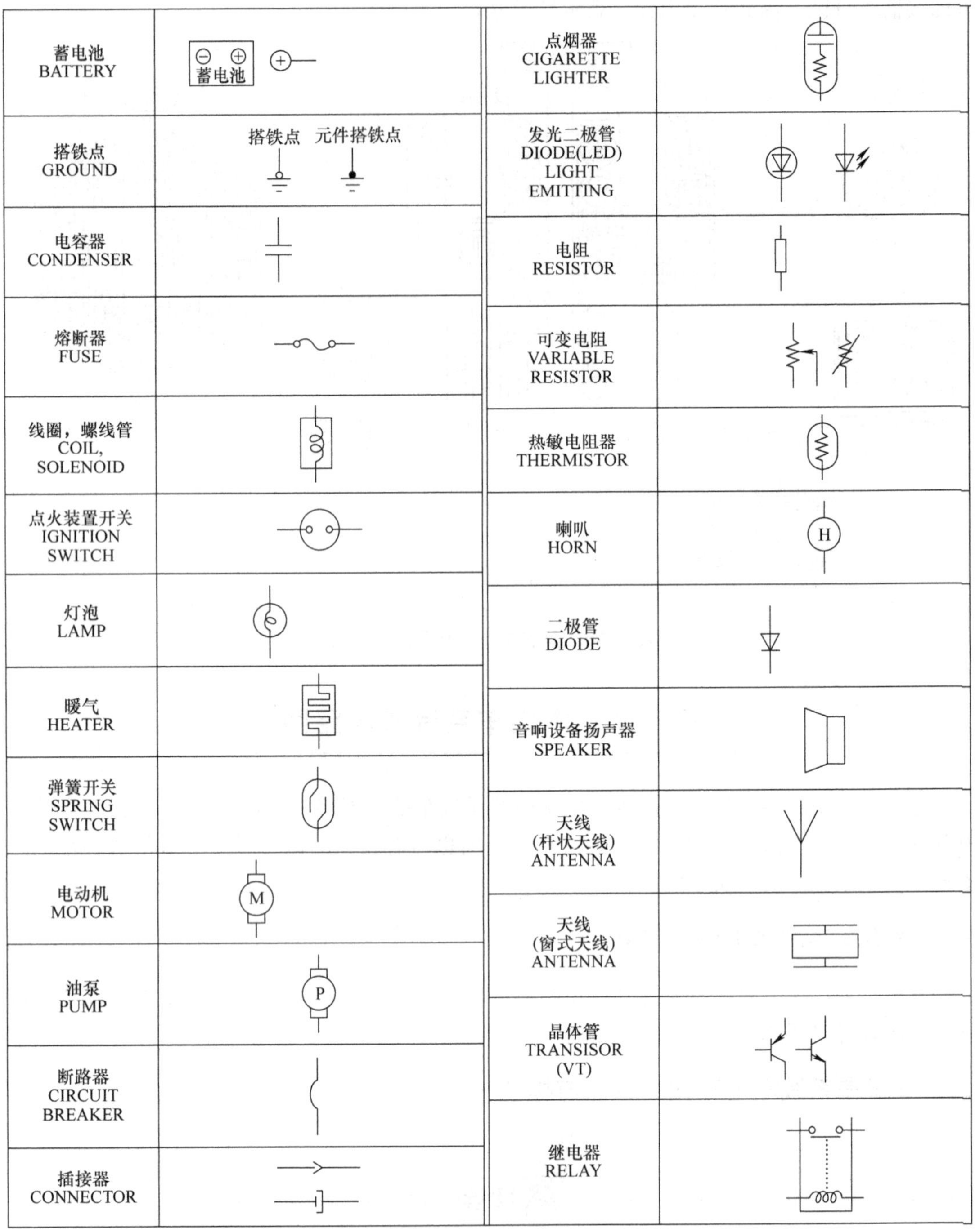

蓄电池 BATTERY		点烟器 CIGARETTE LIGHTER	
搭铁点 GROUND	搭铁点 元件搭铁点	发光二极管 DIODE(LED) LIGHT EMITTING	
电容器 CONDENSER		电阻 RESISTOR	
熔断器 FUSE		可变电阻 VARIABLE RESISTOR	
线圈，螺线管 COIL, SOLENOID		热敏电阻器 THERMISTOR	
点火装置开关 IGNITION SWITCH		喇叭 HORN	
灯泡 LAMP		二极管 DIODE	
暖气 HEATER		音响设备扬声器 SPEAKER	
弹簧开关 SPRING SWITCH		天线 (杆状天线) ANTENNA	
电动机 MOTOR		天线 (窗式天线) ANTENNA	
油泵 PUMP		晶体管 TRANSISOR (VT)	
断路器 CIRCUIT BREAKER		继电器 RELAY	
插接器 CONNECTOR			

图 7-17　本田车系汽车电路图符号及含义

（1）电路图中的电气元件用文字标注　本田车系汽车电路图中，各电气元件用文字直接标注，因此阅读也比较方便。

（2）导线颜色用文字标注　本田车系汽车电路图中的导线颜色标注以英文字母缩写表示，但中文维修资料中的汽车电路图通常直接用中文标出。例如浅绿色、棕/黄等，分别表

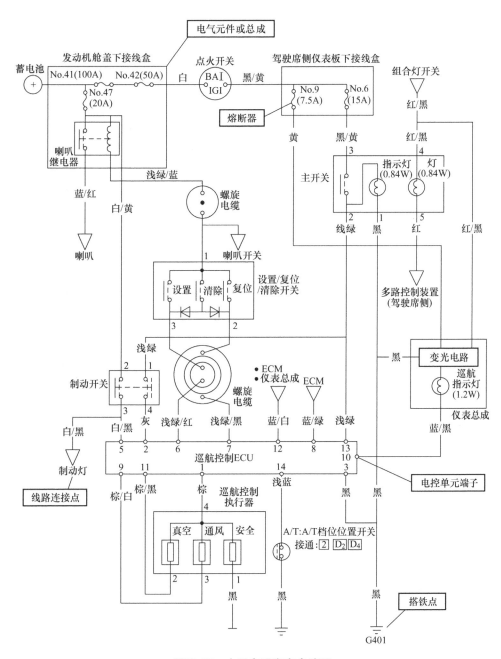

图 7-18 本田车系汽车电路图

示单色导线和双色导线。

（3）线路搭铁点标示明确　电路图中的搭铁点均标注代号，代号由字母 G 和数字组成，例如 G401、G202 等。在电路图中有相同搭铁点代号的各点表示在汽车上是同一个搭铁点。

（4）电路图中线路断点标示清楚　在电路图中，线路的断点运用较多，用三角形表示，并用文字注明所连接的线路和电气单元。

（5）电路图中不标注导线的截面积　本田车系汽车电路图中导线的截面积并没有标注，因此，各导线的截面积只能根据导线所连接的熔断器电流的大小来估计。

汽车电路与电子技术基础

2. 本田车系汽车电路图的标注说明

本田车系汽车电路图标注说明如下：

（1）电气元件或总成的标注　电路图中各电气元件或总成用实线框表示，并用文字说明该实线框内的电气元件或总成的名称。

（2）熔断器的标注　电路图中熔断器的标注包括了序号和电流，例如，No. 41（100A），表示是发动机舱盖下接线盒中的第41号熔断器，该熔断器的保护电流是100A。

（3）继电器及电控单元等的端子　电路图中的继电器及电控单元等的端子用数字标出其在插接器上的排列序号。

（4）线路连接点　电路图中线路连接断点用三角形表示，顶部或底部的文字则注明所连接的线路、电气元件或总成，三角形箭头的方向表示该条线路电流的方向。

（5）搭铁点标示　线路的搭铁点除用接地符号标示外，还用代码标注，该搭铁点代码表示所接地的位置，具体的位置在何处可由维修资料所提供的搭铁线路图或搭铁说明表格查到。

第七节　通用车系汽车电路图

通用车系汽车也是我国主要的进口车种之一，上海通用汽车公司成立后，通用车系汽车在我国的保有量迅速上升。通用车系汽车电路图与前述几种车系汽车电路图又有明显的区别。

一、通用车系汽车电路图符号

通用车系汽车电路图符号如图7-19所示。

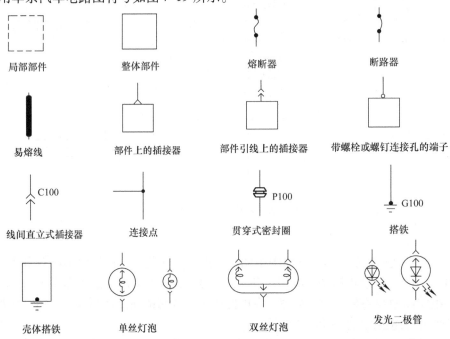

图 7-19　通用车系汽车电路图符号

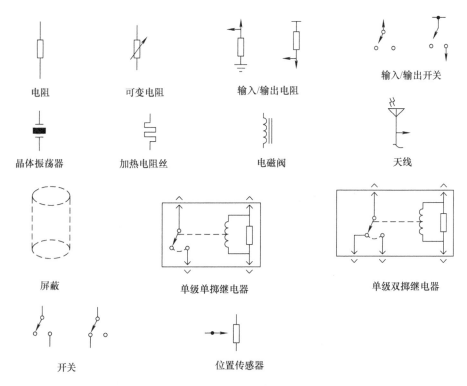

电阻　　　可变电阻　　　输入/输出电阻　　　输入/输出开关

晶体振荡器　　　加热电阻丝　　　电磁阀　　　天线

屏蔽　　　单级单掷继电器　　　单级双掷继电器

开关　　　位置传感器

图7-19　通用车系汽车电路图符号（续）

二、通用车系汽车电路图的特点与标注

阅读提示

　　通用车系汽车电路图有着自身特点，其标注也有着比较特殊之处，要特别注意其电路图中的提示符号，熟悉这些特殊的提示符的含义。

1. 通用车系汽车电路图的特点

通用车系汽车电路图如图7-20所示，汽车电路图的特点如下：

（1）电路图中标有特殊提示符号　通用车系汽车电路图中，通常标有特殊提示符号，用于向汽车检修人员提供某种注意事项或警示作用。通用车系汽车电路图中出现的特殊提示符号如图7-21所示。

1）静电敏感符号。静电敏感符号用于提醒检修人员该系统含有对静电放电敏感的部件，在作检修操作时应注意：

① 在检修操作前通过触摸金属接地点，以除去身体上的静电。

② 检修操作中不要用手触摸裸露的端子，也不要用工具接触裸露的端子。

③ 若无必要，不要将部件从保护盒中取出。

④ 除非是必要的故障诊断，不要随意将部件或插接器跨接或接地。

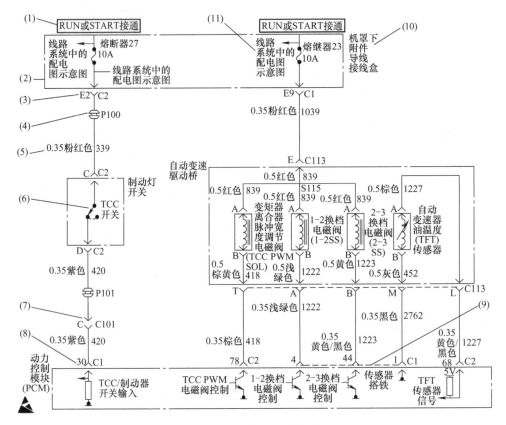

图 7-20　通用车系汽车电路图

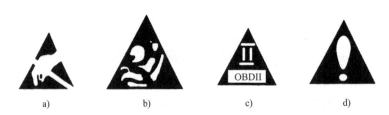

图 7-21　通用车系汽车电路图特殊提示符号

a）静电敏感符号　b）安全气囊符号　c）故障诊断符号　d）注意事项符号

⑤ 打开部件保护性包装之前应先将其接地。

2）安全气囊符号。安全气囊符号用于提醒检修人员，该系统为安全气囊系统或与安全气囊系统相关，在检修时应注意：

① 检修操作前要进行安全气囊系统的检查。

② 检修操作时先要使安全气囊失效，并在完成检修操作后恢复安全气囊功能。

③ 在车辆交与用户前要进行安全气囊诊断系统的检查。

3）故障诊断符号。故障诊断符号用于提醒检修人员该电路在车载诊断（OBDII）范围内，当该电路出现故障时，故障指示灯就会亮。

4）注意事项符号。注意事项符号用于提醒检修人员还有其他附加系统维修的信息。

（2）电路图中标有电源接通说明　通用车系汽车电路图中的电源通常是从该电路的熔

断器起，并用黑框中的文字说明在什么样的情况下该电路接通电源。

（3）电路图中标有线路编号 通用车系汽车电路图中，各导线除了标明颜色和截面积外，通常还标有该电路的编号，通过电路编号可以知道该电路在汽车上的位置，以方便识图和故障查寻。

（4）电路图中导线的颜色用英文缩写 通用车系汽车电路图中的导线颜色用英文缩写，但不同的车型中，颜色的代码还是会有些区别的。通用车系汽车电路图中导线颜色代码见表7-8、表7-9。

表7-8 通用车系汽车电路单色导线颜色代码

颜色	英文	通用	荣誉	陆尊	新赛欧	君越	景程
黑色	Black	BLK	BK	BLK	SW	BK	BK
棕色	Brown	BRN	BN		BR		
棕黄色			TN			TN	TN
蓝色	Blue	BLU	BU	BLU	BL	BU	BU
深蓝色	Dark Blue	DK BLU	D – BU	BLN DK		D – BU	D – BU
浅蓝色	Light Blue	LT BLU	L – BU	BLN LT		L – BU	L – BU
绿色	Green	GRN	GN	GRN	GN	GN	GN
深绿色	Dark Green	DK GRN	D – GN	GRN DK		D – GN	D – GN
浅绿色	Light Green	LT GRN	L – GN	GRN LT		L – GN	L – GN
灰色	Grey	GRY	GY	GRA	GR	GY	GY
白色	White	WHT	WH	WHT	WS	WS	WS
橙色	Orange	ORG	OG			OG	OG
红色	Red	RED	RD	RED	RT	RD	RD
粉红色	Pink	PNK					PK
紫色	Violet	VIO	PU	PPL		PU	PU
黄色	Yellow	YEL	YE	YEL	GE		
褐色	Brown	TAN		TAN		BN	BN
透明	Clear	CLR					
紫红色	Purple	PPL					

表7-9 通用车系汽车电路双色导线颜色代码

导线颜色	颜色代码	导线颜色	颜色代码
带白色标的红色导线	RD/WH	带白色标的深绿色导线	D – GN/WH
带黑色标的红色导线	RD/BK	带黑色标的浅绿色导线	L – GN/BK
带白色标的棕色导线	BN/WH	带黄色标的红色导线	RD/YE
带白色标的黑色导线	BK/WH	带蓝色标的红色导线	RD/BL
带黄色标的黑色导线	BK/YE	带蓝色和黄色标的红色导线	RD/BL/YE
带黑色标的深绿色导线	D – GN/BK		

2. 通用车系汽车电路图的标注说明

以图 7-20 为例，说明通用车系汽车电路图标注方法。

（1）电源接通标注及说明　电源接通标注位于电路图的上方，用黑框表示，框内文字说明框下的熔断器在什么情况下接通电源。电源接通标注及说明见表 7-10。

表 7-10　通用车系汽车电路图电源接通标注及说明

电源接通标注	电源接通说明
RUN 或 START 接通	该电路在点火开关处于点火（RUN）和起动（START）位置时与电源接通
所有时间接通	该电路常接电源
RUN 接通	该电路在点火开关处于点火（RUN）位置时与电源接通
START 接通	该电路只是在点火开关处于起动（START）位置时与电源接通
ACC 和 RUN 接通	该电路在点火开关处于点火（RUN）或辅助（ACC）位置时与电源接通

（2）电路配电盒　电路配电盒也称接线盒，电路图中用虚线框表示框内的 27 号（10A）熔断器和 23 号（10A）熔断器只是接线盒中的一部分。

（3）接线盒插接器连接标注　"C2"是发动机罩下导线接线盒插接器代号，"E2"是插接器端子代号。通常插接器代号在右侧，端子号在左侧，该标注表示 339 号线路从 C2 插接器的 E2 端子接出。

（4）密封圈代号　在贯穿式密封圈符号旁的"P100"为密封圈代号，其中"P"表示密封圈。

（5）电路标注　电路标注用于给出该电路导线的截面积、颜色和电路编号。其中左边数字表示导线截面积，右边数字为电路编号，中间标注导线的颜色。在一些通用车系汽车电路图中，用颜色代码标注导线颜色。

（6）电气元件标注　框内"TCC 开关"注明了此开关的作用（用于液力变矩器中的锁止离合器控制），框外有此电气元件的名称，在"（　）"内的文字则是说明此开关的原理。

（7）线间插接器标注　导线右侧的"C101"是直立式线束插接器的代号，其中"C"表示插头。左侧"C"表示该线路通过 C101 插接器的 C 端子连接。

（8）控制器插接器标注　右侧代号"C1"表示控制器上的 C1 插接器，左侧数字"30"表示是 C1 插接器的 30 号端子。

（9）同一插接器标注　用虚线表示 4、44、1 插脚均为 C1 插接器的端子。自动变速器驱动桥框线外的虚线也是表示 T、A、B、M、L 均为插接器 C113 的端子。

（10）部件标注　在部件线框旁，用文字直接注明该部件的名称及位置

（11）电路省略标注　用文字注明了连接的电路，那些电路与本电路不相关，故而省略。

三、通用车系汽车电路图补充说明

1. 通用车系汽车局部电路详图

通用车系汽车维修资料中，除了表示汽车各电气系统的电路图外，有时还提供了电源分配、接线盒及搭铁电路等详图，这些详图为了解电源的分配、熔断器保护电路及搭铁点分布情况提供了方便。通用车系汽车电源分配、接线盒及搭铁电路详图如图 7-22、图 7-23 和图 7-24 所示。

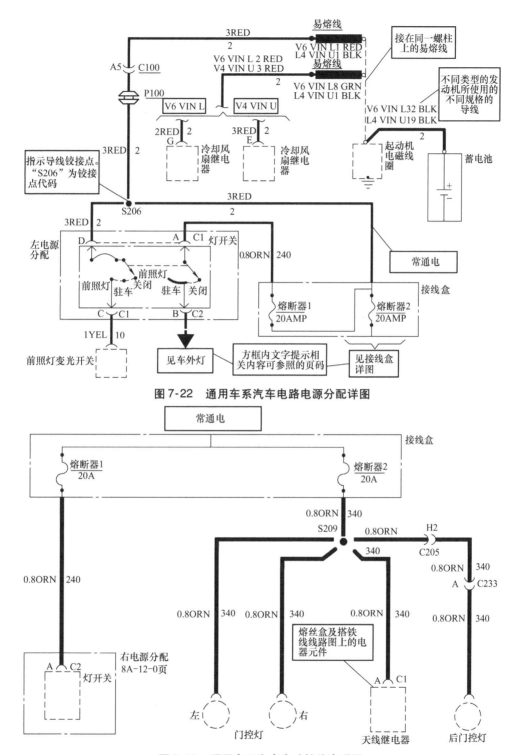

图 7-22 通用车系汽车电路电源分配详图

图 7-23 通用车系汽车电路接线盒详图

2. 通用车系汽车位置分区编码

通用车系汽车电路图上的搭铁点、直接插接器、密封圈和插头及线路都有可识别位置的编码，该编码与车辆的某个区域所对应。因此，通过位置分区编码，就可知道是在车辆

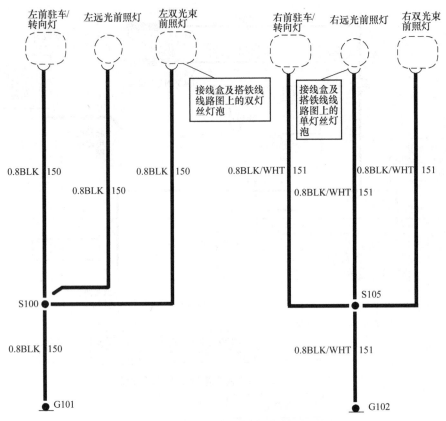

左前驻车/转向灯　左远光前照灯　左双光束前照灯　右前驻车/转向灯　右远光前照灯　右双光束前照灯

接线盒及搭铁线线路图上的双灯丝灯泡

接线盒及搭铁线线路图上的单灯丝灯泡

0.8BLK ｜150　　0.8BLK ｜150　　0.8BLK/WHT ｜151　　0.8BLK/WHT ｜151

0.8BLK ｜150　　　　0.8BLK/WHT ｜151

S100　　　　　　　　　　　　S105

0.8BLK ｜150　　　　0.8BLK/WHT ｜151

G101　　　　　　　　　　　G102

图 7-24　通用车系汽车电路搭铁电路详图

的哪个具体位置。通用车系汽车位置分区示意如图 7-25 所示，位置分区编码见表 7-11 所示。

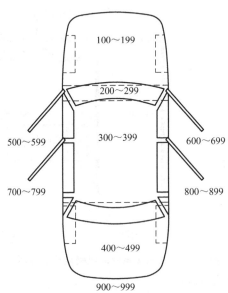

100～199

200～299

500～599　　300～399　　600～699

700～799　　　　　　800～899

400～499

900～999

图 7-25　通用车系汽车位置分区示意图

表7-11 通用车系汽车位置分区编码

位置分区编码	车辆位置分区
100~199	位于发动机舱区域（全部在仪表板前部） 001~099代表发动机舱内附加编号，仅在用完100~199编号以后使用
200~299	位于仪表板区域
300~399	位于乘员室区域（从仪表板到后车轮罩）
400~499	位于行李舱区域（从后车轮罩到车辆的后部）
500~599	位于左前车门内
600~699	位于右前车门内
700~799	位于左后车门内
800~899	位于右后车门内
900~999	位于行李舱盖或储物舱盖区域

第八节　福特车系汽车电路图

目前国内除少量的进口福特车系汽车外，长安福特汽车也具有一定的保有量。福特车系汽车电路图与通用车系汽车电路图很相似，但也有一些不同之处。

一、福特车系汽车电路图符号

福特车系汽车电路图符号如图7-26所示。

二、福特车系汽车电路图的特点与标注

1. 福特车系汽车电路图的特点

阅读提示

福特车系汽车电路图的符号、表示方法与通用车系汽车电路图有相似之处，但也有自身的特点。请注意比较与区别，以便更好地掌握这两个车系汽车电路图的识图方法。

福特车系汽车电路图的表示方法如图7-27所示。

福特车系汽车电路图的特点如下：

（1）电路图中不表示熔断器前的电源电路　和通用车系汽车电路图一样，熔断器前的电路部分在电路图中不表示。以前的福特车系汽车电路图也是用黑框中的文字说明在什么样的情况下该电路接通电源，而图7-27所示的福特车系汽车电路图则是直接标注端子号，例如"30"表示直接连接蓄电池，一直接通电源；"15"表示连接点火开关，在点火开关接通（RUN）时接通电源。

（2）电路图中标有导线编号　福特车系汽车电路图中的导线标注与通用车系汽车一样，除了标明颜色和截面积外，也标有该线的编号，可以方便读者了解该线在汽车上的位置。

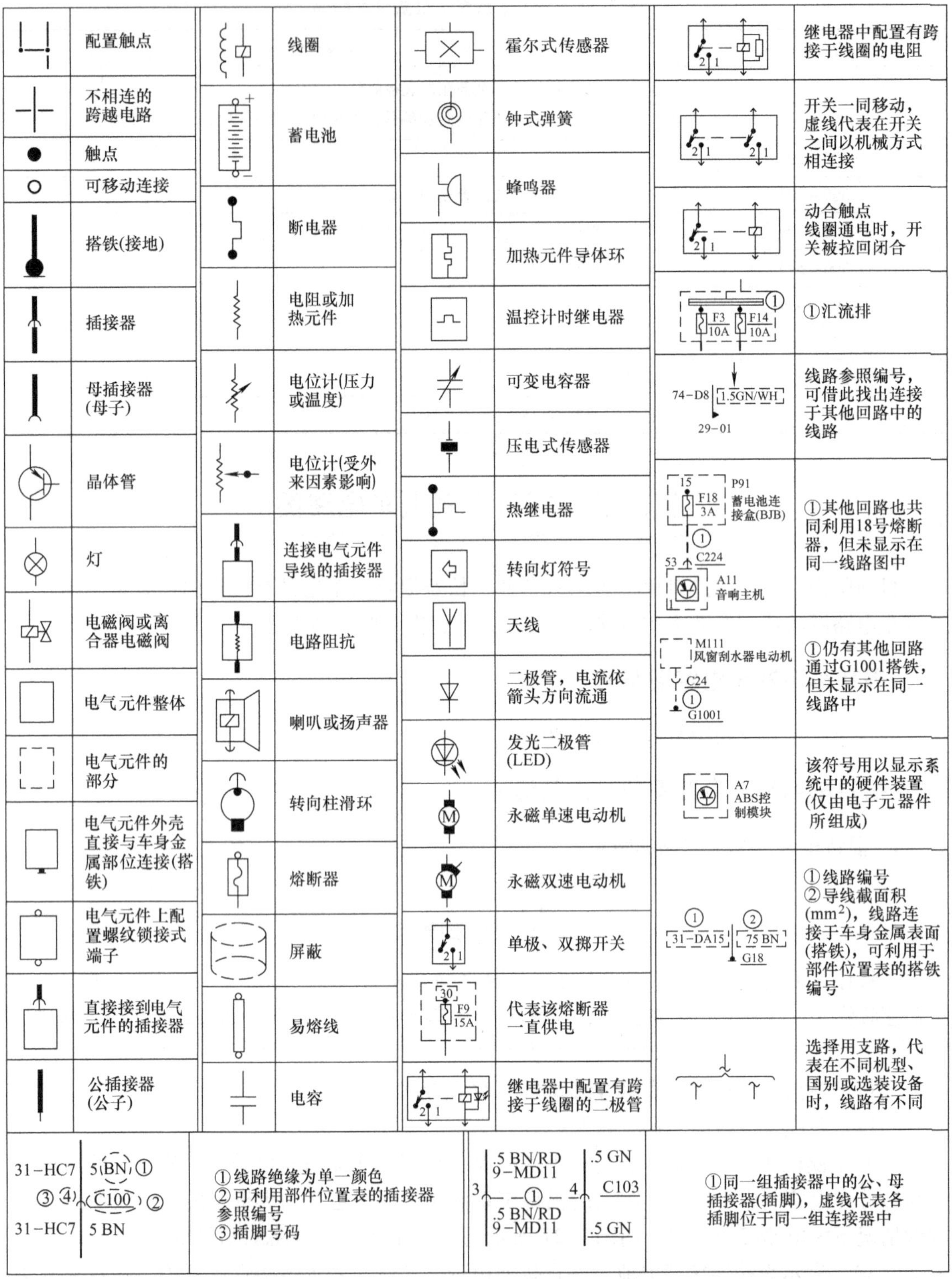

符号说明	符号说明	符号说明	符号说明
配置触点	线圈	霍尔式传感器	继电器中配置有跨接于线圈的电阻
不相连的跨越电路	蓄电池	钟式弹簧	开关一同移动，虚线代表在开关之间以机械方式相连接
触点	断电器	蜂鸣器	动合触点 线圈通电时，开关被拉回闭合
可移动连接	电阻或加热元件	加热元件导体环	①汇流排
搭铁(接地)	电位计(压力或温度)	温控计时继电器	线路参照编号，可借此找出连接于其他回路中的线路（74-D8 1.5GN/WH 29-01）
插接器	电位计(受外来因素影响)	可变电容器	①其他回路也共同利用18号熔断器，但未显示在同一线路图中（15 P91 F18 3A 蓄电池连接盒(BJB) 53 C224 A11 音响主机）
母插接器(母子)	连接电气元件导线的插接器	压电式传感器	
晶体管	电路阻抗	热继电器	①仍有其他回路通过G1001搭铁，但未显示在同一线路中（M111 风窗刮水器电动机 C24 G1001）
灯	喇叭或扬声器	转向灯符号	
电磁阀或离合器电磁阀		天线	该符号用以显示系统中的硬件装置(仅由电子元器件所组成)（A7 ABS控制模块）
电气元件整体	转向柱滑环	二极管，电流依箭头方向流通	
电气元件的部分		发光二极管(LED)	①线路编号 ②导线截面积(mm²)，线路连接于车身金属表面(搭铁)，可利用于部件位置表的搭铁编号（31-DA15 75 BN G18）
电气元件外壳直接与车身金属部位连接(搭铁)	熔断器	永磁单速电动机	
电气元件上配置螺纹锁接式端子	屏蔽	永磁双速电动机	
直接接到电气元件的插接器	易熔线	单极、双掷开关	选择用支路，代表在不同机型、国别或选装设备时，线路有不同
公插接器(公子)	电容	代表该熔断器一直供电（30 F9 15A）	
		继电器中配置有跨接于线圈的二极管	

31-HC7 5 BN ① ③ ④ C100 ② 31-HC7 5 BN	①线路绝缘为单一颜色 ②可利用部件位置表的插接器参照号 ③插脚号码	.5 BN/RD 9-MD11 .5 GN 3 ① 4 C103 .5 BN/RD 9-MD11 .5 GN ①同一组插接器中的公、母插接器(插脚)，虚线代表各插脚位于同一组连接器中

图 7-26 福特车系汽车电路图符号

（3）电路图中导线的颜色标注用英文缩写 福特车系汽车电路图中的导线颜色也是用

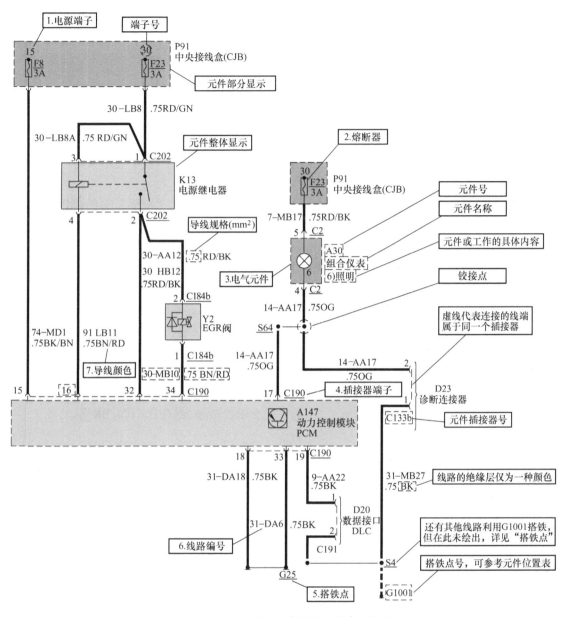

图 7-27 福特车系汽车电路图的表示方法

英文缩写标注，导线颜色代码见表 7-12。

表 7-12 福特车系汽车导线颜色代码

颜色代码	导线颜色	颜色代码	导线颜色	颜色代码	导线颜色
BK	黑色	LG	浅绿色	OG	橙色
WH	白色	YE	黄色	GY	灰色
RD	红色	BU	蓝色	BN	棕色
GN	绿色	VT	紫色	SR	银色

（4）用文字直接说明电气元件的名称　福特车系汽车也是在电气元件或总成部件线框旁用文字直接说明其名称，并且还标示有该电气元件的代码。代码由字母和数字组成。例如，图7-27中的A30为组合仪表、P91为中央接线盒等。

2. 福特车系汽车电路图的标注说明

（1）电源端子标注　在熔断器前直接标注电源端子号，其作用如同通用车系汽车的电源接通说明。例如端子号15表示在点火开关接通（RUN）时接通电源，而端子号30则表示该熔断器直接接通电源。

（2）熔断器的标注　熔断器用字母F加数字组成的代号标注，数字表示该熔断器在中央接线盒中熔断器的排列序号。

（3）电气元件的标注　电气元件用虚线框（部分）或实线框（全部）旁的代码和文字标注，电气元件代码由字母和数字组成，文字表示该电气元件的名称，有的在其后还用文字说明该电气元件的作用。

（4）插接器端子　插接器用字母"C"加数字标示，在插脚处的数字表示该端子在插接器上的排列序号。用虚线连接的各端子表示是同一个插接器。

（5）搭铁点标注　线路搭铁点用字母"G"加数字标示，不同的数字表示是不同的搭铁点；有其他线路使用相同搭铁点的，在搭铁点连接导线上标有黑圆点，并标注"S"加数字代码（图7-27中为S4）。

（6）线路编号　通过线路编号可查到该条线路的位置，方便汽车电路故障的查寻。

（7）电路图中导线颜色　汽车电路各导线的颜色在电路图中用英文缩写的颜色代码（见表7-12）标示，双色线用中间加"/"的方式表示，例如BN/RD、RD/BK等。

附录A
汽车电路图常用图形符号

我国规定或推荐的汽车电路图符号有的与国际标准（IEC、ISO）相同，有的则是根据我国的国情自成规范，具有图形简单、含义明确的特点，在与汽车有关的图书、期刊中得到了比较广泛的应用。熟记这些电路图符号，是识读汽车电路图所必需的。

我国汽车电路图中常用的符号见表 A-1 ~ 表 A-7，各表中" = "表示我国规定或推荐的汽车电路符号及电气简图用图形符号与国际标准符号相同。

表 A-1　限定符号

序号	名称	限定符号	GB/T 4728	IEC	ISO
1	直流	⎓	S01401	=	05 – 06
2	交流	∼	S01403	=	05 – 08
3	交直流	≂			
4	正极性	+	S00077		05 – 09
5	负极性	−	S00078		05 – 10
6	中性	N	S00079		
7	磁场	F			
8	搭铁	⊥			05 – 38
9	交流发电机输出接线柱	B			
10	磁场二极管输出接线柱	D+			

表 A-2　导线、端子和导线的连接符号

序号	名称	限定符号	GB/T 4728	IEC	ISO
1	连接点	●	S00016	=	06 – 17
2	端子	○	S00017	=	
3	可拆卸的端子	⊘			
4	连线	———	S00001		
5	导线的连接	 —○——○—			
6	T 形连接	 ⊥	S00019		
7	导线的分支接连	 ⊥	S00020	=	06 – 14

（续）

序号	名称	限定符号	GB/T 4728	IEC	ISO
8	导线的交叉连接		S00022	=	
9	导线的跨跃越	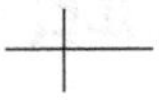			
10	阴极触件		S00031	=	06 – 22
11	阳极触件		S00032	=	06 – 23
12	插头和插座		S00033	=	06 – 24
13	多极插头和插座 （示出为三极）	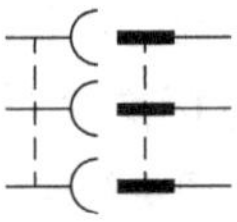	S00034		06 – 25
14	接通的连接片	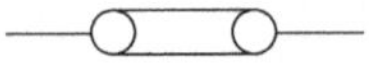	S00044	=	
15	断开的连接片	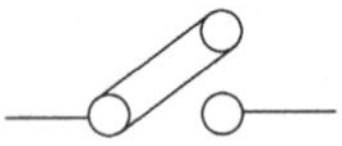	S00046	=	
16	边界线		S00064	=	05 – 05
17	屏蔽（护罩）		S00065	=	
18	屏蔽导线		S00007	=	06 – 03

表 A-3　触点与开关类符号

序号	名称	限定符号	GB/T 4728	IEC	ISO
1	动合（常开）触点		S00227	=	06 – 30
2	动断（常闭）触点		S00229	=	06 – 31
3	先断后合的转换触点		S00230	=	06 – 34
4	中间断开的转换触点	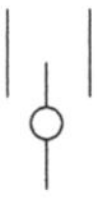	S00231	=	06 – 35

（续）

序号	名称	限定符号	GB/T 4728	IEC	ISO
5	双动合触点		S00234	=	06－37
6	双动断触点		S00235	=	
7	单动断双动合触点				
8	双动断单动合触点				
9	手动操作		S00167	=	05－28
10	拉拔操作		S00169	=	05－30
11	旋转操作		S00170	=	05－31
12	按动操作		S00171	=	05－29
13	机械操作				
14	钥匙操作		S00179		
15	储存机械能操作		S00186		
16	电磁器件驱动		S00189		
17	热器件驱动		S00191	=	05－33
18	温度控制	θ			
19	压力控制	p			
20	制动压力控制	BP			
21	液位控制		S00195	=	
22	凸轮操作		S00182	=	05－32

（续）

序号	名称	限定符号	GB/T 4728	IEC	ISO
23	联动开关				
24	手动开关的一般符号		S00253	=	06－44
25	定位（非自动复位）开关				06－45
26	自动复位的按钮开关		S00254		
27	能定位的按钮开关				
28	自动复位的手动拉拔开关		S00255	=	
29	旋转、旋钮开关（闭锁）		S00256	=	
30	液位控制开关				
31	润滑油滤清器报警开关	OP			
32	带动合触点的热敏开关	θ	S00263	=	
33	带动断触点的热敏开关	θ	S00264	=	06－47
34	带动断触点的热敏自动开关		S00265	=	06－48

（续）

序号	名称	限定符号	GB/T 4728	IEC	ISO
35	热继电器触点	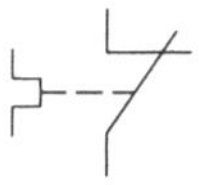			06－50
36	旋转多档开关	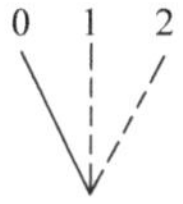			
37	推位多档开关	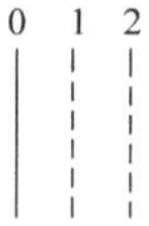			
38	钥匙开关（全部定位）	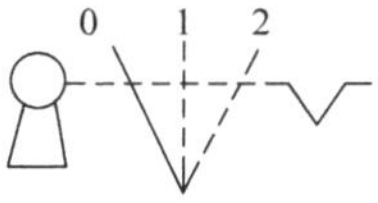			
39	多档开关、点火、起动开关，瞬时位置由 2 能自动返回到 1（即 2 档不能定位）	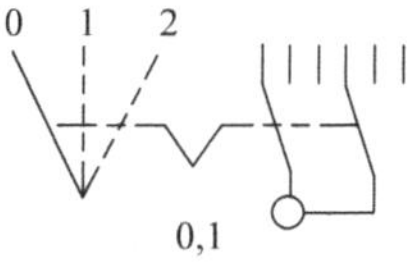			
40	节流阀开关	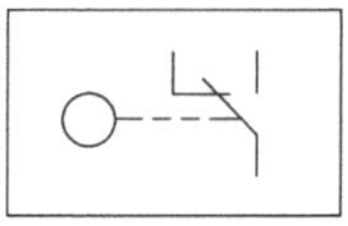			

表 A-4　电气元件符号

序号	名称	限定符号	GB/T 4728	IEC	ISO
1	电阻器	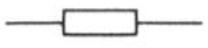	S00555	＝	07－01
2	可调电阻器		S00557	＝	07－02
3	压敏电阻器	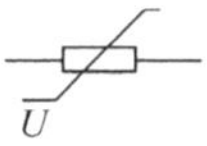	S00558	＝	07－03
4	热敏电阻器	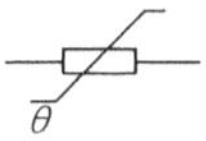			07－04
5	带滑动触点的电阻器	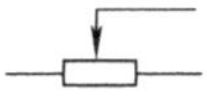	S00559	＝	07－05
6	带分流和分压端子的电阻器	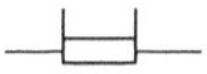	S00564	＝	
7	带滑动触点的电位器	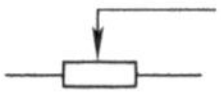	S00561	＝	07－07

（续）

序号	名称	限定符号	GB/T 4728	IEC	ISO
8	仪表照明灯调光电阻				
9	光敏电阻		S00684	=	07 – 27
10	加热元件		S00566	=	07 – 09
11	电容器		S00567	=	07 – 10
12	可调电容器		S00573	=	
13	极性电容器		S00571	=	07 – 12
14	热敏极性电容器		S00581		
15	压敏极性电容器		S00582		
16	穿心电容器		S01411	=	07 – 12
17	二极管		S00641	=	07 – 19
18	单向击穿二极管，稳压二极管		S00646	=	07 – 21
19	发光二极管		S00642	=	07 – 20
20	双向二极管		S00649	=	07 – 23
21	可关断晶闸管，P 栅		S00657	=	07 – 24
22	光电二极管		S00685	=	07 – 28
23	热敏二极管		S00643		
24	双向击穿二极管		S00647		
25	PNP 型晶体管		S00663	=	07 – 26
26	集电极接管壳晶体管（NPN）		S00664	=	

（续）

序号	名称	限定符号	GB/T 4728	IEC	ISO
27	光电晶体管		S00687		
28	两电极压电晶体	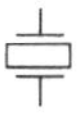	S00600	=	07 – 18
29	线圈、绕组		S00583	=	07 – 13
30	带铁心的电感		S00585	=	07 – 14
31	熔断器		S00362	=	07 – 17
32	易熔线				
33	电路断电器（双金属片式）				
34	永久磁铁		S00210	=	05 – 39
35	继电器线圈	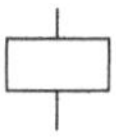	S00305	=	08 – 21
36	一个绕组的电磁铁	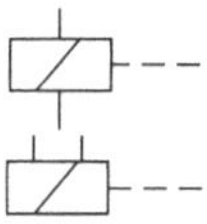			
37	两个绕组的电磁铁	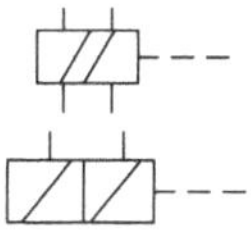			
38	不同方向绕组的电磁铁	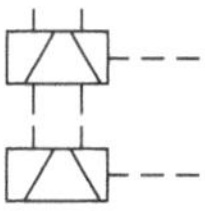			

表 A-5　仪表符号

序号	名称	限定符号	GB/T 4728	IEC	ISO
1	指示仪表（星号按规定的字母或符号代入）	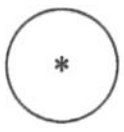 *	S00910	=	08 – 38
2	记录仪表（星号按规定的字母或符号代入）	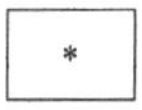 *	S00911		
3	电压表	 V	S00913	=	

（续）

序号	名称	限定符号	GB/T 4728	IEC	ISO
4	电流表	A			
5	电压电流表	A/V			
6	欧姆表	Ω			
7	频率计	Hz	S00919		
8	波长计	λ	S00921		
9	示波器		S00922		
10	温度计	θ	S00926		
11	记录式功率表	W	S00928	=	
12	油压表	OP			
13	转速表	n	S00927	=	
14	燃油表	Q			
15	速度表	v			
16	时钟		S00959	=	08－57
17	数字式时钟	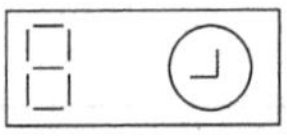			

表 A-6　传感器符号

序号	名称	限定符号	GB/T 4728	IEC	ISO
1	传感器一般符号（星号按规定的字母或符号代入）	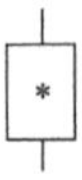 *			
2	温度传感器	 t°			

246

（续）

序号	名称	限定符号	GB/T 4728	IEC	ISO
3	空气温度传感器	t_a°			
4	冷却液温度传感器	t_w°			
5	燃油表传感器	Q			
6	油压表传感器	OP			
7	空气质量传感器	m			
8	空气流量传感器	AF			
9	氧传感器	λ			
10	爆燃传感器	K			
11	转速传感器	n			
12	速度传感器	υ			
13	空气压力传感器	AP			
14	制动压力传感器	BP			

表 A-7　电气设备符号

序号	名称	限定符号	GB/T 4728	IEC	ISO
1	灯		S00965	=	08 – 13
2	双丝灯				08 – 17
3	荧光灯				08 – 18
4	组合灯				
5	预热指示器				
6	电喇叭				08 – 34
7	扬声器		S01059	=	08 – 54
8	蜂鸣器		S00973	=	08 – 37
9	报警器		S00972	=	
10	元件、装置、功能元件（填入或加上适当的符号或代号，以表示元件、装置或功能）		S00059 S00060 S00061	= = =	05 – 01 05 – 01 05 – 01
11	信号发生器	G	S01225		
12	脉冲发生器	G	S01228	=	
13	500Hz 正弦波发生器	G ∼ 500Hz	S01226		
14	闪光器	G			

（续）

序号	名称	限定符号	GB/T 4728	IEC	ISO
15	霍尔信号发生器				
16	磁感应信号发生器				
17	温度补偿器	θ comp			
18	电磁阀一般符号				
19	常开电磁阀				
20	常闭电磁阀				
21	电磁离合器				
22	用电动机操纵的怠速调整装置				
23	过电压保护装置	$U>$			
24	过电流保护装置	$I>$			
25	加热器（除霜器）				
26	振荡器				
27	变换器		S00213	=	05 – 41
28	光电发生器	G	S00908	=	

（续）

序号	名称	限定符号	GB/T 4728	IEC	ISO
29	空气调节器				
30	滤波器		S01246	=	08 – 40
31	放大器		S01239		
32	稳压器	U const			
33	整流器		S00894		
34	逆变器		S00896		
35	直流/直流变换器		S00893		
36	桥式整流器		S00895		
37	点烟器				
38	热继电器				
39	间歇刮水器				
40	防盗报警系统				
41	天线，一般符号		S01102		
42	发射器				

（续）

序号	名称	限定符号	GB/T 4728	IEC	ISO
43	收音机				
44	内部通信联络及音乐系统				
45	收放机				
46	电话机，一般符号		S01017	=	08 – 50
47	传声器，一般符号		S01053	=	
48	点火线圈				08 – 29
49	分电器				08 – 33 +
50	火花塞		S00371	=	08 – 28
51	电压调节器				05 – 42
52	转速调节器				
53	温度调节器				
54	串励绕组				
55	并励或他励绕组				
56	双绕组变压器，一般符号		S00842		
57	绕组间有屏蔽的双绕组变压器		S00853		
58	电压互感器		S00879		

（续）

序号	名称	限定符号	GB/T 4728	IEC	ISO
59	集电环或换向器上的电刷		S00818	=	
60	电机，一般符号	*	S00819		
61	直线电动机，一般符号	M	S00820	=	
62	步进电动机，一般符号	M	S00821		
63	串励直流电动机	M	S00823	=	
64	并励直流电动机	M	S00824	=	
65	永磁直流电动机	M			
66	起动机（带电磁开关）	M			
67	燃油泵电动机、洗涤电动机	M			
68	晶体管电动燃油泵				
69	加热定时器	H T			
70	点火电子组件	I C			
71	风扇电动机	M			
72	刮水电动机	M			

（续）

序号	名称	限定符号	GB/T 4728	IEC	ISO
73	天线电动机				
74	直流伺服电动机				
75	直流发电机				
76	星形联结的三相绕组		S00808		
77	三角形联结的三相绕组		S00806		
78	定子绕组为星形联结的交流发电机				
79	定子绕组为三角形联结的交流发电机				
80	外接电压调节器与交流发电机				
81	整体式交流发电机				
82	原电池		S00898		
83	蓄电池		S01341	=	08－01
84	原电池或蓄电池组		S01342		
85	原电池或蓄电池组				08－03

电器名称	接线注标记		接线柱标记的含义	曾经使用过的标记
	基本标记	下标		
点火装置	1		点火线圈和分电器上，互相连接的低压接线柱；电子点火装置中，点火线圈上输入信号的低压接线柱	—
		1a	带两个分立电路的分电器 I 的低压接线柱（自点火线圈 I 的低压接线柱 1 来）	—
		1b	带两个分立电路的分电器 II 的低压接线柱（自点火线圈 II 的低压接线柱 1 来）	—
	7		无触点分电器上的输出信号接线柱；电子点火器上的输入信号接线柱	—
	15		点火开关和点火线圈互相连接的接线柱；电子点火装置中，点火线圈上、分电器上、电子点火器上的电源接线柱	+
预热起动装置	15		预热起动开关上，接其他用电设备的接线柱	BR
	19		预热起动开关上，接预热装置的接线柱	R1
	50		预热起动开关上的起动接线柱	C、R2
一般用途（特殊规定者除外）	30		电器上接蓄电池正极或电源正极的接线柱	B
	31		电器上接蓄电池负极的接线柱	—
	E		电器上的搭铁接线柱	E
起动装置		15a	起动机开关上接点火线圈的接线柱	—
		30a	12～24V 电压转换开关上，接蓄电池 II 正极的接线柱	—
	31		12～24V 电压转换开关上，接蓄电池 I 负极的接线柱	—
	48		起动继电器上或 12～24V 电压转换开关上，接起动机电磁开关的接线柱；起动机电磁开关上相应的接线柱	—
	50		点火开关上、预热起动开关上，用于起动的输出接线柱；起动按钮的输出接线柱	—
		60a	复合起动继电器上，接充电指示灯的接线柱	L
	86		起动继电器上，线圈电流输入端接线柱（接点火开关）	S、SW
	A		起动继电器上，接直流发电机 A 的接线柱	—
	N		复合式起动继电器上，接交流发电机 N 或类似作用的接线柱	—

（续）

电器名称	接线注标记		接线柱标记的含义	曾经使用过的标记
	基本标记	下标		
发电机装置	61		交流发电机上、调节器上，接充电指示灯的接线柱	L
	A		直流发电机上，电枢输出接线柱；调节器上的相应接线柱	A、S
	B		交流发电机上的输出接线柱 直流发电机调节器上，接点火开关或电源开关的接线柱 交流发电机调节器上，接点火开关或电源开关的接线柱	B、A B —
	D+		交流发电机上，磁场二极管的接线柱；调节器上相应的接线柱 当无61接线柱时，用于充电指示灯的接线柱	D+ S
	F		发电机上的磁场接线柱；调节器上的相应接线柱	F
	N		交流发电机上的中性点接线柱；调节器上的相应接线柱	N
	S		交流发电机调节器上，接蓄电池电压检测点的接线柱	—
	W		交流发电机上的相电流接线柱	R、W
		W1	交流发电机上的第一个相电流接线柱	
		W2	交流发电机上的第二个相电流接线柱	
照明与信号灯装置（转向信号装置除外）	54		制动灯开关和制动灯互相连接的接线柱	—
	55		雾灯开关和雾灯互相连接的接线柱	—
	56		灯光总开关上和变光开关互相连接的接线柱；变光开关上除远光、近光、超车接线柱外的另一个接线柱	—
		56a	变光开关上的远光接线柱；远光灯上的相应接线柱	—
		56b	变光开关上的近光接线柱；近光灯上的相应接线柱	—
		56c	变光开关上的超车接线柱	—
	57		灯光总开关上或点火开关上与停车灯开关互相连接的接线柱	—
		57L	停车灯开关上的左停车灯接线柱；左停车灯上的相应接线柱	—
		57R	停车灯开关上的右停车灯接线柱；右停车灯上的相应接线柱	—
	58		灯光总开关上接示廓灯、尾灯、牌照灯、仪表照明灯等的接线柱；灯光开关上，用于控制示廓灯、尾灯、牌照灯、仪表照明灯等的接线柱（带灯光继电器的灯开关）	—
		58a	仪表照明开关和仪表照明灯互相连接的接线柱（单独布线时）	—
		58b	室内照明开关和室内照明灯互相连接的接线柱（单独布线时）	—
		58c	灯光总开关和前示廓灯互相连接的接线柱（单独布线时）	—
	59		倒车灯开关上连接倒车灯的接线柱；倒车灯上相应的接线柱	—
		59a	倒车指示灯上电源接线柱	—
		59b	倒车报警器上的电源接线柱	—
转向信号装置	49		转向开关上的输入接线柱；报警开关上接转向开关的接线柱	—
		49a	报警闪光器和报警开关互相连接的接线柱	—
		49L	转向开关上，报警开关上，和左转向灯互相连接的接线柱	—
		49R	转向开关上，报警开关上，和右转向灯互相连接的接线柱	—

（续）

电器名称	接线注标记		接线柱标记的含义	曾经使用过的标记
	基本标记	下标		
转向信号装置	L		转向信号闪光器上接转向开关的接线柱；报警开关上接转向信号闪光器的接线柱	L
	P		转向信号闪光器上接监视灯的接线柱	P
		P1	左监视灯的接线柱	
		P2	右监视灯的接线柱	
喇叭和声响报警装置	72		报警开关上的接线柱	—
	H		喇叭继电器上的电喇叭接线柱	H
	S		喇叭继电器上、电磁阀上，接喇叭按钮的接线柱	S
	W		报警继电器上，接报警灯和报警蜂鸣器的接线柱	
刮水器与洗涤器	53		刮水器电动机上的主输入接线柱；刮水器开关上的相应接线柱 间歇继电器上，线圈电流输入端接线柱 洗涤器上，电源接线柱	—
		53c	洗涤器和刮水器互相连接的接线柱	—
		53e	带有复位机构刮水器上的复位接线柱；刮水器开关上相应接线柱	—
		53i	刮水器开关上和间歇继电器上线圈互相连接的接线柱	—
		53j	刮水器开关上和间歇继电器上触点互相连接的接线柱	—
		53m	刮水器和间歇继电器互相连接的接线柱	—
		53s	间歇控制板上的电源接线柱；刮水器开关上的相应接线柱	—
		53H	双速刮水器上的高速接线柱；刮水器开关上的相应接线柱	—
		53L	双速刮水器上的低速接线柱；刮水器开关上的相应接线柱	—
继电器（专用继电器除外）	84		继电器上，线圈始端和触点共同电流输入接线柱	—
		84a	继电器上，线圈末端电流输出接线柱	—
		84b	继电器上，触点电流输出接线柱	—
	85		继电器上，线圈末端电流输出接线柱	—
	86		继电器上，线圈始端电流输入接线柱	—
	87		继电器上，动断触点和转换触点的电流输入接线柱	—
		87a	继电器上，动断触点的第一个电流输出接线柱	—
		87b	继电器上，动断触点的第二个电流输出接线柱	—
		87c	继电器上，动断触点的第三个电流输出接线柱	—
		87z	继电器上，动断触点与转换触点的第一个电流输入接线柱（单独回路时）	—
		87y	继电器上，动断触点与转换触点的第二个电流输入接线柱（单独回路时）	—
		87x	继电器上，动断触点与转换触点的第三个电流输入接线柱（单独回路时）	—

（续）

电器名称	接线注标记		接线柱标记的含义	曾经使用过的标记
	基本标记	下标		
继电器（专用继电器除外）	88		继电器上，动合触点的电流输入接线柱	—
		88a	继电器上，动合触点的第一个电流输出接线柱	—
		88b	继电器上，动合触点的第二个电流输出接线柱	—
		88c	继电器上，动合触点的第三个电流输出接线柱	—
		88z	继电器上，动合触点的第一个电流输入接线柱（单独回路时）	—
		88y	继电器上，动合触点的第二个电流输入接线柱（单独回路时）	—
		88x	继电器上，动合触点的第三个电流输入接线柱（单独回路时）	—

注：本附录基于 QC/T 423—1999 而成，该标准虽已废止，但仍常用于汽车行业，且对识读汽车电路、故障查寻很有帮助，故在此给出。

参 考 文 献

［1］ 謇小平，麻友良，林广宇. 汽车电器与电子技术［M］. 2 版. 北京，人民交通出版社，2018.

［2］ 李升. 单片机原理与接口技术［M］. 北京：北京大学出版社，2011.

［3］ 麻友良. 汽车电器与电子控制系统［M］. 4 版. 北京：机械工业出版社，2019.

［4］ 李勇. 汽车单片机与车载网络技术［M］. 北京：电子工业出版社，2011.

［5］ 黄鹏. 汽车单片机应用技术［M］. 北京：机械工业出版社，2010.

［6］ 谭本忠. 汽车电路图识读入门［M］. 北京：化学工业出版社，2011.

［7］ 吴文琳. 汽车电路图识读与故障检修［M］. 北京：电子工业出版社，2011.

［8］ 季杰，吴敬静. 轻松看懂汽车电路图［M］. 北京：化学工业出版社，2011.

［9］ 孙余凯，项绮明. 汽车电器识图技巧［M］. 北京：人民邮电出版社，2003.

［10］ 张志良. 单片机原理与控制技术［M］. 2 版. 北京：机械工业出版社，2010.

［11］ 麻友良. 汽车电路分析与故障检修［M］. 北京：机械工业出版社，2006.

［12］ 舒化，姚国平. 汽车电子控制技术［M］. 2 版. 北京：人民交通出版社，2008.

［13］ 陈刚，王良模，王冬良，等. 汽车电子控制技术［M］. 北京：机械工业出版社，2017.

［14］ 彭忆强. 汽车电子及控制技术基础［M］. 北京：机械工业出版社，2014.

［15］ 陈敏，徐亚辉，万玉，等. 电工基础［M］. 武汉：武汉大学出版社，2012.

［16］ 李若英. 电工电子技术基础［M］. 4 版. 重庆：重庆大学出版社，2013.

［17］ 何锦军. 汽车电工电子技术基础［M］. 长沙：中南大学出版社，2014.